Kohlhammer

Die Autoren

Volker Tschuschke, Univ.-Prof. Dr. rer. biol. hum., Dipl.-Psych., studierte Soziologie und Psychologie in Münster. Danach war er 10 Jahre als wissenschaftlicher Angestellter an der Forschungsstelle für Psychotherapie in Stuttgart tätig. 1986 promovierte er an der Universität Ulm. Seine Ausbildung zum Psychoanalytiker absolvierte er an der Stuttgarter Akademie für Tiefenpsychologie und Psychoanalyse.
Von 1990 bis 1996 arbeitete er am Lehrstuhl für Psychotherapie der Universität Ulm als wissenschaftlicher Angestellter. 1994 bis 1995 vertrat er parallel den Lehrstuhl für Psychoanalyse an der Universität in Frankfurt/Main, bevor er 1996 den Ruf auf den Lehrstuhl für Medizinische Psychologie am Universitätsklinikum der Universität zu Köln erhielt. Gegenwärtig arbeitet er als Dozent und Supervisor an der Deutschen Akademie für Psychoanalyse (DAP) in Berlin mit, wo er auch die Gruppentherapie-Ausbildung leitet.

Hans Heinz Hopf, Dr. rer. biol. hum., analytischer Kinder- und Jugendlichenpsychotherapeut. Seit 1975 in eigener Praxis niedergelassen. Von 1996–2003 Therapeutischer Leiter im Therapiezentrum Osterhof. Dozent, Supervisor und Ehrenmitglied an den Psychoanalytischen Instituten Stuttgart, Freiburg und Würzburg. Lektor an der Leopold-Franzens-Universität, Innsbruck. 2013 Diotima-Ehrenpreis der deutschen Psychotherapeutenschaft. Staufer-Medaille des Landes Baden-Württemberg. Vielfältige Veröffentlichungen, u. a. im Kohlhammer Verlag gemeinsam mit Evelyn Heinemann »Psychische Störungen in Kindheit und Jugend«, 6. Auflage.

Volker Tschuschke
Hans Hopf

Emotionen und Affekte bei Kindern und Jugendlichen

Ihre Bedeutung für Entwicklung, Psychodynamik und Therapie

Verlag W. Kohlhammer

Dieses Werk einschließlich aller seiner Teile ist urheberrechtlich geschützt. Jede Verwendung außerhalb der engen Grenzen des Urheberrechts ist ohne Zustimmung des Verlags unzulässig und strafbar. Das gilt insbesondere für Vervielfältigungen, Übersetzungen und für die Einspeicherung und Verarbeitung in elektronischen Systemen.

Pharmakologische Daten verändern sich ständig. Verlag und Autoren tragen dafür Sorge, dass alle gemachten Angaben dem derzeitigen Wissensstand entsprechen. Eine Haftung hierfür kann jedoch nicht übernommen werden. Es empfiehlt sich, die Angaben anhand des Beipackzettels und der entsprechenden Fachinformationen zu überprüfen. Aufgrund der Auswahl häufig angewendeter Arzneimittel besteht kein Anspruch auf Vollständigkeit.

Die Wiedergabe von Warenbezeichnungen, Handelsnamen und sonstigen Kennzeichen berechtigt nicht zu der Annahme, dass diese frei benutzt werden dürfen. Vielmehr kann es sich auch dann um eingetragene Warenzeichen oder sonstige geschützte Kennzeichen handeln, wenn sie nicht eigens als solche gekennzeichnet sind.

Es konnten nicht alle Rechtsinhaber von Abbildungen ermittelt werden. Sollte dem Verlag gegenüber der Nachweis der Rechtsinhaberschaft geführt werden, wird das branchenübliche Honorar nachträglich gezahlt.

Dieses Werk enthält Hinweise/Links zu externen Websites Dritter, auf deren Inhalt der Verlag keinen Einfluss hat und die der Haftung der jeweiligen Seitenanbieter oder -betreiber unterliegen. Zum Zeitpunkt der Verlinkung wurden die externen Websites auf mögliche Rechtsverstöße überprüft und dabei keine Rechtsverletzung festgestellt. Ohne konkrete Hinweise auf eine solche Rechtsverletzung ist eine permanente inhaltliche Kontrolle der verlinkten Seiten nicht zumutbar. Sollten jedoch Rechtsverletzungen bekannt werden, werden die betroffenen externen Links soweit möglich unverzüglich entfernt.

1. Auflage 2021

Alle Rechte vorbehalten
© W. Kohlhammer GmbH, Stuttgart
Gesamtherstellung: W. Kohlhammer GmbH, Stuttgart

Print:
ISBN 978-3-17-037178-1

E-Book-Formate:
pdf: ISBN 978-3-17-037179-8
epub: ISBN 978-3-17-037180-4
mobi: ISBN 978-3-17-037181-1

Inhalt

Vorwort 9

Teil I Neuropsychologische Grundlagen der Emotionsentstehung

1   **Der Aufbau des Gehirns** 13
     1.1   Stammhirn – Zwischenhirn – Großhirn 13
     1.2   Das Limbische System als Zentrale emotionaler Eindrücke 18

Teil II   Die Bedeutung von Gefühlen in Philosophie und Wissenschaft

2   **Begriffsklärungen und Definitionen** 25
     2.1   Körper und Gefühle – Philosophische Erklärungsansätze 25
     2.2   Gefühl, Emotion, Affekt – Definitionsversuche 29
     2.3   Funktionen von Gefühlen und Emotionen 34

3   **Zur Evolution von Gefühlen** 37
     3.1   Darwin und das Bild vom Menschen 37
     3.2   Basisemotionen und ethnologische Sichtweisen 39

4   **Emotionstheorien** 42
     4.1   Theorien zur erbbiologischen Anlage von Emotionen 42
     4.2   Triebe und Körperreize – Ursprünge der Emotionen? 46

| | 4.3 | Abschließende Bemerkungen | 47 |

Teil III Wie entstehen Gefühle?

5	**Kognition und Emotion**		**53**
	5.1	Kognitive Theorien der Emotion	53
	5.2	Das Verhältnis von Kognition und Emotion	55
	5.3	Gefühl und Emotion	58
	5.4	Emotion und Motivation	59

6	**Ontogenese von Emotionen**		**62**
	6.1	Emotionen beim Kind	62
	6.2	Emotionen und Persönlichkeitsentwicklung	63

Teil IV Psychodynamische Emotionstheorien

| 7 | **Freuds Affektmodelle** | | **71** |
| | 7.1 | Die erste und die zweite Theorie | 71 |

8	**Neuere psychoanalytische Sichtweisen und Erkenntnisse**		**75**
	8.1	Neuere psychoanalytische Theorieentwicklungen	75
	8.2	Erkenntnisse der Kleinkindforschung	79
		8.2.1 Emotionen und Affekte beim Neugeborenen und im Säuglingsalter	79
		8.2.2 Entwicklung und Affektqualität	82
		8.2.3 Beziehung, Ich-Selbst-Entwicklung und die Rolle von Emotionen und Affekten	87
		8.2.4 Die Rolle der Objektbeziehungen und die Ausbildung intrapsychischer Instanzen	107
	8.3	Affekte und Geschlecht	114
		8.3.1 Zur Bedeutung des mütterlichen Erlebens der Geschlechtlichkeit ihres Kindes	114
		8.3.2 Philobatismus und Oknophilie	116
		8.3.3 Existieren ein »normaler« Philobatismus und eine »normale« Oknophilie?	118

Teil V   Ergebnisse der Emotions- und Affektforschung

9   Affektanalysen anhand von Sprachmaterial............ 123
   9.1   Affekte von Kindern und Jugendlichen im Vergleich zu Erwachsenen 123
   9.2   Affekte von Jugendlichen in psychiatrischer Behandlung 127
   9.3   Somatische Bezüge von Affekten................... 128

Teil VI   Das Ich, seine Funktionen und deren Störungen

10   Strukturdefizite 135
   10.1   Rückblick in die Anfänge der Kinderpsychotherapie 138
        10.1.1 Fritz Redl und die Ich-Psychologie........... 138
        10.1.2 Deutung der Abwehr 141
        10.1.3 Begrenzungen 141

11   Verbalisierung von Affekten 146

Teil VII   Externalisieren und Internalisieren

12   Psychische Störungen sind geschlechtsspezifisch 155

13   Jungen externalisieren 157
   13.1   Unterschiedliche Externalisierungsformen 158

14   Mädchen internalisieren.................................. 159
   14.1   Die Mutter und die Über-Ich-Entwicklung des Mädchens... 159

Teil VIII   Störungen der Affektregulation

15   Diagnostik von Störung und Affektregulation 169

16   Affektregulierung 171

16.1 Wie werden Affekte reguliert? Elimination und Transformation 171
16.2 Wie gelingt Affektregulierung? 173

Teil IX Angst- und aggressive Affekte

17 Zwei zentrale Affekte und ihr Zusammenwirken 191
17.1 Fallbeispiele 191

18 Wie hängen Angst- und Wutaffekte zusammen? 194
18.1 Überlegungen zu den Angstaffekten 194
18.2 Überlegungen zu aggressiven Affekten 201

19 Langzeituntersuchungen zur Aggression von Henri Parens 205
19.1 Nicht-destruktive Aggressivität 205
19.2 Nicht-affektive Destruktivität 206
19.3 Feindselige Destruktivität 206

Literatur 210

Stichwortverzeichnis 223

Vorwort

Vielleicht wird sich die Frage stellen, warum zwei so verschiedene Autoren – der eine praktizierender Kinder- und Jugendlichenpsychotherapeut (H. H.), der andere ehemaliger Hochschullehrer, Psychotherapieforscher und ebenfalls Psychoanalytiker (V. T.) – dieses Buch gemeinsam geschrieben haben. Es gibt einen recht einfachen Grund, der sich zwar nicht unmittelbar erschließen, aber sehr leicht erklären lässt. Wir haben uns 1983 an der Stuttgarter Akademie für Tiefenpsychologie und Psychoanalyse kennengelernt – der eine als Dozent (H. H.), der andere als interessierter Ausbildungskandidat (V. T.). Die Ausbildung an diesem Institut begann 1984, und Ausbilder und Kandidat trafen sich zwei Jahre später wieder: an der Forschungsstelle für Psychotherapie in Stuttgart. Dort wollte der eine promovieren (H. H.) und der andere (V. T.) wurde von seinem Chef (Prof. Helmut Enke) dazu »verdonnert«, den einen zu betreuen. Schon damals ging es um Affekte, und zwar um die in Kinderträumen.

Die Pläne wurden in die Realität umgesetzt – mit großem Erfolg. Es entwickelte sich eine äußerst angenehme, im Endergebnis erfolgreiche und befriedigende Zusammenarbeit, die in ein sehr gutes Promotionsvorhaben mit ausgezeichnetem Abschluss und andauernde Freundschaft mündete.

Diese Freundschaft hält nun bereits seit mehr als 30 Jahren an und wird von beiden Seiten mit großer Zuneigung gepflegt, was sich in wechselseitigen Besuchen beider Familien mit dem Auffrischen alter Erinnerungen beim »Schlotzen« schwäbischen Weißweins und dem Austausch neuester Witze – neben einem natürlich ständigen fachlichen Austausch – ausdrückt.

Es lag daher nahe, an unser altes Forschungsinteresse anzuknüpfen und ein Buch über Affekte, ihre Entstehung sowie ihre Rolle in psychodynamischen Therapien zu schreiben. Dieses gemeinsame Projekt haben wir mit großer Freude realisiert und hoffen nun, dass diese Lust an dem Buch – eben unsere eigenen Affekte – bei Ihnen, unseren geschätzten Lesern, beim Lesen spürbar werden wird.

Volker Tschuschke und Hans Hopf im Frühjahr 2021

Teil I Neuropsychologische Grundlagen der Emotionsentstehung

1 Der Aufbau des Gehirns

1.1 Stammhirn – Zwischenhirn – Großhirn

Hunderte von Millionen Jahre benötigte die Evolution, um von primitiven Lebensformen ohne Gehirnausstattung über immer differenziertere Lebensformen, die eine zentrale koordinierende Steuerungseinheit für die vielen eintreffenden Umgebungsreize benötigten, immer komplexere Gehirne zu entwickeln. Das menschliche Gehirn ist nach Auffassung des Hirnforschers und Nobelpreisträgers Sir John C. Eccles das komplizierteste Gebilde des gesamten Universums (Eccles, 1987). Es funktioniert vollständig auf naturwissenschaftlich erklärbaren Prinzipien wie z. B. der elektrophysiologischen Weiterleitung von eintreffenden Sinnesreizen und biochemischen Prozessen, u. a. in synaptischen Spalten. Je höher auf der Entwicklungsstufe der Evolution, desto entwickelter insbesondere das Großhirn, der sogenannte Neocortex. Auffällig ist, dass das Gehirn des Menschen größer ist als das der meisten Tiere, sein Gewicht variiert meist zwischen 1 200 und 1 800 Gramm.

Das absolute Gewicht des Gehirns sagt allerdings nichts aus, sondern eher das Verhältnis der tatsächlichen Gehirngröße zum erwarteten Gehirngewicht (der Encephalisationsquotient EQ), wobei die erwartete Gehirngröße unter Berücksichtigung der Körpergröße lebender Säugetiere berechnet wird. Der EQ liegt beim Menschen um 6,30, beim Schimpansen z. B. bei 2,48 und bei der Katze bei 1,01. Da dieser Quotient aber nicht viel aussagt – z. B. hat der Delphin einen EQ von 6,00 –, berücksichtigt man den Zuwachs des Neocortex im Vergleich zu anderen höher entwickelten Säugetieren (Cortexquotient [CQ]). Dann ergibt sich, dass der CQ beim Menschen 3,2-fach größer ausfällt als der von Primaten (Kolb & Wishaw, 1996).

Wir Menschen teilen den basalen strukturellen Gehirnaufbau mit allen höher entwickelten Arten: Den entwicklungsgeschichtlich ältesten Teil, das Stammhirn, das Zwischenhirn und das Großhirn. Der entwicklungsgeschichtlich neueste Teil der Hirnentwicklung ist die Großhirnrinde und hier insbesondere der Neocortex, der – wie erwähnt – beim Menschen größer ausfällt und insbesondere durch verschiedenste Funktionen gekennzeichnet ist.

Im Folgenden werden die für unser Thema wichtigsten Hirnareale und ihre Funktionen in sehr knapp gehaltener Form dargestellt, damit ein grundlegendes Verständnis der Gefühls- und Emotionsentstehung für die therapeutische Arbeit an den Emotionen und Affekten von Kindern und Jugendlichen zugrundegelegt werden kann. Erst ein grundlegendes Verständnis der *funktionalen Organisation* des Gehirns ermöglicht den Brückenschlag zur Psychologie (Roth, 1996).

In Abbildung 1.1 sind die für unsere Zwecke wichtigsten Hirnbereiche dargestellt (► Abb. 1.1).

Das *Stammhirn* (Übergangsbereich zwischen Brücke und Rückenmark) umfasst Zentren für die lebensnotwendigen Funktionen des Organismus (z. B. die Formatio reticularis). Darin befindet sich eine Reihe von Kernen, die für die Regulationen des Wasserhaushalts des Körpers, die Atmung oder die Regulierung des Kreislaufs zuständig sind, hier läuft alles automatisch und unbewusst ab.

Das *Zwischenhirn* (Diencephalon) bzw. *Mittelhirn* befindet sich zwischen dem Stammhirn und dem Großhirn. Es umfasst vegetative Aufgaben – etwa die Balance zwischen dem sympathischen und parasympathischen Nervensystem –, steuert den Biorhythmus und ebenfalls die Emotionen. Das *limbische System* (vom Lateinischen Limbus = Saum; da die zugehörigen Strukturen einen doppelten Ring um die Basalganglien und den Thalamus bilden) als zentraler Bereich des Zwischenhirns ist an Gedächtnisleistungen beteiligt und spielt die entscheidende Rolle bei der emotionalen Bewertung von Ereignissen in der äußeren Umwelt. Besonders wichtig ist das limbische System bei der Herstellung von emotional-affektiven Zuständen in Verbindung mit Vorstellungen, Gedächtnisleistungen, Bewertungen, Auswahl und Steuerung von Handlungen (Roth, 2001). Zum limbischen System gehören u. a. die Basalganglien, der Hippocampus, der Gyrus cinguli, der Thalamus, der Hypothalamus und die Amygdala.

1 Der Aufbau des Gehirns

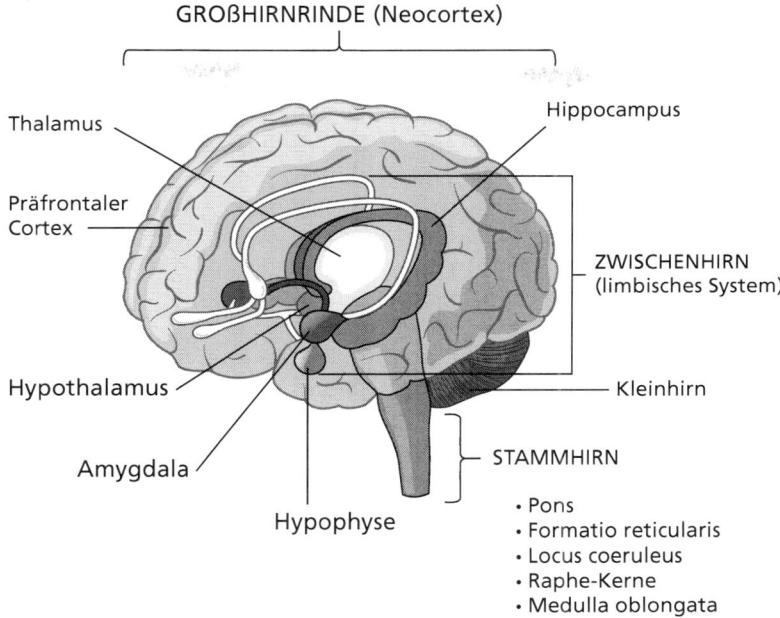

Abb. 1.1: Hirnaufbau des Menschen

Der *Gyrus cinguli* (nicht abgebildet) umschlingt weite Teile des *limbischen Systems* und ist an kognitiven und emotionalen Funktionen beteiligt.

»Der ventrale Bereich steht mit emotionalen Funktionen im Zusammenhang und unterhält Verbindungen zur Amygdala, zum Nucleus accumbens, zur Insula und zum Hypothalamus. Im dorsalen Teil spielen sich hingegen eher kognitive Prozesse ab« (Medlexi, Abruf am 28.03.2020).

Der *Thalamus* als größter Teil im limbischen System ist Sammel- und Durchgangsstelle für alle Sinneseindrücke (nur ohne Geruchssinn), auch aus dem Stammhirn. Auf dem Weg zur Großhirnrinde werden hier eingehende Reize umgeschaltet. Der Thalamus entscheidet, welche Sinneseindrücke in das Bewusstsein gelangen sollen (»Tor zum Bewusstsein«).

Der *Hypothalamus* ist zentrale Koordinierungsstelle zwischen dem endokrinen und dem Nervensystem. Als solche reguliert er vitale Funktionen wie Wachstum, Körpertemperatur, Nahrungs- und Flüssigkeitsaufnahme, zirkadiane Rhythmen wie Schlaf und das vegetative Nervensystem (Huggenberger et al., 2019).

Der *Hippocampus* (»Seepferdchen«) ist entscheidend bei Gedächtnisfunktionen, für die Abspeicherung neuer Informationen in Gedächtnisinhalte.

Die *Hypophyse* (Hirnanhangdrüse) ist wichtig für den Stoffwechsel des Organismus und steuert den Hormonhaushalt. Als Drüse produziert sie z. B. GH (growth hormone), ACTH (adrenokortikotropes Hormon, ein Stresshormon), FSH (Follikel-stimulierendes Hormon) für die Reifung von Eizellen, Spermienzellen oder TSH (Thyroid-stimulierendes Hormon) für die Schilddrüsenfunktion.

Die *Amygdala* ist eine zentrale bewertende Instanz, insbesondere im Hinblick auf die emotionale Bedeutung. Angst und Aggressivität sind die zentralen Emotionen, die hier geweckt werden können, aber auch Freude und Sexualtrieb.

Die *Großhirnrinde (Cortex cerebri)* ist der evolutionsbiologisch jüngste Teil des Gehirns. Sie hat eine Gesamtfläche von 2 200 cm^2, die in zahlreichen Furchen und Windungen in einer Dicke von nur ca. 2 bis 5 mm versteckt ist. Da sie eine die beiden Hemisphären überspannende Struktur aus grauer Substanz ist, wird sie auch als Mantel (Pallium) bezeichnet. Die Zahl der Nervenzellen besteht aus unvorstellbaren fast 90 Milliarden Neuronen in sechs horizontalen Schichten. Der *Cortex cerebri* lässt sich in fünf bis sechs große »Lappen« einteilen (je nach Autor): Frontallappen, Parietallappen, Occipitallappen, Temporallappen, sowie Insellappen und Limbischen Lappen. Der *Neocortex* (auch *Isocortex*) nimmt hierarchisch, funktionell und topographisch das höchste Niveau des *Telencephalons (Endhirn)* ein und ist verantwortlich für die höheren zerebralen Funktionen wie Sprache, abstraktes Denken, Sozialverhalten, Lernvermögen usw. (Huggenberger, 2019).

Man kann den Cortex nach seinem stammesgeschichtlichen Alter in den älteren *Archicortex* und den (sehr alten) *Palaecortex* sowie den neueren *Neocortex* unterteilen. Der Unterschied besteht in der geringeren Schichtung bei den Nervenzellen in den älteren Arealen, z. B. bei der hippocampalen Formation (Archicortex) und beim Riechhirn (Palaecortex). Der Neocortex ist der Teil der Großhirnrinde, der für multisensorische und motorische Funktionen zuständig ist.

Es gibt unzählbar viele Faserverbindungen vom Zwischenhirn zum Großhirn (s. im Folgenden). Das wichtigste Umschaltorgan des Zwischen- bzw. Mittelhirns zum Cortex cerebri ist der Thalamus. Das Zwischenhirn umfasst u. a. den Thalamus, den Hypothalamus, den Hippocampus, die Amygdala, den Gyrus cinguli, den Nucleus accumbens und wichtige andere, die alle eine bedeutsame Funktion beim Erkennen und Bewerten von Ereignissen außerhalb des Organismus haben. Das Zwischenhirn ist für unsere Zwecke besonders wichtig, weil es neben den genannten Funktionen für die *Gefühle* zuständig ist. Hier entstehen Emotionen und Affekte.

Die Großhirnrinde erhält ihre zuführenden Informationen (Afferenzen) überwiegend vom Thalamus. Diese Informationen umfassen Sinneswahrnehmungen der verschiedenen Sinnesorgane.

»Extrathalamische Afferenzen kommen hauptsächlich aus der Amygdala, dem basalen Vorderhirn (cholinerge Afferenzen) einschließlich des Septum, den Basalganglien, dem Hypothalamus, den Raphekernen (serotoninerge Afferenzen), dem Locus coeruleus (noradrenerge Afferenzen) [die Raphekerne und der Locus coeruleus liegen im Stammhirn; Anmerk. v. d. Verf.], und dem tegmentalen Höhlengrau (dopaminerge Afferenzen) [Nervenzellkörper im Mittelhirn, eine Schicht, die ventral an den inneren Liquorraum grenzt und Angst- und Fluchtreflexe koordiniert; Anmerk. v. d. Verf.]« (Roth, 1996, S. 153).

Der *präfrontale Cortex* befindet sich im *Frontallappen*. Hier finden Steuerungen der Motorik und der Emotionen statt. Als »Organ der Zivilisation« bezeichnet, reguliert dieser Hirnbereich ethisch-moralische Entscheidungen. Verletzungen können zum Verlust von Scham- und Schuldgefühlen führen, d. h. Läsionen können die Persönlichkeit drastisch verändern. Der präfrontale Cortex dient als Schaltstelle zwischen dem Neocortex und dem limbischen System. Emotional-affektive Regungen werden bei intaktem präfrontalen Cortex stets von hier aus in enger Zusammenarbeit mit dem limbischen System reguliert.

Der *Parietallappen* organisiert und reguliert räumliches Denken und feinmotorische Abstimmungen für Hand- und Augenbewegungen. Er liegt leicht seitlich (Scheitellappen) hinter dem Frontallappen.

Der *Occipitallappen* liegt am Hinterhaupt. Er verarbeitet visuelle Reize und stellt das Sehzentrum des Gehirns dar.

Der *Temporallappen* umfasst den auditiven Cortex, den Hippocampus und das Wernicke-Sprachzentrum. Er ist wichtig für das Erkennen von Objekten.

1.2 Das Limbische System als Zentrale emotionaler Eindrücke

Der wichtigste Aspekt der komprimiert dargestellten Informationen zu den für unser Thema wichtigen Hirnfunktionen besteht darin, das Wechselspiel zwischen dem Limbischen System im Zwischen- bzw. Mittelhirn und dem Neocortex zu verstehen. Sinneseindrücke werden zentral im Limbischen System unter Hinzuziehung der im Neocortex abgespeicherten Informationen früherer Erlebnisse und Eindrücke in Gefühle und Handlungsreaktionen umgesetzt. Sinneseindrücke gelangen über verschiedenste Kanäle in das Gehirn.

»Hat die Information einmal den Cortex erreicht, so wird sie auch hier über multiple parallele Systeme weitergeleitet, die ihrerseits unterschiedliche Funktionen haben. Hier sei daran erinnert, dass das visuelle System im Cortex eine ventrale und eine dorsale Route hat, wobei die ventrale durch den Temporallappen und die dorsale durch den Parietallappen führt. Der erstgenannte Weg ist bei der Objekterkennung von Bedeutung, der zweite bei der räumlichen Zuordnung von Objekten. Angesichts dieses allgemeinen Organisationsprinzips des Gehirns gibt es sehr wahrscheinlich auch multiple Systeme – und zwar sowohl auf cortikaler als auch auf subcorticaler Ebene – die zu unserem Erleben von Emotionen beitragen« (Kolb & Whishaw, 1996, S. 355).

Das Limbische System ist – als Teil des Zwischen- bzw. Mittelhirns – auf die vielfältigste Art und Weise mit dem Neocortex verknüpft. Die Hauptbahn zum Neocortex verläuft zur orbitalen Oberfläche des präfrontalen Cortex. Speziell die Bedeutung dieser Verbindung könne man nicht hoch genug einschätzen, so Eccles (1987).

Der Entwicklungsweg von zunächst einmal trivialen Umgebungsreizen des Organismus bis hin zu subjektiv hoch bedeutsamen emotionalen Empfindungen für das Individuum und seinen Reaktionen zeigt Abbildung 1.2 im groben Überblick (▸ Abb. 1.2; Goeppert, 1996). Alle prozessualen Reizverarbeitungen im Bereich der objektiven Sinnesphysiologie basieren auf naturwissenschaftlich einfach zu erklärenden Reizweiterleitungen und Umschaltungen auf der Basis von elektrophysiologischen und biochemischen Vorgängen.

1 Der Aufbau des Gehirns

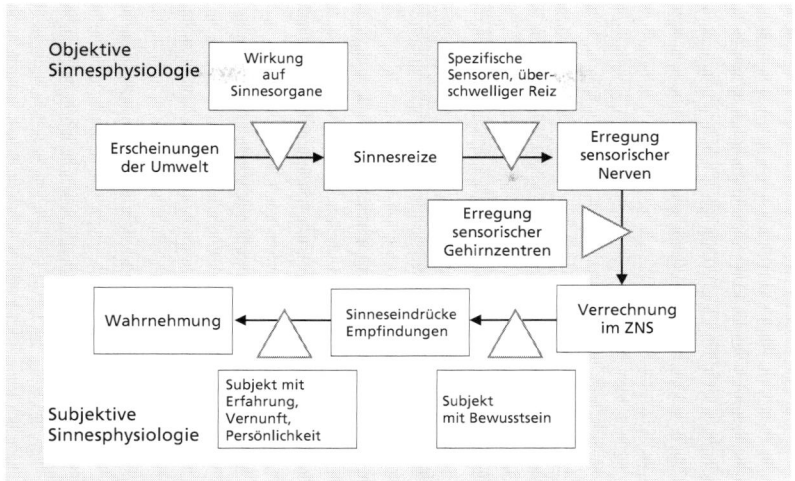

Abb. 1.2: Bereich der Verarbeitung objektiver Sinneseindrücke und Übergang zu subjektiver Sinnesphysiologie (nach Goeppert, 1996, S. 193)

Die entscheidende psychologische Umschaltung erfolgt dann im Übergangsbereich zur subjektiven Sinnesphysiologie. Hier werden auf bisher nicht vollständig geklärte Art und Weise physiologische und/oder biochemische Prozesse in höchst subjektive Gefühlsqualität verwandelt. Dasselbe Lied kann unter kontrolliert exakt gleichen Bedingungen (Räumlichkeit, Licht- und Temperaturverhältnisse, Tageszeit, Abspielgerät, Lautstärke etc.) abgespielt werden, und die eine Versuchsperson erlebt keine besonderen Gefühle, während die nächste Person einen wohligen Schauer verspürt und sie Gefühle freudiger Erregtheit ergreifen (etwa weil beim Hören des Liedes die Erinnerung an ein schönes Erlebnis wachgerufen wird).

Roth (2001) beschreibt die Abfolge von der Sinneswahrnehmung extraorganismischer Ereignisse bis hin zum bewussten Erleben.

»Ein positiv oder negativ erregendes Ereignis wird zuerst subcortical vorbewusst verarbeitet, und zwar bei einer visuellen Wahrnehmung durch die Retina, den lateralen Kniehöcker des Thalamus und den Colliculus superior des Mittelhirns (um die wichtigsten subcorticalen visuellen Zentren zu nennen). Vom lateralen

Kniehöcker und vom Colliculus superior aus laufen unterschiedliche Aspekte des Seheindrucks zu limbischen Zentren, z. B. zur basolateralen Amygdala, und von dort aus unbewusst zu den vegetativen Zentren, wo sie – falls nötig – die notwendigen Reaktionen auslösen.

Gleichzeitig laufen die Erregungen vom lateralen Kniehöcker zur primären Sehrinde und von dort zu temporalen und parietalen visuellen Cortexarealen sowie in einem Umweg vom Colliculus superior aus über das Pulvinar des Thalamus ebenfalls zu visuellen Arealen. Im Cortex verbinden sich diese ›neutralen‹ visuellen Erregungen mit deklarativen Gedächtnisinhalten, die durch den Hippocampus und die ihn umgebende entorhinale, perirhinale und parahippocampale Rinde aktiviert wurden. Aufgrund der Tätigkeit des basalen Vorderhirns werden sie mit erhöhter Aufmerksamkeit versehen, und schließlich werden sie – vermittelt durch die Aktivität von Amygdala und mesolimbischem System und über deren Projektionen in den Cortex – mit Inhalten des emotionalen Gedächtnisses verknüpft.

Aufgrund der komplexen Interaktion vieler corticaler und subcorticaler Zentren entsteht dann in den entsprechenden assoziativen visuellen Arealen die bewusste, inhaltsreiche Emotion« (Roth, 2001, S. 172 f.).

Das Gefühl bzw. die Emotion, die ein Mensch empfindet, ist also stets eine hochkomplexe Kette einer Abfolge von Reizen der Umgebung des Organismus, die über Sinnesorgane in Zentren des Gehirns umgeschaltet werden, wo sie zunächst unter Hinzuziehung basaler unbewusster Einschätzungen der situativen Lage mit abwesender oder gegebener Gefahr bzw. als angenehme oder unangenehme Situation (Stammhirn- und Mittelhirnareale) eingeschätzt werden. Gleichzeitig laufen unter Hinzuziehung präfrontaler Areale blitzschnelle Abklärungen über thalamische Verbindungen zum Großhirn, wo Erinnerungen der subjektiven Lerngeschichte (deklarative Gedächtnisinhalte) hinzugezogen werden, was dann durch efferente Prozesse im limbischen System weiterverarbeitet und letztlich wiederum durch Projektionen in die assoziativen visuellen Bereiche des Cortex unter Hinzuziehung des emotionalen Gedächtnisses zur bewusst empfundenen Emotion wird.

Man kann sich vorstellen, dass Emotionen eine entscheidende Rolle für die Tiefe der Einspeicherung ins Gedächtnis und die Leichtigkeit des Erinnerns spielen (Roth, 1996). Situatives wird leichter und dauerhafter abgespeichert, wenn es für das Individuum emotionale Bedeutung hat (Spitz, 1980).

Zusammenfassung

- Bewusstes Erleben entsteht nur unter der Beteiligung von Emotionen; Kognitionen alleine sind nicht hinreichend.
- Das limbische System ist der zentrale emotionsverarbeitende Bereich im Zwischenhirn.
- Der Thalamus (als Teil des limbischen Systems) ist die wichtigste Umschaltstelle des Zwischenhirns zum Cortex cerebri.
- Komplexe wechselseitige Verschaltungen zwischen den Arealen im Zwischenhirn und dem Neocortex lassen, aus zunächst neutralen Reizen der Umgebung, subjektive Bedeutung mit zugehörigen Emotionen entstehen. Der genaue Vorgang des Übergangs von naturwissenschaftlich beschreibbaren Vorgängen im ZNS in subjektive Bedeutung ist wissenschaftlich noch nicht vollständig geklärt.
- Der präfrontale Cortex steuert – in Zusammenarbeit mit dem Zwischenhirn – die Emotionen und die Motorik (Schaltstelle zwischen Neocortex und limbischem System).
- Emotionen höherer Differenziertheit entstehen aus bedeutsamen, im Neocortex abgespeicherten individuellen Lebenseindrücken, die – i. d. R. aufgrund aktueller äußerer situativer Ereignisse – erinnert und so aktualisiert werden.

Literatur zur vertiefenden Lektüre

Eccles, J. C. (1987). Die Großhirnrinde. In: K. R. Popper & J. C. Eccles (Hrsg.), *Das Ich und sein Gehirn* (S. 283–308). München: Piper.

Kolb, B. & Whishaw, I. Q. (1996). *Neuropsychologie*. 2. Auflage. Heidelberg: Spektrum Akademischer Verlag.

Roth, G. (1996). Das Gehirn des Menschen. In: G. Roth & W. Prinz (Hrsg.), *Kopf-Arbeit. Gehirnfunktionen und kognitive Leistungen* (S. 119–180). Heidelberg: Spektrum Akademischer Verlag.

Roth, G. (2001). *Fühlen – Denken – Handeln. Wie das Gehirn unser Verhalten steuert*. Frankfurt/Main: Suhrkamp.

Weiterführende Fragen

- Welcher Bereich des Gehirns ist überwiegend für die Entstehung von Emotionen wichtig?
- Was wird auch als »Organ der Zivilisation« bezeichnet?
- Welches Organ des Mittelhirns ist eine zentrale Umschaltstelle für alle Informationen an den Neocortex?
- Welcher Teil des Cortex dient als entscheidende Schaltstelle zum limbischen System?
- Wann entsteht aus Sinnesreizen subjektive emotionale Bedeutung?
- Wo im Gehirn laufen lebensnotwendige Funktionen unterhalb der Wahrnehmungsschwelle ab?
- Welche ist die Hauptbewertungsinstanz – im Hinblick auf die emotionale Bedeutung – des limbischen Systems?

Teil II Die Bedeutung von Gefühlen in Philosophie und Wissenschaft

2 Begriffsklärungen und Definitionen

2.1 Körper und Gefühle – Philosophische Erklärungsansätze

Das Wesen der Gefühle beschäftigte die Philosophie bereits sehr früh. Empfinden und Verhalten von Tieren und Menschen waren zu allen Zeiten eine Herausforderung für Philosophen, Dichter und Wissenschaftler (Scherer, 1990).

> »Nahezu alle großen Philosophen haben den Emotionen wesentliche Teile ihres Werkes gewidmet: die Großen der klassischen griechischen Philosophie, insbesondere Plato und Aristoteles; die Philosophen der Stoa; die Philosophen und Rhetoriker der römischen Schulen, wie etwa Cicero; Kirchenväter wie Augustinus, die Vertreter der scholastischen Philosophie des Mittelalters, so etwa Thomas von Aquin; die Philosophen des 17. Jahrhunderts, insbesondere Descartes und Spinoza; die Philosophen der Aufklärung, insbesondere Kant; und eine große Zahl von Philosophen der Neuzeit, in besonderem Maße Sartre« (Scherer, 1990, S. 1).

Aristoteles (384 bis 322 v. Chr.) gilt heute als der erste Philosoph, der eine vollständige Theorie der Affektentwicklung vorstellte (Aristoteles, 2011; 2017; Fonagy et al., 2008; Höffe, 2009). Nach ihm kann die Seele in einen vernunftbegabten und einen Teil ohne Vernunft unterteilt werden. Letzterer bestehe aus dem vegetativen Teil, den der Mensch mit allen anderen lebenden Geschöpfen teile. Als vernunft- und sprachbegabtes Wesen verfüge er aber auch über Gemütsbewegungen, die er nicht verhindern, jedoch kontrollieren könne. »Tugend« ist ein wichtiger Begriff bei Aristoteles. Sie sei erforderlich, um mit aufkommenden Affekten »richtig« umzugehen, nämlich indem der Mensch sie beherrsche.

>»Da es nun drei Dinge in der Seele gibt, Affekte, Fähgkeiten und Eigenschaften, wird wohl die Tugend eines von ihnen sein. Als Affekte bezeichne ich Begierde, Zorn, Furcht, Mut, Neid, Freude, Liebe, Hass, Sehnsucht, Eifersucht, Mitleid und allgemein alles, was von Lust und Unlust begleitet wird. Fähigkeiten sind das, wodurch wir für diese Affekte empfänglich genannt werden, wie etwa das, wodurch wir fähig sind zu zürnen und Unlust oder Mitleid zu empfinden. Die Eigenschaften wiederum sind es, durch die wir uns zu den Affekten richtig oder falsch verhalten; so verhalten wir uns etwa dem Zorn gegenüber falsch, wenn wir allzu heftig oder schwach zürnen, richtig aber, wenn wir es mit Mittelmaß tun; ebenso ist es auch mit den übrigen Affekten« (Aristoteles, 2017, S. 41 f.).

Bemerkenswert sind die weit vor der heutigen Zeit erfolgten differenzierten Überlegungen zur Psychologie von Emotionen und Affekten und das Erkennen der komplexen Zusammenhänge zwischen Körperreaktionen wie z. B. Lust-Unlust-Empfinden, damit in Verbindung stehenden Emotionen und Abwehrprozessen (bei Aristoteles Kontrolle durch Tugend).

Dagegen kritisierten die Stoiker Aristoteles; sie gingen davon aus, Affekte seien nicht zu kontrollieren, sie entzögen sich der Kontrolle und seien daher nicht kultivierbar (Fonagy et al., 2008). Ihnen zufolge sei der Mensch vom Logos der Natur geleitet. Allein der Geist und das Denkvermögen könnten den Menschen dahin führen, am »göttlichen Logos« teilzuhaben. Durch ein ständiges Bemühen um Selbstformung und -kontrolle könne der Mensch zur Selbstgenügsamkeit und Unerschütterlichkeit gelangen. Die *stoische Ruhe* ermögliche es, Affekte am besten zu vermeiden, um so zur »Selbstvervollkommnung« zu gelangen.

>»Die Stoiker betrachteten die Affekte als falsche Urteile und daher als korrumpierende Faktoren, die uns vom rechten Wege abbringen. Deshalb ist es unsere Pflicht, uns von ihnen zu distanzieren und uns zu bemühen, einzig auf der Grundlage der Vernunft zu handeln. Wenn es uns gelingt, der überwältigenden Macht der Affekte zu widerstehen, können wir Gleichmut und Selbstgenügsamkeit entwickeln, die es uns erlauben, ein glückliches und vernunftgemäßes Leben zu führen« (Fonagy et al., 2008, S. 77).

Fonagy et al. stellen eine interessante Verbindung her, indem sie den Einfluss der Stoa auf die römische Kirche betonen, »... die den Affekten und dem Körper feindlich gegenüberstand ...« (S. 77). Affekte machen dem Emotionsphilosophen DeSousa (1987) zufolge für die römische Kirche fünf der sieben Todsünden aus: Hoffart, Wollust, Neid, Völlerei, Zorn und Trägheit, während drei der vier Kardinaltugenden – Weisheit, Besonnenheit, Tapferkeit – nur auftreten könnten, wenn der Mensch sich gegen seine emotionalen Versuchungen zur Wehr setze. Man kann hier noch heute unschwer die konservative Haltung der römisch-katholischen Kirche gegenüber dem menschlichen Gefühlsleben und seinen Verbindungen zu körperlichen Regungen erkennen.

Der französische Philosoph, Mathematiker und Naturwissenschaftler René Descartes hat den bis heute nachhaltigsten Einfluss auf das abendländische Denken zum Verhältnis von Körper und Geist bzw. Seele genommen. Er schuf einen *Dualismus*, der bis heute das Denken und Handeln in der naturwissenschaftlich begründeten Medizin prägt.

»… da Descartes das Denken bekanntlich für eine Tätigkeit hielt, die sich völlig losgelöst vom Körper vollzieht, behauptet er in dieser Äußerung die radikale Trennung von Geist, der ›denkenden Substanz‹ (*res cogitans*) und dem nichtdenkenden Körper, der Ausdehnung besitzt und über mechanische Teile verfügt (*res extensa*)« (Damasio, 2018, S. 329; Hervorh. dort).

Damasio sieht in der »abgrundtiefen Trennung von Körper und Geist«, wie sie Descartes vorgenommen habe, einen »großen Irrtum« (s. hierzu ausführlich Abschnitt III; ▶ Teil III). Auch der britisch-österreichische Philosoph Sir Karl R. Popper kritisierte Descartes' Auffassung vom Menschen als Maschine, eines von mechanistischer Kosmologie beherrschten Apparats, die keinen Raum lasse für ein lebendiges Wesen mit Seele (Popper, 1987).

Eine Brücke zwischen Aristoteles und der Stoa schlug der portugiesische Philosoph Spinoza, der beide Positionen miteinander vereinte, indem er seiner radikalen Philosophie ethische Ziele zugrundelegte (Spinoza, 2017). Der Mensch solle insbesondere die illusorischen Lebensziele vom einzig Wahren differenzieren. Der Begriff der »Substanz« spielt bei ihm eine überragende Rolle. Er verstand darunter das, was in sich sei und durch sich begriffen werde; so sah er Gott als die einheitliche und ewige Substanz an. Eine Substanz benötige keine weitere Ursache, sie sei Ursache ihrer selbst, wie eben Gott auch. Denken (Geist) und Ausdehnung (Materie) sind für Spinoza zwei verschiedene »Attribute« der Substanz. Wie Descartes sah Spinoza einen Gegensatz zwischen Geist und Materie, allerdings konstruierte er nicht wie Descartes einen *Dualismus*, sondern einen *Monismus*. Geist und Materie seien keine gegensätzlichen

Substanzen, sondern verschiedene Attribute einer einzigen Substanz (psychophysischer Parallelismus).

Bei aller Vernunft, die von letztlich fast allen Philosophen als Ziel propagiert wird, konzedieren sie gleichwohl mehrheitlich, dass ein vernünftiges, rationales Denken alleine dem Menschen nicht zu seinem Glück verhelfen könne. So ist für Schopenhauer nicht die bloße Reflexion wichtig, nicht alleine das »prüfende und vergleichende Nachdenken«, sondern »… gränzenloses Mitleid mit allen lebenden Wesen ist der festeste und sicherste Bürge für das sittliche Wohlverhalten …« (Schopenhauer, 2019; S. 207). »Mitleid« ist der zentrale Begriff des Schopenhauer'schen Ethik-Entwurfs, ein Mitleid – mit dem psychologischen Wissen von heute würde man dies als Mitfühlen, als Empathie bezeichnen –, das voraussetzungslos, ohne jegliche egoistischen Hintergedanken oder Motive, aus reiner Selbstlosigkeit handele. Mitleid sei Menschlichkeit im besten Sinne.

> »… es ist das alltägliche Phänomen des Mitleids, d. h. der ganz unmittelbaren, von allen anderweitigen Rücksichten unabhängigen Theilnahme zunächst am Leiden eines Andern und dadurch an der Verhinderung oder Aufhebung dieses Leidens, als worin zuletzt die Befriedigung und alles Wohlseyn und Glück besteht. Dieses Mitleid ganz allein ist die wirkliche Basis aller freien Gerechtigkeit und aller ächten Menschenliebe« (Schopenhauer, 2019, S. 186).

Die Grundtriebfedern menschlichen Handelns sieht Schopenhauer im Egoismus, in der Bosheit und eben im Mitleid. Dass es sich hierbei nicht um Kognitionen, sondern um basale Gefühle handelt, erklärt sich von selbst.

Kierkegaard sieht den Mut zur Liebe als die entscheidende innere Haltung an, um eigene Ängste bewältigen und frei wachsen zu können (Kierkegaard, 2003). Ein Gefühl wie die Liebe sei unabdingbar wichtig für die eigene Existenz. Selbstliebe und Liebe des Nächsten seien untrennbar miteinander verknüpft.

> »Niemand kann hoffen, ohne zugleich zu lieben, er kann nicht für sich selber hoffen, ohne zugleich zu lieben, denn das Gute hängt unendlich zusammen; liebt er aber, so hofft er zugleich für andere. Und im gleichen Maße, wie er für sich selber hofft, ganz im gleichen Maße hofft er für andere; denn ganz im gleichen Maße, wie er für sich hofft, ganz im gleichen Maße ist er der Liebende« (Kierkegaard, 2003, S. 282).

Selbst der stets mit Rationalität und Vernunft in Verbindung gebrachte Immanuel Kant legt seinem kategorischen Imperativ, dass der Mensch stets moralisch richtig und so handeln solle, so dass dieser Leitspruch jederzeit zum Gesetz werden könne, Gefühle zugrunde. Zwar benötige der Mensch dazu seine Vernunft und seine Erfahrung – also rational-kognitive Elemente –, die Vernunft jedoch könne nur wirken, wenn sie vom Gefühl der Achtung und dem Wunsch nach Liebe getragen sei (Kant, 2016).

Der Skeptiker Nietzsche jedoch sah in erster Linie den Intellekt durch Affekte bedroht. Er sah in Affekten eine Gefahr für das klare Denken, ganz ähnlich den Stoikern. Mit seiner negativistischen Äußerung »Wettstreit der Affekte und Überherrschaft eines Affekts über den Intellekt« (Nietzsche, 1980, S. 421) klingt eine Dimension des menschlichen Empfindens an, die den Affekt in seinem Grundcharakter von Gefühlen und Emotionen unterscheidet.

Während Philosophen und Denker sich damit befassten, wie wohl die durch Emotionen hervorgerufenen Gemütszustände zustande kamen, befassten sich die Vertreter der biologischen und medizinischen Wissenschaften von jeher mit den körperlichen Symptomen emotionaler Reaktionen (Scherer, 1990). Angefangen mit Hippokrates und von Galen, die sich mit den Körpersäften in Verbindung mit dem Charakter und den Emotionen befassten, über Darwins Evolutionstheorie, die Gemeinsamkeiten der Abstammung in Erscheinung, Verhalten und eben auch Gefühlen postulierte, über Cannon und Bards körperlich begründete Emotionstheorie bis hin zu Kretzschmers Konstitutionspsychologie im frühen 20. Jahrhundert – stets wurde der Körper als Ausgangspunkt und Ursache von Emotionen angesehen (Hippokrates & Fuchs, 1897; Galenus, 2019).

2.2 Gefühl, Emotion, Affekt – Definitionsversuche

Es wurden verschiedene Begrifflichkeiten genannt, die man alle eher dem Bereich des Empfindens, Fühlens oder »Spürens« zuordnen würde als dem des Denkens, z. B. Mitleid, Mut, Liebe, Achtung. In der Tat werden selbst in der Fachliteratur die Begrifflichkeiten uneinheitlich verwendet, so dass ein begrifflicher Wirrwarr herrscht. Begriffe wie »Gefühl«, »Emotion«, »Stimmung«, »Erregung«, »Affekt« werden durcheinandergeworfen, so dass man oft nicht wissen kann, was der Verfasser genau meint. Die verschiedenen Begriffe bezeichnen nicht dasselbe; sie versuchen, unterschiedliche Befindlichkeiten zu kennzeichnen, die aufgrund ihres zeitlichen Umfangs, dem Ausmaß ihrer Intensität sowie der Art ihrer Qualität für ganz unterschiedliche innere Zustände stehen.

> »Die Frage, was ein Gefühl sei, vor 100 Jahren von W. James (1884) gestellt, ist bis heute aktuell und unbeantwortet. Die Komplexität des Gegenstands, nämlich das Gefühl als Erlebnis, Gefühl als (Ausdrucks-)Verhalten und Gefühl als Kovariat von neurophysiologischen Strukturen und Prozessen erschwert aus nahliegenden Gründen eine tiefgreifende Theorienbildung« (Ewert, 1983, S. 397).

Die Vielfalt der verwendeten sprachlichen Begriffe für emotionale Phänomene zeigt zum einen eine Uneinheitlichkeit im Verständnis von Erlebensweisen und Probleme mit der Eingrenzung und Präzisierung des Emotionskonzepts, zum anderen aber auch, dass es eher eine mangelnde Klarheit in der Konzeptualisierung der Theorien gibt als in grundlegenden Meinungsverschiedenheiten über die zugrunde liegenden Prozesse (Scherer, 1990).

In der empirischen Forschung geht man im Allgemeinen davon aus, dass eine »Stimmung« einen zeitlich dauerhafteren inneren Zustand des Individuums beschreibt (»die Stimmung im Büro ist heute nicht die beste«). Stimmungen sind Gefühlserlebnisse von diffusem Charakter (Ewert, 1983). Inwieweit »Gefühl« und »Emotion« dasselbe meinen, darüber besteht kein allgemeiner Konsens; jedenfalls werden sie als zeitlich deutlich eingegrenzter angesehen als »Stimmung«.

Bindungstheoretiker verwenden den Begriff »Emotion« zur Kennzeichnung biologischer Grundmuster im Sinne Darwins und »Gefühl« als Bezeichnung für das Bewusstwerden von Individuen über innere Zustände, die sie dann kommunizieren (Grossmann & Grossmann, 2008). Psychiatrische Sichtweisen dagegen unterscheiden nicht nach der Bedeutung von Empfinden, sondern nach Dauer und Intensität.

»*Gefühle* heißen einzelne eigentümliche wurzelhafte Seelenbewegungen. *Affekte* nennt man augenblickliche komplexe Gefühlsverläufe von großer Intensität und auffallenden körperlichen Begleit- und Folgeerscheinungen. *Stimmungen* nennt man das Zumutesein oder die innere Verfassung bei länger dauernden Gefühlszuständen, die dem gesamten Seelenleben für die Dauer ihres Bestehens eine eigene Färbung geben« (Jaspers, 1973, S. 91; Hervorh. b. Autor).

Die Hirnforscher Gluck, Mercado und Myers (2010) definieren Emotion als

»… ein Gesamt von drei unterschiedlichen, aber wechselseitig miteinander verbundenen Reaktionsarten: physiologische Reaktionen, manifeste (beobachtbare) Verhaltensweisen und bewusstes Empfinden. Zu den physiologischen Reaktionen, die mit Emotion zusammenhängen, gehören Veränderungen des Herzschlags, erhöhte Transpiration, beschleunigte Atmung und dergleichen. Beispiele für manifeste Verhaltensweisen sind Gesichtsausdruck, Tonfall und Körperhaltung. Mit einer Emotion zusammenhängende bewusste Empfindungen sind z. B. die subjektive Erfahrung von Traurigkeit und Glück« (Gluck, Mercado & Myers, 2010, S. 389).

Darüber, dass ein »Affekt« eine spontane, zeitlich sehr eng begrenzte heftige Gefühlsregung ist, besteht hingegen allgemeiner Konsens. Bischof (2008) unterscheidet »Emotion« von »Affekt«, indem er vor allem die Rolle der kognitiven Kontrolle bei Emotionen betont, die bei Affekten fehle.

»Wenn die Signale des Antriebssystems an den Coping-Apparat durch den Filter der exekutiven Kontrolle gegangen sind, bezeichnen wir das als Emotionen. Fehlt diese Kontrolle oder gelingt es ihnen, sie zu durchbrechen, sprechen wir von Affekten« (Bischof, 2008, S. 387).

Diese definitorische Unterscheidung unterstellt, dass Emotionen und Affekte prinzipiell bewusstseinsfähig sind, ansonsten wäre ja keine Kontrolle möglich. Ebenso wird die Beteiligung einer kontrollierenden Instanz für Emotionen postuliert. Dieser Auffassung zufolge ist ein Affekt also eine heftige emotionale Aufwallung, die nur deshalb existiert, weil sie nicht mehr vom Individuum kontrolliert werden kann, ein überschießender, nicht mehr kontrollierbarer Gefühlsbetrag bzw. eine unkontrollierbare Gefühlsintensität. Als kontrollierende Instanz wird das Ich angesehen, das auch bei Lewins Feldtheorie eine entscheidende Rolle bei der Entstehung des Affekts spielt.

»Danach beruht der Affekt auf einem Konflikt zwischen Feldkräften in einer Situation, die ein *Aus-dem-Felde-Gehen* unmöglich macht. Der Übergang vom Normalzustand bis zum Ausbruch geht kontinuierlich mit dem Ansteigen der Spannung, die sich aufgrund von Barrieren nicht ausgleichen kann, vor sich. Die *Wandfestigkeit* der gespannten Systeme des Ich hält dem wachsenden Druck nicht mehr stand, sodass sich die Spannungsenergie weitgehend über alle Bereiche des Ich ausbreiten kann. Ebenso verwischen sich die Grenzen zwischen dem Ich und dem übrigen *Feld*. Ergebnis ist das Abfallen der Differenziertheit bis auf einen minimalen Grenzwert« (Bergius, 2014, S. 103; Hervorh. b. Verf.).

Auch Thomae (1983) unterscheidet zwischen Emotion und Affekt. Affektive Prozesse würden negativ bewertet, da sie normative Schranken außer Kraft setzten und quasi ein Zeugnis »vorintellektueller, ungeistiger und willensmäßig unkontrollierter Haltung« (Lersch, 1970, S. 225) darstellten, wie diese Auffassung auch Kant teilte.

»Die Ausschaltung der Orientierung an der Gesamtlage erfolgt einmal unter den Bedingungen extremer ›affektiver‹ Erregung, zum anderen durch situativ bedingte kognitive Verzerrungen. ... kommt der Begriff heute noch in der Wortbildung ›Affektivität‹ vor, die synonym mit ›Emotionalität‹ gesehen wird (Kretschmer, Weitbrecht, Bas). Affekt meint seinem im Deutschen heute vorherrschenden Sinne nach ein ›rasch anspringendes, große Intensität erreichendes Gefühl‹. Die Beziehung dieser Motivationsform zu den Problemen der Norm-Orientierung ergibt sich aus der Aussage von I. Kant, wonach Affekte Gefühle seien, welche ›die Schranken der inneren Freiheit im Menschen überschreiten (Anthropologie 61 Anm.)‹« (Thomae, 1983, S. 305; Zitate dort).

Die Auffassung, dass Affekte von minderer psychischer Qualität seien, werden in der psychiatrischen Literatur und im Kern auch der psychoanalytischen Auffassung geteilt. Im Unterschied zu Emotionen wird in Affekten die versagende Kontrolle des Ichs bzw. der Abwehr gesehen. Der Psychiater und Philosoph Karl Jaspers (1973) greift ein Zitat C. G. Jungs auf, der in der Affektreaktion eine »Emotionsstupidität« gesehen haben will und spricht selbst von einer »Bewusstseinsleere« bzw. von »Bewusstseinstrübungen«.

»Senkungen, Trübungen, Verengungen des Bewußtseins gibt es in mannigfachen Formen als Folge und Begleitung einzelner Erlebnisse. ... Bei heftigen *Affekten*, in Angstzuständen, ferner in tiefen Melancholien, wie in manischen Zuständen ist die *Konzentration*, die Möglichkeit, sich auf etwas zu besinnen, über etwas nachzudenken, ein Urteil zu gewinnen, sehr *erschwert*« (Jaspers, 1973, S. 119); Hervorh. b. Autor).

2 Begriffsklärungen und Definitionen

Bei aufregenden Gelegenheiten würde die normalerweise gegebene Kontrolle von Emotionen versagen, alle Fähigkeiten versagten in der Affektreaktion.

Die Rolle der Persönlichkeit, speziell die des Ichs, im Zusammenhang mit Emotionen bzw. Affekten wird weiter unten noch ausführlich zu behandeln sein.

Die außerordentlich vielfältigen Definitionsvorschläge sollten nach Auffassung des Emotionspsychologen Klaus R. Scherer *nicht* dazu führen, eine allgemein verbindliche Emotionsdefinition vorzulegen. Es reiche aus, von der Vorstellung auszugehen,

»... daß zum Zustandekommen und Ablauf emotionaler Prozesse sowohl subkortikale als auch kortikale Verarbeitungsmechanismen externer oder interner Reizung, neurophysiologische Veränderungsmuster, motorischer Ausdruck, Motivationstendenzen und Gefühlszustände beitragen« (Scherer, 1990, S. 3).

Scherer schlägt ein Modell mit fünf »organismischen Subsystemen« vor, die alle jeweils eigene Funktionen für Adaptation und Verhalten des Organismus hätten:

- Informationsverarbeitungssystem,
- Versorgungssystem,
- Steuerungssystem,
- Aktionssystem,
- Monitorsystem.

»Die hier vorgeschlagene Definition postuliert mithin folgenden Ablauf des Emotionsprozesses: Die Ergebnisse von Informationsverarbeitungsprozessen, kortikal oder subkortikal, führen zu Veränderungen der Zustände aller fünf Subsysteme. Diese Veränderungen führen zu komplexen Wechselwirkungen und damit zu einer Synchronisation der Systemzustände, auch wenn die speziellen Eigenschaften der einzelnen Subsysteme unterschiedliche Verlaufsformen oder Veränderungsprozesse nahelegen. Während der Episoden der so synchronisierten Subsysteme ist mithin die gesamte Verarbeitungskapazität des Organismus auf den speziellen Auslöser gerichtet. Die emotionale Episode endet, wenn die Synchronisation und das gegenseitige Einwirken der Subsysteme aufeinander schwächer werden und die einzelnen Subsysteme wieder ihre speziellen Funktionen übernehmen« (Scherer, 1990, S. 7).

2.3 Funktionen von Gefühlen und Emotionen

Von der Evolution herausgebildete, erbbiologisch tief verankerte Reaktionsweisen basieren auf ganz grundlegenden Mechanismen, die mit Gefühlen in Verbindung gebracht werden müssen wie Kampf- oder Fluchtimpulse, die einen Überlebensvorteil bieten, eben um lebenswichtige Ziele zu sichern bzw. zu erlangen und schädliche Situationen zu beenden (Schneider & Dittrich, 1990). Erstere sind mit aggressiven und letztere mit Angstemotionen verbunden. Einig ist man sich in der heutigen Emotionsforschung darüber, dass Emotionen unverzichtbar wichtig sind bei der Erreichung von Verhaltenszielen, die den Reproduktionserfolg und so die Weitergabe von Genen sicherstellen und gefährliche Situationen zu vermeiden gestatten. Biologen und Philosophen sind sich darin einig, dass die Erscheinung von Emotionen essenziell war, um Leben in der Evolution auf eine höhere Stufe zu heben (Langer, 1967; Izard & Malatesta, 1987).

Emotionen konnten erst auf einer Stufe der Entwicklung der Arten vorteilhaft werden, auf der starre Verknüpfungen von Reiz-Reaktionsschemata zugunsten einer größeren *Verhaltensvariabilität* und damit zugunsten einer größeren Entscheidungsfreiheit aufgegeben werden konnten (Izard & Malatesta, 1987; Schneider & Dittrich, 1990).

Emotionen haben eine »handlungsstützende« sowie eine »kommunikative« Funktion (Geppert & Heckhausen, 1990). Im ersteren Sinne dienten Emotionen der Initiierung und Bestimmung der Intensität einer Handlung, der Aufrechterhaltung oder Beendigung einer Handlung, während die kommunikative Funktion von Emotionen darin bestehe, dass über Ausdruckserscheinungen Beobachtern Signale bezüglich der eigenen Zustände und Handlungsbereitschaften geliefert werden.

> »Emotionen greifen in die bewusste Verhaltensplanung und -steuerung ein, indem sie bei der Handlungsauswahl mitwirken und bestimmte Verhaltensweisen befördern. Hierbei spricht man von *Motivation*. Als *Wille* ›energetisieren‹ sie die einen Handlungen bei ihrer Ausführung und unterdrücken als *Furcht* oder *Abneigung* andere. Sie steuern unsere Gedanken, Vorstellungen und insbesondere unsere Erinnerungen.
> Der große mittelalterliche Philosoph Thomas von Aquin definierte Emotionen als ›etwas, das die Seele antreibt‹ in Richtung auf etwas Gutes oder Schlechtes.

Ohne emotionale Impulse keine Aktionen!« (Roth, 2001, S. 263; Hervorh. b. Autor).

Der Kleinkindforscher René Spitz (1980) hebt die Bedeutung von Emotionen und Affekten für die Gedächtnisleistung hervor.

»Bei den Tieren haben die Verhaltensforscher unter den Bedingungen emotionaler Belastung (*stress*) eine enorme Beschleunigung der Erinnerungsspeicherung beobachtet.
Bei den ... besprochenen Affektphänomenen ist die Rolle der zugrunde liegenden Triebregung (deren Indikator der Affekt ist) in der Entwicklung von Denkvorgängen von großem Interesse« (Spitz, 1980, S. 162 f.).

Dies gilt aber ebenso für intensive positive emotionale Eindrücke (Roth, 1996).

Laux und Weber (1990) sehen sogar eine enge Nachbarschaft zwischen den Begriffen »Stress« und »Emotion« und diskutieren Emotion unter der Überschrift »Bewältigung von Emotionen«. Emotionen dienten der Bewältigung von Belastungs- und Stresssituationen, wie sie auch durch gegebene Bewältigungsressourcen modifiziert würden.

Zusammenfassung

- Es gibt keine einheitliche Emotionstheorie.
- Keine der bekannten philosophischen Sichtweisen vom Altertum bis zur Aufklärung negierte die Bedeutung von Emotionen bzw. Affekten im menschlichen Leben.
- Emotionen und Affekte werden als Teil der menschlichen Natur gesehen.
- Bezüglich der Bewertungen allerdings gehen die Meinungen auseinander: Die meisten Philosophen betonen die unverzichtbare Notwendigkeit von Emotionen für ein glückliches Leben, die anderen sehen speziell in Affekten eine Gefahr.
- Affekte werden von einigen philosophischen Richtungen bzw. Philosophen als den Menschen in die Irre führend angesehen, den Intellekt bedrohend, weshalb sie am besten durch die Entwicklung von Tugend und Beherrschung vermieden werden sollten.

- Affekte werden als eine deutlich von Emotionen abgrenzbare Kategorie angesehen, insofern sie sich weitgehend einer bewussten Kontrolle entziehen.
- Gefühle bzw. Emotionen kommen durch hochkomplexe innerorganismische Aktivitäten zustande, an der verschiedene »organismische Subsysteme« beteiligt sind, was eine einheitliche Erklärung und Definition für den Bereich des subjektiven, gefühlshaften Erlebens unmöglich macht.

Literatur zur vertiefenden Lektüre

Bischof, N. (2008). *Psychologie. Ein Grundkurs für Anspruchsvolle.* Stuttgart: W. Kohlhammer.
Damasio, A. R. (2018). *Descartes' Irrtum. Fühlen, Denken und das menschliche Gehirn.* 9. Auflage. Berlin: List.
Fonagy, P., Gergely, G., Jurist, E. L. & Target, M. (2002). *Affektregulierung, Mentalisierung und die Entwicklung des Selbst.* Stuttgart: Klett-Cotta.
Scherer, K. R. (1990). Theorie und aktuelle Probleme der Emotionspsychologie. In: K. R. Scherer (Hrsg.), *Enzyklopädie der Psychologie. Psychologie der Emotion – Motivation und Emotion* (S. 1–38). Band 3. Göttingen: Hogrefe.

Weiterführende Fragen

- Die meisten Philosophen postulierten, dass Affekte kultiviert werden müssten. Welche Begriffe verwendeten sie?
- Bei welchem Philosophen schließen sich Intellekt und Affekte gegenseitig aus?
- Welcher Philosoph sieht eine grundlegende Ethik erst durch was gewährleistet?

3 Zur Evolution von Gefühlen

3.1 Darwin und das Bild vom Menschen

Den größten Einfluss auf das heutige Wissen über die Natur der Lebewesen und damit auch des Menschen allerdings hatte Charles Darwin. Er belegte nicht nur als Erster aufgrund anatomischer Gemeinsamkeiten oder großer Ähnlichkeiten zwischen den verschiedenen Arten die gemeinsame Abstammung aus vorangegangenen Lebensformen, sondern er unterstellte auch gemeinsame Wurzeln von Intelligenz, Denkfähigkeiten, Gedächtnis und Gefühlen (Darwin, 1859; 1877; 2013; Plutchik, 1980). Der Ausgangspunkt seiner Entdeckungen war die Beobachtung, dass es bestimmte Formen des Anpassungsverhaltens gibt, die alle Organismen als Reaktion auf spezielle Ereignisse in ihrer Umgebung zeigen, selbst die einfachsten Lebensformen. Die Umgebung aller Organismen kreiere die gleichen Probleme, z. B. die Notwendigkeit der Identifikation von Beute und Räuber, Freund und Feind oder Nahrung (Pluchik, 1980). Emotionen seien körperliche Reaktionen, im Inneren wie im Verhalten nach außen, um die basalen Überlebensprobleme zu bewältigen, die die Umgebung hervorrufe. Gefühle stellten Lösungsversuche des Organismus dar, Kontrolle über bestimmte Ereignisse zu gewinnen, die im Zusammenhang mit dem Überleben des Organismus stünden.

Darwins Beobachtungen und Schlussfolgerungen zur Verwandschaft emotionaler Reaktionsweisen bei verschiedenen Lebensformen beziehen sich auf körperliche Reaktionsweisen wie auch auf emotionale Ähnlichkeiten.

»Beim Menschen lassen sich einige Formen des Ausdrucks, so das Sträuben des Haares unter dem Einflusse des äußersten Schreckens, oder des Entblözens der

Zähne unter der rasenden Wuth, kaum verstehn, ausgenommen unter der Annahme, dasz der Mensch früher einmal in einem viel niedrigeren und thierähnlichen Zustande existirt hat. Die Gemeinsamkeit gewisser Ausdrucksweisen bei verschiedenen, aber verwandten Species, so die Bewegungen derselben Gesichtsmuskeln, während des Lachens beim Menschen und bei verschiedenen Affen, wird etwas verständlicher, wenn wir an deren Abstammung von einem gemeinsamen Urerzeuger glauben.

[...]

Um eine so gute Grundlage als nur möglich zu gewinnen und nun, unabhängig von der gewöhnlichen Meinung, zu ermitteln, in wie weit besondere Bewegungen der Gesichtszüge und eigenthümliche Geberden wirklich gewisse Seelenzustände ausdrücken, habe ich die folgenden Mittel als die nützlichsten befunden. An erster Stelle sind Kinder zu beobachten: denn sie bieten, wie Sir Ch. Bell bemerkt, viele seelische Erregungen, ›mit auszerordentlicher Kraft‹ dar; während im späteren Leben mehrere unsrer Ausdrucksarten ›aufhören, der reinen und einfachen Quelle zu entspringen, aus welcher sie in der Kindheit hervorgehen‹« (Darwin, 2013, S. 11 f.).

Darwin stellte grundlegende Prinzipien auf, die seiner Auffassung nach am besten die Ausdrucksformen und Gebärden erklären, die vom Menschen und niederen Tieren unter dem Einfluss unterschiedlicher »Seelenbewegungen und Gefühle« unwillkürlich gebraucht würden und anlagebedingt seien.

»Dasz die hauptsächlichsten ausdruckgebenden Handlungen, welche der Mensch und die niedern Thiere zeigen, jetzt angeboren oder angeerbt sind, – d. h. dasz sie nicht von dem Individuum gelernt worden sind – wird von jedermann zugegeben. Ein Erlernen oder Nachahmen hat mit mehreren derselben so wenig zu thun, dasz sie von dem frühesten Tagen der Kindheit an durch das ganze Leben hindurch vollständig auszer dem Bereiche der Controle liegen: so z. B. die Erschlaffung der Arterien in der Haut und die erhöhte Herzthätigkeit beim Zorn. Wir können Kinder, nur zwei oder drei Jahre alt und selbst blindgeboren, vor Scham erröthen sehen« (Darwin, 2013, S. 322).

Junge wie alte Individuen sehr unterschiedlicher Ethnien drückten die gleichen Seelenzustände durch die gleichen Bewegungen bei Menschen wie bei Tieren aus.

»Die bei weitem größere Zahl der Bewegungen des Ausdrucks, und alle die bedeutungsvolleren, sind, wie wir gesehen haben, angeboren und vererbt, und von diesen kann man nicht sagen, dasz sie vom Willen des Individuum abhängen. Nichtsdestoweniger waren alle die unter unser erstes Gesetz Fallenden ursprünglich zu einem bestimmten Zwecke ausgeführt worden – nämlich um irgend einer Gefahr zu entgehen, irgend eine Noth zu erleichtern oder irgend ein Verlangen zu befriedigen« (Darwin, 2013, S. 324).

Und:

»Ich habe mit ziemlich detaillierter Ausführlichkeit zu zeigen mich bemüht, dasz alle die hauptsächlichsten Ausdrucksweisen, welche der Mensch darbietet, über die ganze Erde dieselben sind. Diese Thatsache ist interessant, da sie ein neues Argument zu Gunsten der Annahme beibringt, dasz die verschiedenen Rassen von einer einzigen Stammform ausgegangen sind. … Es ist bei weitem wahrscheinlicher, dasz die vielen Punkte groszer Ähnlichkeit in den verschiedenen Rassen Folge der Vererbung von einer einzigen elterlichen Form sind, welche bereits einen menschlichen Charakter angenommen hatte« (Darwin, 2013, S. 330 f.).

Darwin ging von einer gemeinsamen Abstammung aus, Ausdrucks- und Verhaltensmuster sah er als angeboren und als Folgen von Vererbung an.

»Die Bewegungen des Ausdrucks im Gesicht und am Körper, welcher Art auch ihr Ursprung gewesen sein mag, sind an und für sich selbst für unsere Wohlfahrt von groszer Bedeutung. Sie dienen als die ersten Mittel der Mittheilung zwischen der Mutter und ihrem Kinde; sie lächelt ihm ihre Billigung zu und ermuthigt es dadurch auf dem rechten Wege fortzugehen, oder sie runzelt ihre Stirn aus Missbilligung« (Darwin, 2013, S. 335).

3.2 Basisemotionen und ethnologische Sichtweisen

Die Darwin'sche Sichtweise der vererbten Anlage und zu automatischen, ganz spezifischen gemütshaften Reaktionen auf bestimmte Umgebungsanforderungen hat sich in den Emotionstheorien auf breiter Ebene niedergeschlagen. In der psychologischen Literatur zu Emotionstheorien geht man davon aus, dass es sogenannte »Basisemotionen« gibt, die universell und für alle Menschen, Ethnien und Kulturen Gültigkeit besitzen (Zimbardo & Gerrig, 2004). Die allgemein gehandelten Basisemotionen seien

Wut, Angst, Ekel, Erschrecken, Freude, Überraschung und Trauer. Diese Aufzählung differenzieller, angeborener Emotionszustände wird u. a. auf den Emotionsforscher Paul Ekman zurückgeführt, der emotionale Regungen anhand von menschlichen Gesichtsausdrücken seit den 70er Jahren des letzten Jahrhunderts beforscht. In neuerer Zeit geht Ekman von fünf Basisemotionen aus (Ekman, 1992): Freude, Trauer, Zorn, Furcht und Ekel.

»Diese elementaren Emotionen sind in bezug auf folgende neun Eigenschaften charakterisiert: distinktive universale Signale, Vorkommen auch bei nichtmenschlichen Primaten, distinktive Physiologie, distinktive universale Aspekte in Auslöservorgängern, Kohärenz der emotionalen Reaktionen, schnelles Einsetzen, kurze Dauer, automatische Bewertung und unerbetenes Auftreten (Ekman, 1992)« (Fonagy et al., 2008, S. 80; Zitat dort).

Unter evolutionärer Perspektive stellt der gefühlshafte Ausdruck (speziell der Affekt) ein Signal für eine bestimmte Verhaltensbereitschaft dar (Steimer, 2005, S. 313). Die evolutionäre Sicht betont den Überlebensvorteil von Verhalten und Ausdruck, und dazu gehört der kommunikative Charakter der Ausdrucksformen, der dazu dient, an Freund und Feind Signale auszusenden, die für den Sender überlebensnotwendig sind, ihn schützen (Signale von Aggressions- und Kampfbereitschaft, Gefahr für den Angreifer) oder ihm dienlich sein sollen (Signale bezüglich Paarungsbereitschaft, Nahrung, Sicherheit).

Ethnologische Forschungen von Benedict (1934) und Mead (1939) vertraten schon früh die Auffassung, dass zwischen verschiedenen Kulturen enorme Unterschiede hinsichtlich der Formen des Gefühlsausdrucks bestünden. Unterschiedliche Kulturen lehrten ihre Mitglieder unterschiedliche Regeln über angemessene Verhaltensweisen und wie Emotionen in verschiedenen sozialen Kontexten und Situationen zu zeigen seien (Gluck et al., 2010). Zusammenfassend kann man davon ausgehen, dass die *Fähigkeit* zum Emotionserleben und -ausdruck anlagebedingt ist und auf evolutionär unverzichtbaren Gegebenheiten fußt, die *Formen* des emotionalen Erlebens und des Emotionsausdrucks hingegen aber sozial und kulturell vermittelt sind.

Zusammenfassung

- Bestimmte basale Gefühle werden als evolutionsbedingt aufgefasst und sind ethnien- und kulturübergreifend erkennbar.
- Gefühle und Emotionen erfüllen verschiedene Funktionen, vor allem dienen sie als Signale für die Umgebung und haben für die Arten – also auch den Menschen – einen Überlebensvorteil.
- Aufgrund der Ähnlichkeit basaler Emotionsausdrücke ging Darwin von einer gemeinsamen Abstammung aus, so dass Ausdrucks- und Verhaltensmuster als angeboren und somit vererbt betrachtet werden müssten.
- Ethnologische und Hirnforscher dagegen betonen kulturelle Unterschiede in emotionalen Ausdrucksformen, die darauf hindeuteten, dass nicht alles am emotionalen Ausdruck erbbiologisch vorgegeben, sondern vieles erfahrungs- und lernabhängig sei.

Literatur zur vertiefenden Lektüre

Darwin, C. (2013). *Der Ausdruck der Gemütsbewegungen bei dem Menschen und den Tieren.* Bremen: Bremen University Press.
Plutchik, R. (1980). *Emotion. A psychoevolutionary synthesis.* New York, NY: Harper & Row.
Zimbardo, P. G. & Gerrig, R. J. (2004). *Psychologie.* 16. Auflage. München: Pearson.

Weiterführende Fragen

- Wie sieht das Verhältnis zwischen Körper und Emotion bei Darwin aus?
- Ist die Universalität basaler emotionaler Ausdrucksformen erbbiologisch festgelegt, oder kann auch eine kulturelle Überformung erfolgen?
- Wie kann man sich erklären, dass sich – trotz gemeinsamer Abstammung – in verschiedenen Kulturen unterschiedliche emotionale Ausdrücke entwickeln?

4 Emotionstheorien

4.1 Theorien zur erbbiologischen Anlage von Emotionen

Theorien, die von einer anlagebedingten, also vererbten Fähigkeit zu Gefühlsausdrücken ausgehen, stehen naturgemäß der Darwin'schen Auffassung von einem gemeinsamen Stammbaum des Gefühlsausdrucks und seinen Erscheinungsformen nahe. Wenn nun alle Lebewesen einen gemeinsamen Ursprung haben – was heute wissenschaftlich nicht mehr angezweifelt werden kann –, dann muss auch von einer Verwandtschaft von bestimmten Verhaltens- und Ausdrucksweisen ausgegangen werden, so dass eine gewisse Universalität auch bei den Gefühlsausdrücken zu unterstellen ist. Wie Darwin überzeugend nachgewiesen hat, handelt es sich beim Ausdruck von Gefühlen nicht um eine beliebige Spielart, sondern um überlebensnotwendige und – im Laufe langer Entwicklungszeit – überlebensoptimierte Formen des Ausdrucks von Gemütszuständen, die zwar kulturell mehr oder weniger überformt werden können, die aber in ihrem Grundcharakter vermutlich eher *identischer* als *ähnlicher* Natur sein dürften.

Überlebensnotwendige Fähigkeiten von Organismen gehören also zur genetischen Grundausstattung, die nicht einfach abgelegt werden können. Aus dieser Sicht muss es auch gleiche oder ähnliche Ausdrucksformen geben, die nicht vom jeweiligen individuellen Lebewesen oder von der sozial-kulturellen Umgebung kreiert worden sind und allgemein verstanden werden. Speziell beim Menschen gelangt man aber schnell zu der Frage, ob es nicht auch individuelle Formen des Gefühlsausdrucks gibt, dass also die Art und Weise des Gefühlsausdrucks nicht grundsätzlich starr und vorgegeben ablaufen muss, sondern dass auch individuelle Überformungen gefühlshafter Ausdrücke möglich werden, ohne den Grundcharakter der evolutionär erworbenen und für ein Überleben notwendigen Bedürfnisse zu verlieren.

Theoretiker des anlagebedingten Erklärungsansatzes von Gefühlsausdrücken kommen aus den verschiedensten psychologischen Schulen und Sichtweisen, sie reichen von evolutionär-anthropologisch orientierten Motivations- und Persönlichkeitsforschern bis hin zu lerntheoretisch-verhaltenstherapeutischen und psychodynamischen Theoretikern. Sie alle gehen mal mehr, mal weniger von anlagebedingten, erblichen Ursprüngen menschlicher Gefühlsausdrücke aus. Basale Gefühle haben sich im Laufe der Evolution in primitiver oder differenzierterer Form bei allen Arten entwickelt und haben ihrer Auffassung nach einen adaptiven Charakter, weil sie im Überlebenskampf von unverzichtbarer Notwendigkeit sind. Aus dieser Perspektive kann es dann auch keine Frage mehr sein, ob Gefühle und Empfindungen anlagebedingt vorgegeben sind oder nicht. Die grundsätzliche Fähigkeit zum emotionalen Empfinden und zum Ausdruck desselben ist es zweifelsfrei immer, es stellt sich lediglich die Frage, inwieweit Emotionen modifiziert und zu differenzierteren Erlebens- und Ausdrucksweisen ausgeformt werden können, wodurch dies erfolgt und wovon dies abhängt. Außerdem stellt sich die Frage, ob bestimmte Emotionen, die nicht ursprünglich erbbiologisch mitgegeben wurden, nicht auch ausschließlich sozial und kulturell vermittelt werden können. Die *Fähigkeit* zur Ausformung bestimmter Emotionen oder Affekte dürfte zweifelsfrei eine genetische Mitgift sein, die *Formen* seelischen Ausdrucks hingegen könnten von relativ primitiven, rein anlagebedingten Ausdrucksweisen bis hin zu hoch differenzierten, phylogenetisch und ontogenetisch ausgebildeten reichen.

Sehr frühe Annahmen zum Zusammenhang zwischen »Seelenbewegungen« und Körper lassen sich bereits auf Aristoteles zurückführen, der eine untrennbare Einheit zwischen beiden sah (Aristoteles, 2011). Ebenso sah Darwin (2013) emotionale Ausdrucksformen als ungelernt und anlagebedingt an, als Mitgift der Evolution im »struggle for survival«.

Auch Freuds Auffassungen von den Gefühlen und vom Affekt basieren auf körperlichen Vorgängen. Freud präzisierte seine Theorien erstmals 1892 in »Ein Fall von hypnotischer Heilung« und sah im sogenannten »Erwartungsaffekt«, der an bestimmte Vorstellungen geknüpft ist, einen verunglückten Kompromiss aufgrund eines ungelösten Konfliktes (GW I, 1892). Seine frühen Auffassungen vom Affekt basieren auf dem Konzept seiner Triebtheorie. Im Kern der Theorie werden Affekte konflikttheoretisch hergeleitet, insofern sie einem Lust-Unlust-Spannungsverhältnis entspringen. Diesem frühen Modell zufolge entstehen Affekte in Situationen, in denen die Triebenergie, mit der Vorstellungsinhalte besetzt sind, nicht in motorische Interaktionen übergeführt oder nicht erfolgreich unterdrückt werden können.

Auch Watson – der Begründer des Neobehaviorismus – ging davon aus, dass Emotionen ungelernte Reaktionsmuster, mithin erbbiologisch angelegte Phänomene seien (Plutchik, 1980). Wie eine unkonditionierte Reaktion seien sie genetisch angelegt und erfolgten mit ziemlicher Konstanz und Regelmäßigkeit auf bestimmte Reize hin. Auch dem US-amerikanischen Psychoanalytiker Rapaport zufolge existieren bereits bei der Geburt angeborene Abfuhrkanäle für Affekte, die ab bestimmten Schwellenwerten für die Abfuhr genutzt würden (Rapaport, 1942; 1953; Plutchik, 1980; Zepf, 2000).

Weitere namhafte Emotionsforscher wie Sylvan S. Tomkins gingen von speziesspezifischen Anlagen, »programmierten« Emotionen, aus. Sein bekanntester Schüler, Carroll B. Izard, legte seinem Emotionsbegriff ebenfalls eine genetische Sichtweise zugrunde. Emotionen waren für ihn primär mimische Gesichtsausdrücke, die eine neurologische Basis haben. Wie sein Lehrer Tomkins ging auch er zunächst von subkortikalen Zentren mit genetisch festgelegten »Programmen« für einzelne Emotionen aus. Individuen lernten nicht, ängstlich oder depressiv zu sein, sie lernten lediglich die Schlüsselreize, die die Gefühle von Angst oder Depression hervorriefen (Izard, 1977). Wie Tomkins auch ging Izard von einer kleinen Anzahl von anlagebingten »Basisemotionen« aus.

Magda B. Arnold war in ihrer Zeit die erste Theoretikerin, die sich von den *James-Lange-* und *Cannon-Bard*-Gefühlstheorien (s. weiter unten) distanzierte und eine kognitive Richtung einschlug. Auch sie nahm zwar angeborene Reaktionsmuster an, die aber durch Lernprozesse modifiziert werden könnten (Arnold, 1960). Sie kritisierte die Emotionstheorien ihrer Zeit, indem sie die Wichtigkeit längerer Beobachtungszeiträume von kleinen Kindern einforderte. Laborforschungen taugten nichts, Kinder reagierten über längere Zeiträume mit unterscheidbaren emotionalen

Mustern auf vergleichbare Auslöser, was die Bedeutung der individuellen Modifizierbarkeit von Emotionen hervorhebe.

Der Emotionstheoretiker Robert Plutchik zählt zu den bedeutendsten Emotionsforschern der jüngeren Zeit. Grundsätzlich geht er von einem evolutionären Standpunkt der Emotionsentstehung aus. Emotionen sind diesem Darwin'schen Denkmodell folgend in der Phylogenese durch Selektionsprozesse entstanden und haben somit eine genetische Grundlage (Plutchik, 1955; 1957; 1958; 1980).

Plutchik postuliert acht verschiedene wesentliche Basisemotionen: Furcht, Ärger, Traurigkeit, Ekel, Überraschung, Freude, Vertrauen und Erwartung. Wie Arnold kritisiert er die artifizielle Laborforschung, die keine Validität für sich in Anspruch nehmen könne. In Laboren würden Individuen meist mit Elektroschocks gestresst oder lauten Geräuschen, um nachfolgend durch introspektive Befragungen zu erfahren, was diese Individuen gespürt hatten. Dass solche Erinnerungen – bereits künstlich und wirklichkeitsfremd verformt durch experimentelle Anordnungen – darüber hinaus dann kognitiven und Abwehrprozessen unterliegen und somit keine Gültigkeit mehr beanspruchen können, kam Forschern damals nicht in den Sinn (und auch heute nur selten).

Otto F. Kernberg, einer der bedeutendsten psychoanalytischen Theoretiker der Gegenwart, stuft Affekte als genetisch festgelegte *Dispositionen* für bestimmte Verhaltensweisen ein (1998). Im Kontext internalisierter Objektbeziehungen entwickeln sich nach Kernberg die dispositionell vorgegebenen Affekte im Zuge der Reifung der Persönlichkeit. Affektdispositionen seien primäre Motivationssysteme, nicht Triebe wie bei Freud.

Rainer Krause ist einer der wichtigsten deutschsprachigen Emotionstheoretiker, der mit seiner Arbeitsgruppe ebenfalls sehr umfangreiche Emotionsforschungen betrieben und affektiv-mimische Gesichtsausdrücke empirisch auf ihre kommunikativen Funktionen hin untersucht hat (2012). Auch er geht von angeborenen, kulturinvarianten primären Affekten aus. »Affekte« beziehen sich ihm zufolge auf körperliche Reaktionen und deren Empfindungen, ohne bewusste Repräsentanz und Erleben, während sich »Gefühl« auf ein bewusstes Wahrnehmen und Erleben situativ hervorgerufener Gegebenheiten zurückführen lasse.

4.2 Triebe und Körperreize – Ursprünge der Emotionen?

Wie bereits dargelegt, basiert Freuds Modell auf der Annahme, dass Triebspannungen bei der Entstehung von Affekten entscheidend seien. Er war zu seiner Zeit nicht alleine mit seiner körperbezogenen Auffassung von Emotionen und Affekten, wie die Psyche zu Beginn des letzten Jahrhunderts generell von Psychiatern und Ärzten als grundsätzlich körperverankert angesehen wurde – wenn auch dualistisch – (z. B. Kretschmers Konstitutionspsychologie, 1977), was in weit zurückreichenden Auffassungen vom menschlichen Charakter wurzelte (Hippokrates, 460 bis 377 v. Chr.; Galenus von Pergamon 129 n. Chr.).

Einen wichtigen Meilenstein auf dem Weg zum Verständnis von Gefühlen stellten die Annahmen von William James und Carl Lange dar. Ihrer Theorie zufolge basieren Gefühle grundsätzlich auf Körpereizen. Der US-amerikanische Psychologe William James von der Harvard University entwickelte die Theorie in seinem Werk »Principles of Psychology« (1890). Körperliche Reaktionen erfolgen demnach direkt auf äußere, aufregende Ereignisse hin, und das Gefühl dieser körperlichen Veränderungen sei die Emotion. Wie genau die Körperwahrnehmung das Gefühl dann produziert, wird in seiner Theorie nicht näher erläutert. Zeitgleich mit James propagierte der dänische Neurophysiologe Carl Lange (1887/2013) einen theoretisch sehr ähnlichen Standpunkt. Die durch die Theorie aufgeworfene und ungeklärte Frage der James-Lange-Theorie – ähnlich dem Henne-Ei-Problem – lautet: Was kommt zuerst?

Auch Walter B. Cannon studierte und lehrte an der Harvard University, allerdings später als James. Cannon und sein Doktorand Bard verwarfen basale Annahmen der James-Lange-Theorie, indem sie der Auffassung waren, dass der Ausfall von Feedback über viszerale Reize offensichtlich keine Auswirkungen auf einen emotionalen Ausdruck hatte. Somit hatte der Körper ihrer Theorie zufolge keine entscheidende Beteiligung am emotionalen Erleben.

Clark L. Hull (1952) ging – wie Freud – von einer Triebtheorie aus, derzufolge alle menschlichen Handlungen »energetisiert« seien durch

Triebe. Seine Motivationstheorie basierte auf mathematischen und quantitativen Elementen, die gleichwohl in sich nicht fehlerfrei blieb und weiter keine große Beachtung fand. Allerdings bahnte Hull der Entwicklung einer mathematischen Lerntheorie den Weg und somit auch der später daraus hervorgegangenen Verhaltenstherapie. Eine ebenfalls sehr abstrakt-radikale Position nahm Burrhus F. Skinner ein. Alles, was gefühlt werde, basiere nicht auf einer irgendwie gearteten nichtphysikalischen Welt eines Bewusstseins, Geistes oder sonstigen mentalen Lebens. Was wir Menschen fühlten, gehe nicht auf Introspektion zurück. Stattdessen könnten wir uns nur verstehen, indem wir unsere genetische und umgebungsabhängige Geschichte betrachteten. Mentalistische Sichtweisen hätten die Psychologie beschädigt. Falls das, was ein Individuum tue, auf irgendwelche inneren Prozesse zurückgeführt werde, sei jegliche weitere Untersuchung sinnlos. Diese extrem radikale Position führte nach dem Zweiten Weltkrieg zum Aufschwung der Lerntheorie als eines Gegenentwurfs zur – aus Sicht von Skinner – spekulativen Sichtweise psychodynamischer oder humanistischer Theorien vom Menschen und zum Aufschwung der frühen Verhaltenstherapie.

Philip Zimbardo und Richard J. Gerrig sind die Autoren des bekanntesten Psychologie-Lehrbuchs. Beide forschen an der Stanford University zu unterschiedlichen psychologischen Fragestellungen. Sie sind der Auffassung, dass Triebe interne Zustände des Organismus bewirken, die bestimmte physiologische Prozesse in Gang setzten. Daraus ergebe sich das Motiv für lebende Organismen, einen Zustand der *Homöostase* bzw. des *Gleichgewichts* wiederherzustellen (2004). Auch das traditionell immer wieder aktualisierte *Dorsch-Lexikon der Psychologie* definiert das Affektsystem als mit Organempfindungen verknüpft (Bergius, 2014, S. 102).

4.3 Abschließende Bemerkungen

Aus evolutionsbiologischer Perspektive ist das Ziel allen Verhaltens die Sicherstellung der Fortpflanzung und Weitergabe der eigenen Gene.

Entsprechend gibt es im Verhalten von Tieren relativ starre Koppelungen von Reizen und Reaktionen, für die im Nervensystem Mechanismen auf genetischer Basis bereitstehen, wie die ethologische Forschung gezeigt hat (Lorenz, 1967; Tinbergen, 1951). Das Verhalten von Tieren folgt meist dem Reiz-Reaktionsschema (S = stimulus, R = reaction). Das Verhalten von Säugetieren allerdings ist bereits komplexer als das von beispielsweise Amphibien oder Insekten.

> »Jeder Hundehalter ist wahrscheinlich mit Recht davon überzeugt, daß sein Tier Emotionen, z. B. Freude und Traurigkeit erlebt. Zwar sind die Instinktbewegungen, wie sie von den Ethologen auch im Verhalten von Säugern beschrieben wurden (vgl. Eibl-Eibesfeld, 1978; Ewer, 1976; Lorenz, 1937; Tinbergen, 1951), dadurch gekennzeichnet, dass bei einer entsprechenden inneren ›Gestimmtheit‹ und dem Vorhandensein eines ›Auslösereizes‹ eine relativ starre Bewegungsabfolge, die eigentliche ›Instinkthandlung‹, ausgelöst wird. Beim sogenannten Appetenzverhalten, das der eigentlichen Instinkthandlung vorausgeht, zeigt sich aber auch schon unterhalb der Organisationsstufe der Säugetiere eine größere Variabilität und Abhängigkeit von der Lerngeschichte des Individuums.
>
> Das Verhalten von Säugetieren und besonders von Primaten, ist zudem im Vergleich mit den anderen Klassen der Vertebraten und der Invertebraten durch eine größere Flexibilität auch bei den Endhandlungen ausgezeichnet. Ein bestimmter Reiz löst häufig nicht mehr ein bestimmtes Verhalten aus, sondern bestimmt nur die allgemeine Richtung des Verhaltens« (Schneider & Dittrich, 1990, S. 44; Hervorh. bei den Autoren).

Die auf genetischen Annahmen fußenden Theorien zum Gefühlsleben beim Menschen reichen von relativ starren Reiz-Reaktionsmodellen – bei denen sich der Mensch im Prinzip nicht vom Tier unterscheidet – bis zu sehr differenzierten, individuumsbezogenen Erfahrungs- und Lernhintergründen, allerdings auf der Basis einer biologisch mitgegebenen genetischen Ausstattung, die die grundsätzliche Reaktionsrichtung aufgrund eines bestimmten Reizes oder einer bestimmten Situation vorgibt.

Emotionen konnten erst auf einer Stufe der Entwicklung der Arten vorteilhaft werden, auf der starre Verknüpfungen von Reiz-Reaktionsschemata zugunsten einer größeren Verhaltensvariabilität (Entscheidungsfreiheit) aufgegeben wurden (Schneider & Dittrich, 1990).

4 Emotionstheorien

Zusammenfassung

- Die Mehrzahl aller Emotionstheorien geht davon aus, dass Gefühle anlagebedingt sind und nicht erworben werden bzw. dass es zumindest angeborene Dispositionen für Gefühlsempfindungen gebe.
- Daneben gibt es Theorien, die die Abhängigkeit der Emotionen von Triebspannungen betonen, in der Mehrheit psychoanalytische Annahmen.
- Fast alle Emotionstheorien postulieren eine Körperabhängigkeit der Emotionen, indem Triebspannungen und Körperreize Gefühle auslösen.
- Die Emotionsforschung zeigt, dass alle Lebewesen über eine basale Ausstattung an emotionalen Reaktionsweisen verfügen, dass sich aber bei komplexeren Lebensformen auch größere Variationsbreiten für emotionale Ausdrucksweisen finden lassen.
- Diese komplexeren emotionalen Reaktionsweisen sind auf die evolutionär herausgebildete Vergrößerung des Neocortex zurückzuführen – und einer damit einhergehenden intellektuellen Leistungsfähigkeit – , sie sind aber untrennbar mit einer parallel laufenden Herausdifferenzierung emotionaler Reaktionsweisen verbunden, die ihrerseits auf die intellektuelle Fortentwicklung rückwirkt.

Literatur zur vertiefenden Lektüre

Darwin, C. (2013). *Der Ausdruck der Gemütsbewegungen bei dem Menschen und den Tieren*. Bremen: Bremen University Press.
Plutchik, R. (1980). *Emotion. A psychoevolutionary synthesis*. New York, NY: Harper & Row.
Schneider, K. & Dittrich, W. (1990). Evolution und Funktion von Emotionen. In: N. Birbaumer, C. F. Graumann, M. Irle, J. Kuhl, W. Prinz & F. E. Weinert (Hrsg.), *Enzyklopädie der Psychologie*. Band 3. K. R. Scherer (Hrsg.), *Psychologie der Emotion – Motivation und Emotion* (S. 41–114). Göttingen: Hogrefe.
Zepf, S. (2000). *Allgemeine psychoanalytische Neurosenlehre, Psychosomatik und Sozialpsychologie*. Bibliothek der Psychoanalyse. Gießen: Psychosozial-Verlag.

Weiterführende Fragen

- Gibt es Unterschiede zwischen Triebspannungen und Körperreizen?
- Wie entstehen Emotionen der Mehrheit der Theorien zufolge?
- Wie erfolgt die Übersetzung von gefühlten Triebspannungen oder Körperreizen in Emotionen?
- Wie ist der Unterschied in den emotionalen Ausdrucksmöglichkeiten des Menschen im Vergleich zum Tier zu erklären?

Teil III Wie entstehen Gefühle?

5 Kognition und Emotion

5.1 Kognitive Theorien der Emotion

Kognitive Theorien zur Emotionsentstehung gehen davon aus, dass die Auslösung und Differenzierung von Emotionen durch kognitive, also erkennungsbasierte (sic: cognoscere = erkennen) Bewertungsprozesse erfolgt (Scherer, 1990). Im Folgenden sind die bekanntesten kognitionsbasierten Konzepte kurz dargestellt.

Julian B. Rotters soziale Lerntheorie ist eine kognitiv ausgerichtete Theorie, die Elemente des lerntheoretischen Ansatzes von Skinner mit Elementen der Lewin'schen Feldtheorie integrieren will. Verhalten ist nach Rotter sozial erworben, gelernt und durch die psychologische Situation des Individuums determiniert (kognitive Bewertung der Lage). Zu Letzterem postulierte er das berühmt gewordene Konstrukt des *locus of control* (1954). Rotter war der Auffassung, dass die Überzeugung von Individuen, das Erreichen eines Zieles durch das eigene Handeln beeinflussen zu können, die entscheidende Rolle bei den Emotionen und dem Verhalten von Menschen spielten.

Gemeinsam mit Jerome E. Singer entwickelte Stanley S. Schachter die *Zwei-Faktoren-Theorie* der Emotion (1962). Kognitionen seien der entscheidende Faktor beim emotionalen Erleben. Das Individuum verspüre eine physiologische Erregung und empfinde eine spezifische Emotion nur aufgrund bestimmter im unmittelbaren Umfeld befindlicher Gegenstände oder Ereignisse. Diese Emotionstheorie unterstellt, dass Emotionen ausschließlich über Körperreize und nur unter Einbezug von kognitiven Deutungen der aktuellen Umgebungsreize zustandekommen können.

Gemeinsam mit Susan Folkman wurde Richard S. Lazarus als *der* Stressforscher bekannt. Der von ihnen entwickelten Stresstheorie zufolge sind Emotionen *Copingstrategien*, also Bemühungen, belastende Situationen zu bewältigen, um den Stress abzubauen (Lazarus & Folkman, 1984). Auch diese Theorie basiert zentral auf dem evolutionären Prinzip, indem die kognitive Bewertung der Lage, in der sich das Individuum befindet, über seine Reaktionen entscheidet.

Diese Sichtweise der Emotionsentstehung wirft allerdings die Frage auf, wie z. B. eine Copingstrategie wie Vermeidung ohne emotionale Beteiligung überhaupt erst in Gang gesetzt werden kann. Es gilt zu bedenken, ob in einem Vermeidungs- oder Angriffsverhalten nicht bereits eine emotionale Komponente enthalten sein *muss*. Vermeidung muss aber untrennbar mit einem Angstgefühl oder zumindest mit einem Unwohlseinsgefühl gekoppelt sein, sonst würde der Organismus ja nicht in Alarmbereitschaft versetzt.

Die Überlegung, dass Kognitionen das Wesen von Emotionen bzw. Affekten ausmachen, wurde denn auch von anderen Forschern kritisiert. So stritten sich Robert B. Zajonc und Richard S. Lazarus in der sogenannten »Zajonc-Lazarus-Debatte«, ob Emotionen notwendigerweise Kognitionen benötigten (Zajonc, 1980; Lazarus, 1982). Zajonc war der Auffassung, dass Emotionen und Kognitionen unabhängig voneinander existierten. In der Tat zeigt die neuere Hirnforschung eindeutig, dass es auch unbewusste Bewertungen gibt, die Einflüsse auf die neuronalen, endokrinologischen und immunologischen Systeme des Organismus nehmen, ohne dass bewusste Bewertungen vorgenommen werden müssen (LeDoux, 1994).

Die Emotionsforscherin Katherine M. B. Bridges studierte, inspiriert durch John B. Watson, die emotionalen Reaktionen von Kleinkindern, indem sie den Kindern Filmsequenzen darbot (1930). Nach ihren Beobachtungen zeigten Kinder im Alter von ein bis zu drei Wochen lediglich eine »Emotion« als Reaktion auf alle möglichen Außenreize. Die Theorie unterstellt, dass die emotionale Entwicklung des Kindes auf dreierlei Weise stattfindet: (1) Angefangen mit der Entzückungsreaktion entwickelten sich allmählich differenzielle Emotionen, (2) die Entwicklung von Wahrnehmungs- und motorischen Fertigkeiten beeinflussten die Form eines jeden einzelnen emotionalen Ausdrucks und (3) unterschiedliche Situationen oder Reize riefen unterschiedliche emotionale Reaktionen auf jeder Altersstufe hervor.

Dem Psychoanalytiker L. Alan Sroufe zufolge stellt das Bindungssystem einen Regulator für das emotionale Erleben des Kleinkindes dar. Daraus folgt, dass frühe Bindungsprobleme von Kindern vielen Formen mentaler Störungen zugrunde liegen (1996). Emotionales Erleben werde demzufolge zwangsläufig kognitiv beeinflusst, aber nicht erst durch Kognitionen generiert.

5.2 Das Verhältnis von Kognition und Emotion

Ein Streitpunkt in der Emotionsforschung betrifft die Abfolge: Sind Emotionen Folgen vorangegangener Kognitionen, benötigen sie die kognitive Einschätzung der jeweiligen Situation, und resultieren dann die Gefühle auf die *Bewertung*, also die kognitive Einschätzung der Situation z. B. als gefährlich oder ungefährlich? Oder benötigen Emotionen nicht notwendigerweise Kognitionen (Geppert & Heckhausen, 1990)? Diese Frage hatte in den 80er Jahren des letzten Jahrhunderts eine heftige Debatte zwischen Richard Lazarus und Robert Zajonc ausgelöst. Lazarus (1982) vertrat die Auffassung, dass Kognitionen immer den Emotionen vorausgehen. Dagegen war Zajonc (1980) der Überzeugung, dass Emotionen auch ganz ohne Kognitionen auskommen und beide unabhängig voneinander bestehen könnten. Die moderne Hirnforschung hat diese Debatte inzwischen überflüssig gemacht, indem sie gezeigt hat, dass es emotionale Reaktionen auch ohne eine Beteiligung kognitiver Systeme gibt (LeDoux, 1994).

> »Aus rein kognitiven Akten folgt direkt *keine* Änderung der körperlichen Befindlichkeit (etwa gemessen an vegetativen Reaktionen) oder des Verhaltens, sondern nur dann, wenn sie mit affektiven oder emotionalen Zuständen zusammentreffen« (Roth, 2001, S. 269; Hervorh. b. Autor).

Man betrachtet heute Emotionen und Kognitionen zwar als getrennte Systeme, die aber miteinander (re)agieren. Sie seien in einer »höchst komplexen Komposition miteinander verwobene Elemente eines fortgesetzten, untrennbaren Verhaltensstroms« (Geppert & Heckhausen, 1990).

Aus dem bisher Gesagten ergibt sich für jede psychotherapeutische Behandlung eine sehr wichtige Erkenntnis: Veränderungen im körperlichen oder psychischen Bereich ergeben sich nur unter Beteiligung der Arbeit an den Emotionen und Affekten, psychotherapeutische Arbeit allein an den Kognitionen kann nicht hilfreich sein. Entgegen der Auffassung mancher Lehrbücher ist eine ausschließlich kognitiv orientierte und arbeitende Psychotherapie auch gar nicht möglich. Kognition und Emotion sind untrennbar miteinander verbunden. Kognitive Bewertungsprozesse von internen oder externen Umständen – mögen sie bewusst oder unbewusst erfolgen – gehen immer mit Emotionen einher.

Emotionen sind keineswegs ein evolutionär bedingter Restballast, den wir Menschen mit uns herumschleppen, den wir aufgrund unserer intellektuellen Fortentwicklung und aufgrund der Entwicklung des Neocortex nicht mehr benötigten. Die Fortentwicklung der kognitiven Fähigkeiten ist untrennbar mit der Fortentwicklung einer Differenziertheit und Vielfalt der Emotionalität verbunden (Dörner & Stäudel, 1990). Ein Verlust an Intellektualität sei stets mit einem Verlust an Emotionalität verbunden.

»Der Mensch verfügt über kognitive Fähigkeiten, wie die Fähigkeit zum Problemlösen und zum Lernen, die Fähigkeit zu absichtsvoller, symbolischer Sprache und absichtsvoller dyadischer Kooperation, die sich in dieser Form und diesem Ausmaß im Tierreich nicht nachweisen lassen. Es zeigt sich nun bei der Untersuchung von Tieren, daß mit einer größeren intellektuellen Kapazität auch eine erhöhte emotionale Empfindlichkeit einhergeht. Je höher man in der phylogenetischen Reihe steigt, desto größer ist der Umfang der Auslösereize für Emotionen, desto größer ist auch die Variationsbreite hinsichtlich der Reaktionen und desto länger dauern emotionale Störungen« (Dörner & Stäudel, 1990; S. 299).

Das abendländische Denken und die Entwicklung in der modernen Medizin wurden bis heute von den letztlich verheerenden Ausführungen des französischen Philosophen, Mathematikers und Naturwissenschaftlers René Descartes beeinflusst. Das sogenannte »cartesianische« Gedankengebäude in der Medizin fußt auf der Annahme, der Mensch überrage als denkendes Wesen die Niederungen der Biologie und alle übrigen Lebewesen, habe quasi alles Tierische – mithin die Triebe und die Emotionen – hinter sich gelassen (Bischof bezeichnet dies als »*god-like metaphor*«).

5 Kognition und Emotion

>»Die aus der kartesischen Kontamination folgende Anthropozentrik ist wohl die empfindlichste Schwachstelle der kognitivistischen Psychologie. Hier glaubt der Mensch wirklich, es sei an ihm allein, dem Weltgeschehen Sinn zu verleihen. Dieses Skotom hat nachhaltige anthropologische Konsequenzen: Die ganze dunkle Welt der *Instinkte, Triebe, Affekte* und *Gefühle* findet im kognitivistischen Modell im Grunde keinen Platz. ... Der affektive Bereich wird daher lediglich als ›einbettender Kontext‹ kognitiver Prozesse wahrgenommen, und man beeilt sich, festzustellen, dass es sich um ›wolkige Konzepte‹ handelt, auf die man am besten nicht zurückzugreifen genötigt sein sollte« (Bischof, 2008, S. 505).

Während in der akademischen Psychologie lange eine Verbannung der biologischen Grundlage und eine fast ausschließliche Konzentration auf die kognitiven Seiten des Menschen erfolgten, wurde in der Medizin der menschliche Organismus fast ausschließlich auf seine biologischen Systeme hin betrachtet. Man ist versucht, hier die seit Descartes künstlich geschaffene Trennung des Organismus in zwei separat voneinander existierende Gebiete wiederzufinden. Was eigentlich untrennbar zusammengehört – und erst in neuerer Zeit durch Erkenntnisse der Hirnforschung und Forschungen in der Psychoneuroimmunologie wieder zueinander zu finden scheint –, wurde in zwei getrennte Welten expediert, was auch die Aufspaltung der Wissenschaft vom Menschen in die beiden Fächer Medizin und Psychologie widerspiegelt und lange Zeit zwei konträre Menschenbilder transportierte – und immer noch transportiert.

Obwohl die moderne Hirnforschung die komplexen Zusammenhänge zwischen Psyche und Körper unwiderlegbar nachgewiesen hat (Kolb & Whishaw, 1996; Schedlowski & Tewes, 1996; Schubert, 2011; 2020; Tschuschke, 2018), ist die weitgehende Trennung zwischen Körper und psychischen Prozessen leider immer noch in weiten Bereichen der Medizin zu beobachten, psychologische und psychosomatische Erkenntnisse finden kaum – oder nur sehr langsam – Eingang in die klassische Schulmedizin, was sich in den Curricula des Faches Humanmedizin bis heute widerspiegelt.

>»Obwohl Gefühl und Denken häufig und mit guten Gründen als Antipoden gesehen werden, sind Gefühle ohne das kognitive Erfassen von Situationen nicht möglich. Mit zunehmender seelischer Differenzierung wächst die Zahl möglicher Anlässe, und die Variationsbreite von Gefühlen wächst mit steigender Komplexität der sozialen Umwelt. Erlebnistönungen hingegen stehen am Anfang der Entwicklung und sind von hoher biologischer, nicht sozialer Bedeutung« (Ewert, 1983, S. 412).

5.3 Gefühl und Emotion

Dass Gefühle im menschlichen Leben eine große Rolle spielen, dürfte niemand ernsthaft bezweifeln. Umso erstaunlicher ist es, dass es sehr lange Zeit diesbezüglich keine substanzielle Forschung gab. Darwins Beobachtungen und Ausführungen zum Gemütsausdruck beim Menschen und bei Tieren im 19. Jahrhundert hatte zunächst nur geringen Einfluss auf wissenschaftliche Bemühungen.

> »Offensichtlich ist diese Komponente [des Gefühls; d. Verf.] in biologisch orientierten Ansätzen, die die phylogenetische Kontinuität der Emotionen herausarbeiten, weniger bedeutsam als in den philosophisch-anthropologisch orientierten Theorien, die der großen Vielfalt der auch sprachlich extrem differenzierten Emotionszustände beim Menschen Rechnung tragen« (Scherer, 1990, S. 14).

Psychologische Forschungen befassten sich im Zusammenhang mit Gefühlen mit schlichten Klassifizierungsversuchen, z. B. Kategorien wie Lust-Unlust, Erregung-Beruhigung und Spannung-Entspannung (Wundt, 1896), noch vor Freuds Entwicklung der ersten Affekttheorie, die auf dem Prinzip eines Lust-Unlust-Spannungsverhältnisses fußt (▶ Kap. 4.1). Bei Wundt ist der Begriff der »Apperzeption« ein entscheidender. Die selektive Steuerung von Aufmerksamkeit und die Verbindungen zwischen kognitiven, emotionalen und volitionalen (willensbezogenen) Integrationsleistungen und die sich daraus ergebenden Handlungsneigungen werden nach Wundt durch das Bewusstsein zu einer Synthese – z. B. zu einem Gefühl – gebracht (Fahrenberg, 2014, S. 1807 ff.). Bewusstsein und Apperzeption kennzeichnen identische Prozesse, indem eine deutliche, bewusste Wahrnehmung eines Erlebnisses, einer bestimmten Wahrnehmung oder eines Denkvorganges erfolgt. Gefühle sind demzufolge grundsätzlich bewusstseinsfähig und werden durch die integrative Leistung von am Bewusstsein beteiligten Strukturen geschaffen: physiologische Spannungszustände, kognitive Prozesse, erlebte Gefühle (Emotionen) und daraus sich ergebenden Handlungsmotiven (Willensbeteiligung) (zum motivationalen Aspekt s. nachfolgend).

5.4 Emotion und Motivation

Unter »Motiv« wird eine Bewertungsdisposition im Individuum verstanden, die sich auf Inhaltsklassen von Zielen beziehe (Puca, 2014). Es handele sich um ein organismusseitiges Bestimmungstück der »Motivation« und damit um eine innere Ursache für äußeres Verhalten. Konzeptuell gebe es Ähnlichkeiten mit Instinkten, Bedürfnissen und Trieben, die sich mit emotionaler Besetzung auf bestimmte Ziele oder Anreize richteten. Damit ist deutlich, dass es einer Emotionskomponente bedarf, um ein Motiv entstehen zu lassen, ein Ziel anstreben zu wollen oder zu müssen. Motiv kommt vom Lateinischen »movere« – bewegen. In diesem Sinne ist ein Individuum innerlich bewegt, eine bestimmte Handlung auszuführen.

Thomae (1983) hat eine Aufstellung unterschiedlicher »Motivationsformen« vorgenommen, um die innere Steuerung des Verhaltens zu kennzeichnen. Demnach ließen sich verschiedene Motive bzw. Motivationen voneinander unterscheiden, denen allen aber eine (emotionale) Antriebskomponente für eine bestimmte Handlung zugrundeliegen müsse. Er unterscheidet folgende Motivationsformen bzw. -lagen:

(1) Eine Verhinderung der Problemlösung (Motivationslage Frustration),
(2) Stress als Motivationsform,
(3) Motivationsform Konflikt und Entscheidung,
(4) Motivationsformen bei Ausfall kognitiver Kontrolle (Trieb, Drang, Sucht, Gier etc.),
(5) Unbewusste Motivlagen (Träume, Sehnsüchte, irreale Wünsche etc.),
(6) Ausschaltung von Normorientierungen (aufgrund unkontrollierbarer Affekte),
(7) Wille und Ich als motivsteuernde Instanzen (u. U. unter Hintansetzung eigener Bedürfnisse).

Die Diskussionen um das Verhältnis zwischen Emotion und Motivation halten in der Psychologie seit langem an (Plutchik, 1980). Auch wenn die Beziehung zwischen Emotion und Motivation eine untrennbare ist, sollte doch ganz klar herausgestellt werden, dass es um zwei unterschiedliche Sachverhalte geht. Emotionen fungieren als unverzichtbare *Voraussetzungen* für eine Motivation. Emotionen entstehen aufgrund der *Anwesenheit* von etwas, sie werden geweckt durch Ereignisse innerhalb (Vorstellungen, physiologische Ereignisse) oder außerhalb des Organismus (externe Reize). Ohne emotionale Bewegtheit kein Motiv, kein Grund bzw. keine Veranlassung für eine Handlung. Motive entstehen aufgrund der *Abwesenheit* von etwas Wichtigem, Begehrten, Benötigten (Plutchik, 1980).

Zusammenfassung

- Im Unterschied zu triebbedingten Spannungsentladungen als maßgeblich für Emotionen postulieren Theorien zur Rolle von Kognitionen bei der Emotionsentstehung, dass eine kognitive Einschätzung der Körper- oder Umgebungsreize entscheidend sei.
- Aus der kognitivistischen Perspektive werden Emotionen als entwicklungsabhängig unterstellt, da die kognitive Bewertungsfähigkeit erst im Laufe des Lebens entwickelt werden muss.
- Ein entscheidender Kritikpunkt an den kognitivistischen Theorien ist, dass sie davon ausgehen, dass Kognitionen die Emotionen bewirken, aber nicht erklären, wie Kognitionen ohne Emotionsbeteiligung überhaupt entstehen können (also eine Bewertung der inneren oder äußeren Situation ohne Emotionsbeteiligung vonstattengehen kann).
- Die unterschiedlichen Theorien zur Emotionsentstehung erfassen alle wichtige Teilaspekte von Gefühlen und Emotionen, so dass derzeit keine einheitliche Definition von Emotion sinnvoll erscheint.
- Eher scheint eine integrative Leistung des Gehirns für die Entstehung distinkter Emotionen entscheidend zu sein: Die biologische Voraussetzung für die Wahrnehmung und Bewertung von externen und organismusinternen Reizen scheint gegeben zu sein; welche spezifischen Emotionen schließlich durch die kognitive Bewertung resultieren, scheint wiederum eine subjektiv-individuelle Komponente zu sein.
- Emotion und Kognition können heute nicht mehr als zwei voneinander unabhängig agierende Systeme betrachtet werden. Sie sind zwar getrennt voneinander im Hirn lokalisiert, aber auf eine höchst komplexe Art und Weise miteinander agierend.

- Emotionen sind elementar wichtig für Motive, die wiederum Verhalten veranlassen.
- Ohne Motive bzw. Motivationen ist keine sinnvolle Existenz möglich.
- Eine differenzierte Emotionsentwicklung ist demnach entscheidend für die Persönlichkeitsentwicklung.

Literatur zur vertiefenden Lektüre

Plutchik, R. (1980). *Emotion. A psychoevolutionary synthesis.* New York, NY: Harper & Row.
Scherer, K. R. (1990). Theorie und aktuelle Probleme der Emotionspsychologie. In: N. Birbaumer, C. F. Graumann, M. Irle, J. Kuhl, W. Prinz & F. E. Weinert (Hrsg.), *Enzyklopädie der Psychologie.* Band 3. K. R. Scherer (Hrsg.), *Psychologie der Emotion – Motivation und Emotion* (S. 1–38). Göttingen: Hogrefe.
Zimbardo, P. G. & Gerrig, R. J. (2004). *Psychologie.* 16. Auflage. München: Pearson.

Weiterführende Fragen

- Wie entstehen Kognitionen beim Säugling, wenn sie doch für Emotionen entscheidend sein sollen?
- Wie wird physiologische Erregung bei Schachter und Singer in Emotion übersetzt?
- Sind Emotionen individuell, wenn doch die Kognitionen entscheidend sein sollen?
- Sind Kognitionen als Auslöser für Verhalten unabdingbar?

6 Ontogenese von Emotionen

6.1 Emotionen beim Kind

Wie Geppert und Heckhausen (1990) ausführen, wurde die Bedeutung von Emotionen beim Kleinkind relativ gut untersucht. Die universell vorzufindenden heftigen Gefühlsregungen von Säuglingen und Kleinkindern führten dazu, dass das Kleinkind als emotionales Wesen beschrieben wurde (Sroufe, 1979). Intensive klinische Beobachtungsstudien wurden durchgeführt, die in unterschiedliche Theorien mündeten (Bridges, 1930; Bowlby, 1952; Piaget, 1966; Spitz, 1980; Salter Ainsworth et al., 2013). Diese Forschungen hätten sich aber im Wesentlichen auf die ersten vier Lebensjahre des Kleinkindes beschränkt und die emotionale Entwicklung sowie Ausdifferenzierung von Emotionen im lebenslangen Prozess außer Acht gelassen (Geppert & Heckhausen 1990).

Die *phylogenetische* Entwicklung von menschlichen Emotionen bezieht sich auf die der menschlichen Art typischen Muster, wie sie sich durch die lange Zeit der Entwicklung der Arten herausgebildet haben und grundsätzlich allen Menschen gemeinsam sind. Es ist wichtig, dies noch einmal deutlich zu betonen, da sonst kein Verständnis für die *ontologisch* beim jeweiligen Individuum beobachtbaren, sehr individuellen Emotionen möglich ist. Im weiteren Verlauf der nachfolgenden Darlegungen wird deutlich werden, dass es extrem große Unterschiede im emotional-affektiven Erlebensbereich von menschlichen Individuen gibt, die nicht auf gemeinsame – phylogenetische – Ursprünge zurückgeführt werden können, sondern in der Entwicklung des jeweiligen Individuums zu suchen sind.

Primitive emotionale Zustände sind von hoch differenzierten zu unterscheiden, die erst im Laufe der ontogenetischen Entwicklung herausgebildet werden können. Eine hoch differenzierte emotionale Erlebnis- und Ausdrucksfähigkeit resultiert allerdings nicht bei jedem Menschen, weil sehr wichtige frühkindliche Eindrücke die Entwicklung der Persönlichkeit entscheidend beeinflussen – und damit auch die emotionale Entwicklung –, wie noch ausführlich zu zeigen sein wird (▶ Kap. 8).

6.2 Emotionen und Persönlichkeitsentwicklung

Dem psychoanalytischen Entwicklungstheoretiker L. Alan Sroufe zufolge entwickelt sich die Differenziertheit des späteren Individuums maßgeblich durch die Eindrücke des Kleinkindes, die es im Kontakt und im Austausch mit seinen wichtigsten Beziehungspersonen macht (Sroufe, 1996). Die differenziertesten Theorien zur frühkindlichen Entwicklung stammen von psychoanalytischen Theoretikern und klinischen Forschern wie Anna Freud, Melanie Klein, John Bowlby, Donald Winnicott, Margaret Mahler, René Spitz oder Mary Salter Aisworth und werden ausführlich im Kapitel 8 behandelt (▶ Kap. 8).

Einen epochalen Einfluss auf das Verständnis der kindlichen Entwicklung hatten die Beobachtungen und theoretischen Ausführungen von Jean Piaget (1966). Zwar werden die zentralen Ergebnisse seiner Beobachtungen und Schlussfolgerungen stets unter dem Begriff der »kognitiven Entwicklung« des Kindes betrachtet; die Verbindungen seiner Ausführungen zur emotionalen Entwicklung des Kindes werden dabei aber in aller Regel unterschlagen.

> »Zwar konzentrierte sich Piagets Forschungsarbeit weitgehend auf die Entwicklung (sukzessive qualitative Veränderung) der kognitiven Strukturen beim Kind, die wenigen Fragmente über den Zusammenhang zwischen intellektueller und emotionaler Entwicklung weisen aber auf die Bedeutung hin, die er der emotionalen Entwicklung beimaß. Die affektive und kognitive Entwicklung sind seiner Ansicht nach untrennbar miteinander verbunden, ergänzen sich in notwendiger Weise und verlaufen parallel (Piaget, 1967; 1972; insbesondere Sorbonne-

Vorlesung 1954; 1981; Piaget & Inhelder, 1972). Die Affektivität des Menschen (nach Piaget: Emotionen, Werte, Moral und Gefühle) ist das Energiereservoir, auf dem das Funktionieren der Intelligenz beruht. Ohne Emotion gibt es kein Interesse, kein Bedürfnis und keine Motivation. ... Es gibt kein Verhalten, das rein kognitiv ohne Affekt oder rein affektiv ohne kognitive Elemente auftritt« (Geppert & Heckhausen, 1990, S. 137 f.; Zitate und Hervorh. dort).

Die Entwicklung der Emotionalität beim Kind korrespondiert exakt mit seiner kognitiven Entwicklung. Damit wird auch klar, dass das Spektrum der emotionalen Möglichkeiten bei Kindern und Jugendlichen – und entsprechend auch den später Erwachsenen – nicht genetisch vorgegeben ist, sondern einer geistig-seelischen Entwicklung unterliegt (Popper, 1987), die jeweils sehr individuell und abhängig von den Umgebungsbedingungen ist.

»So wie die kognitiven Schemata ... entwickelt sich die Affektivität während der gleichen sensomotorischen Stufen von einem Mangel an Differenzierung zwischen Selbst und physikalischer und sozialer Umwelt zu einem Austausch von Selbst und Umwelt und zu emotionalem Engagement fort. Dabei wird das differenzierte Selbst emotional an andere Personen (Gefühle) oder Sachen (Interessen) gebunden. Dissoziation (Differenzierung von subjektiver und objektiver Umwelt) und Objektpermanenz, die beiden wesentlichen Errungenschaften der sensomotorischen Phase, sowie die Überwindung des Egozentrismus lassen sich somit auch in der Entwicklung der Emotion feststellen« (Geppert & Heckhausen, 1990, S. 138).

Die weitere Entwicklung bringt neue Erfahrungen mit sich, es entwickelt sich Sprache und damit eine ganz neue Austauschmöglichkeit mit der Außenwelt, es entstehen Vorstellungsbilder und gedankliches Probehandeln. Es kommt zu moralischen Empfindungen sowie zur Regulation von Interessen und Wertungen (Stadium der intuitiven Affekte) (Geppert & Heckhausen, 1990). Emotionen wie Sympathie und Antipathie tauchen auf.

»Im dritten Stadium, dem der ›konkreten Operationen‹, bilden sich die ersten mentalen Operationen der Intelligenz heraus. Auf der affektiven Seite korrespondiert die reziproke Moral, das Gerechtigkeitsgefühl des ›wie du mir, so ich dir‹. Die Moral wird allmählich autonomer, weniger regelgehorsam aund weniger fixiert auf elterliche Autorität (Stadium der normativen Affekte). Der eigene Wille als regulierender Mechanismus wird zwingender und bringt Wertungen und Gefühle in Entscheidungen ein.

Im vierten Sadium, dem der ›formalen Operationen‹, kann das Kind verschiedene Gesichtspunkte berücksichtigen, Hypothesen prüfen und über das Mögliche und das Wahrscheinliche und nicht nur das real Konkrete urteilen. Das Kind ist jetzt gesinnungshafter Gefühle fähig, d. h. das Fühlen knüpft an soziale (kollektive) und ideale Realitäten an (Stadium der idealistischen Gefühle)« (Geppert & Heckhausen, 1990, S. 140).

Die Bedeutung eines Ichs für die emotionale Entwicklung – und damit die Entwicklung des Selbst – wird zu einem zentralen Punkt für die Entwicklung der Emotionalität und damit der gesamten Persönlichkeit (das Ich im Zusammenhang mit dem Bewusstsein, dem eigenen emotionalen Erleben – und damit letztlich der eigenen Identität – wird ausführlich im Kapitel 8.2.3 behandelt [▸ Kap. 8.2.3]).

Geppert und Heckhausen zitieren Lewis und Brooks (1978), die vier Stufen des emotionalen Erlebens, denen Fortschritte in der Selbstentwicklung zugrundeliegen, formuliert haben:

(1) Bis zu einem Alter von drei Monaten existiere noch kein emotionales Erleben im Sinne differenziert ausgebildeter Gefühle.
(2) Die soziale Aktivität nehme vom vierten zum achten Monat zu und die Unterscheidung zwischen dem Selbst und anderen Objekten festige sich.
(3) Zwischen dem neunten und zwölften Monat beginne das Kind, sich selbst und andere zu bewerten.
(4) Das zweite Lebensjahr sei durch repräsentationales Verhalten gekennzeichnet, soziale und Selbstrepräsentationen eingeschlossen. Das Wissen um das eigene Selbst stelle die Grundlage für das Sich-selbst-Wiedererkennen in Spiegeln und Fotos, nach Lewin das »kategoriale Selbst«; es beginnen komplexere kognitive Fähigkeiten und dadurch bedingt komplexere emotionale Empfindungen (Empathie), gleichzeitig unterstützt durch die einsetzende Sprachentwicklung und symbolische Repräsentation.

Zusammenfassung

- Bei allen Säuglingen sind universell gleichförmige Gemütszustände beobachtbar, die auf einem phylogenetisch älteren affektiven Bewertungssystem basieren.
- Zu diesem Zeitpunkt handelt es sich noch um präkognitive Bewertungen z. B. subcortikaler Natur (Prüfung auf Neuheit und Ungewohntheit).
- Ontogenetische Entwicklungen sind erforderlich, um höher differenzierte Emotionen herausbilden zu können.
- Erst ab ca. dem 2. Lebensjahr kann man von Emotionen i. e. S. sprechen, wenn basale Bereiche der Selbstentwicklung gegeben sind.
- Nach Piaget ist die Affektivität des Menschen (Emotionen, Werte, Moral und Gefühle) das Energiereservoir, auf dem das Funktionieren der Intelligenz beruht.
- Emotionale und kognitive Entwicklungen gehen untrennbar gemeinsame Wege im weiteren Reifungsprozess.
- Subjektives Empfinden wird entscheidend durch soziale Interaktionsprozesse gefördert und etabliert.
- Moralisch-ethische Strukturen der Persönlichkeit müssen erst entwickelt werden, sind also von einem günstigen Lernumfeld abhängig.

Literatur zur vertiefenden Lektüre

Geppert, U. & Heckhausen, H. (1990). Ontogenese der Emotionen. In: N. Birbaumer, C. F. Graumann, M. Irle, J. Kuhl, W. Prinz & F. E. Weinert (Hrsg.), *Enzyklopädie der Psychologie*. Band 3. K. R. Scherer (Hrsg.), *Psychologie der Emotion – Motivation und Emotion* (S. 115–213). Göttingen: Hogrefe.

Piaget, J. (2003). *Meine Theorie der geistigen Entwicklung*. (Herausgeber Fatke, R.). Weinheim: Beltz.

Sroufe, L. A. (1996). *Emotional development: The organization of emotional life in the early years*. New York, NY: Cambridge University Press.

Weiterführende Fragen

- Ab welchem Alter dürfte ungefähr von rudimentären Strukturen eines Selbst gesprochen werden?
- Ab wann kann man frühestens von Emotionen sprechen und nicht nur von Affekten?
- Ab wieviel Monaten beginnt etwa eine vergleichende Bewertung von sich selbst mit anderen?
- Wann tritt erstmals das »kategoriale Selbst« auf? Um was handelt es sich dabei?
- In welchem Alter treten erstmals soziale Affekte (Scham, Schuld) auf und warum so spät?

Teil IV Psychodynamische Emotionstheorien

7 Freuds Affektmodelle

7.1 Die erste und die zweite Theorie

Psychoanalytiker sind sich aus heutiger Sicht grundsätzlich darin einig, dass bezüglich der Affektenstehung und -bedeutung ein theoretisches Chaos innerhalb der Psychoanalyse vorherrscht (Kernberg, 1998; Krause, 1998; Fonagy et al., 2008). Bereits die britische Psychoanalytikerin und Affektforscherin Marjorie Brierley stellte früh fest, dass in der analytisch-therapeutischen Praxis Affekte eine ganz bedeutsame Rolle spielten, merkwürdigerweise aber nicht in der Theorie (Brierley, 1951).

»Unter Psychoanalytikern ist es mittlerweile üblich geworden, das Fehlen einer angemessenen Affekttheorie zu beklagen. Niemand kann bestreiten, daß die Psychoanalyse mit den Affekten nichts Rechtes anzufangen wußte und daß sie eine wesentlich gründlichere Untersuchung verdient haben. Wir können zumindest sagen, daß zwischen der marginalen Rolle, die den Affekten in der Theorie der Psychoanalyse zugestanden wird, und ihrer ungeheuren klinischen Bedeutung eine erhebliche Diskrepanz besteht. ...

Wie allgemein bekannt, hat sich Freud mit den Affekten an sich nie beschäftigt. Er hat seine diesbezüglichen Ansichten mehrmals revidiert, und zwar gewöhnlich ohne zu versuchen, seine neuen Auffassungen mit der überholten Sichtweise in Einklang zu bringen« (Fonagy et al., 2008, S. 90).

Bei Freud blieb nach Auffassung von Krause das Verhältnis zwischen Identifikation, Affektansteckung, Imitation, Mitleiden/Empathie ungeklärt (Krause, 1998). Entsprechend bunt und vielfältig fallen bis heute theoretische Erklärungsansätze zum Emotions- und Affektverständnis aus.

Die frühen Auffassungen zum Affektbegriff stammen aus Freuds theoretischen Ansichten zum Instinktbegriff. Er postulierte zwei Klassen von Instinkten, sexuelle und Ich-Instinkte. Seine frühen Schriften durchzieht der Begriff »Instinkt«, obwohl er schließlich passender durch den Begriff »Trieb« ersetzt wurde (Plutchik, 1980).

»Ziemlich früh ging Freud bei der Entwicklung seiner Theorien davon aus, dass es zwei Klassen von Instinkten gibt: sexuelle und Ich-Instinkte. Obwohl die meisten Übersetzungen von Freuds Schriften den Begriff *Instinkt* verwendeten, hätte die deutsche Begrifflichkeit, die Freud verwendete, auch mit dem akzeptableren Wort *Trieb* übersetzt werden können. In allen weiteren Diskussionen wird daher das Wort *Trieb* anstelle des Wortes *Instinkt* verwendet werden. Diese Triebe wurden als interne Reize angesehen, die das Verhalten von Individuen beeinflussten, indem sie die Richtung und die Art der Handlung regulierten. Von jedem Trieb wurde angenommen, dass er einen Ursprung, ein Ziel und ein Objekt hatte. Die Quelle eines jeden Triebes wurde in internen biologischen oder biochemischen Prozessen gesehen, wobei das Ziel Abfuhr und Wohlbefinden war« (Plutchik, 1980, S. 17 f.; Übers. v. d. Verf.).

Freuds frühe Auffassung (1916/1917) basierte auf seiner gemeinsam mit Breuer entwickelten Theorie zur Entstehung von hysterischen Neurosen.

»Ein Affekt umschließt erstens bestimmte motorische Innervationen oder Abfuhren, zweitens gewisse Empfindungen, und zwar von zweierlei Art, die Wahrnehmung der stattgehabten motorischen Aktionen und die direkten Lust- und Unlustempfindungen, die dem Affekt, wie man sagt, den Grundton geben. Ich glaube aber nicht, daß mit dieser Aufzählung das Wesen der Affekte getroffen ist. Bei einigen Affekten glaubt man tiefer zu blicken und zu erkennen, daß der Kern, welcher das genannte Ensemble zusammenhält, die Wiederholung eines bestimmten bedeutungsvollen Erlebnisses ist. Dies Erlebnis könnte nur ein sehr frühzeitiger Eindruck von sehr allgemeiner Natur sein, der in die Vorgeschichte nicht des Individuums, sondern der Art zu verlegen ist. Um mich verständlicher zu machen, der Affektzustand wäre ebenso gebaut wie ein hysterischer Anfall, wie dieser der Niederschlag einer Reminiszenz. Der hysterische Anfall ist also vergleichbar einem neugebildeten individuellen Affekt, der normale Affekt dem Ausdruck einer generellen, zur Erbschaft gewordenen Hysterie« (Freud, 1916/1917, GW XI, S. 410).

Demnach besteht in Freuds früher Auffassung ein Affekt aus motorischen Innervationen und energetischen Abfuhren, den damit verknüpften Wahrnehmungsempfindungen, Lust- und Unlustempfindungen, die den Charakter des Affekts bestimmen, und eine Erinnerung, die in die Vorgeschichte der Art (phylogenetisch) zurückgeht.

7 Freuds Affektmodelle

Es erfolgte eine Gleichsetzung von Affekt und Energie. Auch wenn Freud in späteren theoretischen Neuformulierungen diese Gleichsetzung aufgab, so wurde doch der Grundgedanke einer Art von Abfuhr beibehalten (Holder, 1982). Affektäußerungen dienen als Abfuhrmöglichkeiten aufgrund von Triebdisregulationen (Krause, 1998). Dem Verständnis starker emotionaler Erregungszunahme entsprechend, gibt es verschiedene Möglichkeiten, damit fertigzuwerden (Holder, 1982). Die Erregung bzw. der damit verbundene Affekt können motorisch abgeführt werden (hierzu wird im Zusammenhang mit Externalisierungsphänomenen noch ausführlich Stellung genommen werden; ▶ Teil VII), die Erregung kann auch – so Freud – ganz normal »abgetragen« werden (etwa sublimiert werden), das Ich kann überwältigt werden und der Affekt bahnt sich seinen Weg ohne Kontrolle, oder der Affekt wird abgewehrt.

Hier entsteht nun ein gewisses theoretisches Dilemma und aufgrund einer uneinheitlichen Theorie das besagte »theoretische Chaos«. Abwehr findet bekanntlich definitionsgemäß über Abwehrmechanismen des Ichs statt. Nun ist aber bei Freud im Zusammenhang mit der Triebtheorie ursprünglich nicht die Rede vom Ich. Die Funktion des Ichs beim Umgang mit Affekten taucht erst im Zusammenhang mit der zweiten Angsttheorie bei Freud auf. Er war bis zur Veröffentlichung von »Hemmung, Symptom und Angst« 1926 der Auffassung, Angst entstehe als Ergebnis der Umwandlung der Energie verdrängter Triebwünsche (hier taucht mit dem Terminus »Verdrängung« der Abwehrbegriff früh auf, obwohl vom Ich nicht explizit die Rede war). Nun wandte sich Freud der Rolle des Ichs aber ausdrücklich zu und postulierte, Abwehr als Folge des vom Ich erfolgten Angstsignals zu verstehen (Holder, 1982).

Auch Anna Freud (1936) betont nunmehr die Rolle des Ichs im Zusammenhang mit Affekten.

»Die Streitigkeiten zwischen Ich und Trieb sind nicht die einzigen Gelegenheiten, die eine solche schärfere Beobachtung der Ich-Tätigkeit ermöglichen. Das Ich steht nicht nur im Kampf mit den Triebabkömmlingen, die auf seinem Boden den Zutritt zum Bewußtsein und zur Befriedigung finden möchten. Es entfaltet dieselbe aktive und energische Gegenwehr auch gegen die Affekte, die an diese Triebimpulse gebunden sind. ... Wo immer innerhalb oder außerhalb der Analyse Affektumwandlungen vorfallen, war das Ich aktiv« (A. Freud, 1936, S. 224).

Die Abwehrmechanismen – z. B. Verkehrung der Affekte ins Gegenteil (1958/1957) – stellen bei Anna Freud die zentrale Schaltstelle für den Umgang mit Affekten dar, womit die Rolle des Ichs entscheidend wird.

Im Gegensatz zu Sigmund Freud nahm Melanie Klein (1987) an, dass von Geburt an ein elementares und rudimentäres Ich existiert, das in der Lage sei, angeborene Triebe wahrzunehmen, Ängste zu spüren und Abwehrmechanismen zum Schutz zu entwickeln (Riesenberg, 1982). Zahlreiche weitere psychoanalytische Theoretiker schlugen ebenfalls eine Brücke zwischen Trieben und Ich-Funktionen (Brierley, 1951; Schur, 1953; Sandler, 1960).

8 Neuere psychoanalytische Sichtweisen und Erkenntnisse

8.1 Neuere psychoanalytische Theorieentwicklungen

Neuere psychoanalytische Sichtweisen fassen Emotionen und Affekte zwar immer noch als mit inneren (Trieb-)Regungen verbunden auf, integrieren jedoch kognitive Aspekte – und damit Funktionen des Ichs – in Verbindung mit äußeren, umweltbedingten Ereignissen, insbesondere in einer zunehmenden Ausdifferenzierung einer reifenden und sich entwickelnden individuellen Persönlichkeitsstruktur. So geht man weiterhin von einer bestimmten Anzahl biologisch begründbarer Affekte aus, die in allen Kulturen aufträten, sogenannten Primäraffekten (Rapaport, 1953; Mahler, 1986; Krause, 1998), die aber über eine Art von »Interface« zwischen Subsystemen des Organismus und den Objekten der Umwelt in Verbindung stünden und beeinflusst würden.

Marjorie Brierley (1951) nahm bereits in ihrem Integrationsversuch Kleinianischer Theorieelemente mit ich-psychologischen und objektbeziehungstheoretischen Konzepten spätere Entwicklungen vorweg. Affekte werden hier vollständig unabhängig von Trieben aufgefasst.

Der Versuch einer Weiterentwicklung des von Freud seiner Theorie zugrundegelegten psychischen Apparates stellt das Modell von David Rapaport (1953; 1973) dar. Er entwickelte sechs Grundmodule, die hierarchisch mit zunehmender Komplexität auseinander hervorgehen (Ehlers & Holder, 2007). U. a. betrifft eines dieser Module die Affekte, das zwar – wie Freud – ebenfalls von einer Triebspannung und seiner Entladung über die Kanäle der Affektabfuhr ausgeht, dass sich aber insofern von Freuds Annahmen unterscheidet, indem das Ich in das Modell eingebunden wird.

Im Rapaport'schen Modell sind motiviertes Handeln, Denkprozesse und Affekte in einem komplexen hierarchischen System einer multiperspektivischen Sicht- und Denkweise miteinander verbunden (Ehlers & Holder, 2007).

Die Affekte erscheinen bei Rapaport immer noch als Triebabkömmlinge, deren Affektbetrag aber durch angeborene Abfuhrkanäle bestimmt wird. Rapaports Theorie sieht aber ganz im Gegensatz zu Freuds biologistischer Sicht eine interaktive, sozial vermittelte Komponente, die in der Auseinandersetzung mit den eintreffenden Reizen bzw. (Lern-)Erfahrungen entscheidend die Affekte moduliert. Hier wird die integrierende Rolle des Ichs für die weitere Entwicklung der Persönlichkeit deutlich.

> »Die allgemeine Entwicklung von psychischer Struktur beginnt mit den angeborenen abfuhrregulierenden Schwellen, die durch realitätsbedingte Verzögerungen der Abfuhr die Internalisierung der Fähigkeit zum Aufschub fördern. Die Internalisierungen verändern somit wiederum die vorhandenen Schwellen der Affektabfuhr. ... Eine zunehmende Differenzierung führt zur Bildung einer Vielzahl von Abfuhrwegen und Schwellen für Triebe und Affekte. Es bildet sich nicht nur eine Hierarchie, sondern es entstehen auch neue, komplexere und subtilere Wege der Affektabfuhr, die mit der psychischen Strukturbildung verbunden sind. ... Ein reiches und derart umgewandeltes Affektleben kann als Indikator von Ich-Stärke angesehen werden« (Döll-Hentschker, 2008, S. 448).

Edith Jacobson (1953, 1964) war eine Psychoanalytikerin, die Affekte nur in Verbindungen mit Selbst- und Objektrepräsentanzen verstand. Sie betonte die Bedeutung der Ich-Entwicklung und des Realitätsprinzips für die Entwicklung und Ausdifferenzierung der affektiven Persönlichkeitsseiten. Aus ihrer Sicht entwickeln sich so immer differenziertere emotionale Zustände aus einer vorangehenden Objektkonstanz. Diese integrative Sichtweise setzte sich im Verlaufe der weiteren Theorie-Entwicklung immer mehr durch.

> »Affekte als Information sind Bestandteil von interaktiven und intrapsychischen Regulierungsprozessen. Sie lösen Regulierungsprozesse aus, evaluieren diese und beenden sie wieder. Die Affektintensität unterliegt einer eigenständigen Regulierung, die von der Bedeutung des Affekts als Information unabhängig ist. Eine zu hohe Affektintensität stört oder zerstört die Funktion der Information, die zwar weiterhin vorhanden ist, aber nicht mehr aufgenommen werden kann (Moser & von Zeppelin, 1996). Im Laufe der Entwicklung entstehen verschiedene Regulierungssysteme, die den verschiedenen Entwicklungsbereichen zugeordnet sind:

Ich-Entwicklung, Über-Ich-Entwicklung, Selbstentwicklung, psychosexuelle Entwicklung u. a.. Alle diese Regulierungssysteme bleiben erhalten und sind untereinander hierarchisch verknüpft. Beispielsweise ist die gelingende direkte affektive Kommunikation, wie sie für das frühe Säuglingsalter typisch ist, wesentlich für das Sicherheitsgefühl gegenüber einem Objekt. Dieses bildet die Voraussetzung, sich weitergehend auf eine Beziehung mit dem Objekt einzulassen, sich damit in den Bereich der Autonomie-Abhängigkeits-Regulation zu begeben. Diese Regulation ist wiederum Voraussetzung dafür, dass sich ein Selbstgefühl und Selbstwertgefühl als von der Beziehung unabhängiges Regulationssystem etablieren kann« (Döll-Hentschker, 2008, S. 451).

Bei diesem Ansatz handelt es sich um ein Integrationsmodell, in dem psychosexuelle Triebbedürfnisse mit der Ich-Entwicklung unter Hinzuziehung externer objektaler Einflüsse in einem äußerst komplex anmutenden Modell – auf schwer verständliche Art und Weise – »hierarchisch« miteinander integriert werden sollen.

Otto F. Kernberg (1992; 2016) hat sich schwerpunktmäßig mit psychopathologischen Entwicklungen beschäftigt und hier speziell mit sadistischen und perversen Impulsen und Affekten. Er geht von Affekten als Instinktstrukturen aus, die auf der Basis biologisch vorgegebener libidinöser Antriebe im Verlauf der ontogenetischen Entwicklung bestimmte psychophysiologische Muster aktivierten (1992). Affekte beinhalteten bereits in ihrem Ursprung einen kognitiven Aspekt, eben eine kognitive Bewertung, ob eine Situation »gut« oder »schlecht« sei.

»Affekte sind meines Erachtens entweder primitiv oder abgeleitet. Primitive Affekte zeigen sich bereits in den ersten zwei oder drei Lebensjahren. Sie sind von intensiver, globaler Qualität und haben eine diffuse, wenig ausdifferenzierte kognitive Komponente. Abgeleitete Affekte sind komplexer, bestehen aus Kombinationen der primitiven Affekte und sind kognitiv ausgestaltet« (Kernberg, 1998, S. 16).

Die Qualität von Affekten wird hier unterschieden, es wird nicht generell davon ausgegangen, dass Affekte stets eine Verunglückung der Kontrolle durch das Ich seien, wie dies – weiter oben dargelegt – aufgrund der Auffassungen von Philosophen und wissenschaftlichen Psychologen im Vergleich zu Emotionen angenommen wird. »Abgeleitete Affekte« sind nach Kernberg reifere Formen des Affekterlebens, modifiziert und überformt durch kognitive Entwicklungsprozesse.

Für Kernberg sind Affekte also nicht generell ein Kontrollversagen des Ichs, allerdings nimmt auch er eine Unterscheidung zwischen Affekten und Emotionen vor.

»Wie ich weiter oben sagte, ziehe ich es vor, den Begriff *Emotion* Affekten mit hochdifferenziertem kognitivem Gehalt und schwachen oder gemäßigten psychomotorischen und/oder neuro-vegetativen Anteilen vorzubehalten« (Kernberg, 1998, S. 25; Hervorh. b. Autor).

Es wird sehr deutlich, dass in diesem Modell kognitive Funktionen entscheidende Beteiligungen am Emotions- und Affekterleben haben.

Kernberg stellt die Frage, ob die Psychoanalyse heute den Triebbegriff durch den Affektbegriff ersetzen könne (Kernberg, 2016). Darauf erteilt er postwendend seine eigene Antwort.

»... Affekte (sind) instinktive Bausteine, die sich durch Erfahrung im Zwischenmenschlichen organisieren – die positiven Affekte organisieren sich in Libido und die negativen in Aggression (Kernberg, 2000). Im Freudschen Sinne sind die Triebe somit hierarchisch übergeordnete integrierte Affektdispositionen. Affekte sind somit die biologischen Instinktäquivalente beim Menschen. Bei den Trieben handelt es sich um die von Geburt an im Rahmen der Erfahrung hierarchisch übergeordnete Organisation der Affekte. In jedem praktisch motivierten Verhalten zeigen sich diese grundlegenden Triebe wieder in der Form von Affekten, die als solche aktiviert werden und den Trieb signalisieren. Affekte sind demnach sowohl der Ursprung als auch die Signale der Triebe.

Dieses Konzept bildet die Basis der heutigen Psychoanalytischen Objektbeziehungstheorie ...« (Kernberg, 2016, S. 46).

Kernbergs Verständnis zufolge ist die Freud'sche Triebtheorie nach wie vor maßgeblich. Er verwendet den Affektbegriff lediglich dazu, die menschenbezogene Spezifität ins Spiel zu bringen. Die Zugangsfähigkeit zum Ich-Bewusstsein macht in diesem Verständnis aus den für Tierarten üblichen Trieben eine menschliche Integrationsleistung von biologischen Trieben mit bewussten oder unbewussten Beurteilungen und Einschätzungen eines menschspezifischen Ichs in Form von intensiven Gefühlsregungen, die Kernberg als »Affekte« bezeichnet.

Einen sehr kognitivistischen Weg zum Affektverständnis schlugen die Schweizer Psychoanalytiker Ulrich Moser und Ilka von Zeppelin ein (Moser & von Zeppelin, 1996). Sie untersuchten Affekte speziell im Zusammenhang mit dem von ihnen entwickelten Traummodell (1999). Affekte sind nach Moser und von Zeppelin bedeutsame Hinweise auf intrapsychische Regulierungsprozesse mannigfaltiger Art.

Wenn man die theoretischen Entwicklungen zum Emotions- und Affektbegriff nach Freud im Überblick betrachtet, so zeigt sich nach wie vor eine Heterogenität, die weiterhin eher verwirrt, als dass sie Klarheit schaffen würde (Fonagy et al., 2008). Das Einzige, was bei allen neueren psychoanalytischen Theorien deutlich wird, ist die Abkehr von rein triebtheoretisch begründeten Affektverankerungen bei vielen neofreudianischen Theoretikern. Es kommen essenziell kognitive Prozesse, die von Ich-Einflüssen herrühren, hinzu, wie aber auch Austauschprozesse mit der sozialen Umwelt, die prägende Einflüsse auf die Ich- und Emotionsausdifferenzierung nehmen. Erfahrungen und die sich ergebenden Beziehungsmuster mit den externen Objekten beeinflussen die strukturelle Persönlichkeitsentwicklung, indem sie Emotionen und Affekte immer weiter ausdifferenzieren, wie dieselben auch gleichzeitig Einfluss auf die strukturelle Persönlichkeitsentwicklung nehmen. Die Rolle der Triebe jedoch bleibt weiterhin unklar und wird bei manchen psychoanalytischen Theoretikern der neueren Zeit noch nicht gänzlich aufgegeben (Mahler, 1986; Krause, 1998; Kernberg, 2016).

8.2 Erkenntnisse der Kleinkindforschung

8.2.1 Emotionen und Affekte beim Neugeborenen und im Säuglingsalter

Nach Auffassung von David Winnicott (1984) beginnt die emotionale Entwicklung bereits in den ersten Lebensstunden. Entsprechend seien bereits im Verlaufe des ersten Lebensjahres emotionale Störungen bei den Kindern diagnostizierbar. Beim Säugling müsse man von einem »primär unintegrierten Zustand« ausgehen (S. 13). Winnicott versteht unter einem solchen Zustand eine noch nicht gegebene Fähigkeit, die unweigerlich auftretenden Frustrationen und Affekte wie Wut oder Erregung miteinander zu integrieren. Integration könne man nicht als gegeben voraussetzen, sie müsse von jedem einzelnen Kind im Laufe seiner Entwicklung erst geleistet werden. Wut und Erregung seien basale, undifferenzierte Empfindungen, die im Laufe der weiteren ontologischen Entwicklung durch integrative Ich-Leistungen ausdifferenziert würden.

Auch Lichtenberg (1991) betont die biologisch vorgegebene, noch sehr rudimentäre »Ausstattung« des Neugeborenen. Angefangen mit dem Geburtsschrei, Kummer im Hungerzustand, den Schreckreaktionen, dies alles seien Affektausdrücke in der ersten Lebenswoche. Jeder Affekt werde von einem angeborenen neuronalen Feuerungsprogramm gesteuert, das nicht nur die Gesichtsmuskeln, sondern auch autonome Funktionen wie die Atmung und den Blutkreislauf kontrolliere. Er bezieht sich auf den Emotionsforscher Tomkins, der den Signalcharakter der affektiven Äußerungen des Säuglings betont. Außerdem spreche Tomkins den Affekten eindeutig einen direkten motivationalen Charakter ab.

> *»Tomkins hält die Intensivierung von Dringlichkeit für die primäre Funktion des Affekts – er soll durch Gefühl Achtsamkeit bewirken.* Für Tomkins enthalten Triebe wichtige Informationen darüber, was wann und wo zu tun ist, aber erst die zusätzliche affektive Intensivierung gibt der Information ihre bedrängende Qualität. Also sind Affekte keine Motive, aber sie können den Kern jedweden Motivs bilden. Affekte können mit einer Vielzahl von Motiven verknüpft werden« (Lichtenberg, 1991, S. 67; Hervorh. b. Autor).

Izard und Malatesta (1987) beziehen sich auf basale neuronale Mechanismen beim Neugeborenen und sprechen Emotionen drei basale Komponenten zu: neuronale, motor-expressive und mentale Funktionen.

> »Der Ausdruck *motorisch-expressiv* bezieht sich hauptsächlich auf die mimischen und vokalen Verhaltensweisen und sekundär auf posische, gestische, viszerale oder Drüsenaktivität. *Emotionserleben* bezieht sich auf die interne, subjektiv erlebte Komponente, die direkt aus den zugrundeliegenden neuronalen und motorischen Prozessen entspringt. Emotionserleben hat organisationelle, motivationale und zielgerichtete Funktionen. Der eher allgemeine Ausdruck *Affekt* bezieht sich auf beides, die Emotionen und die eher zyklischen, reizgebundenen physiologischen Zustände wie Hunger, Durst und deren Bedürfnisbefriedigung; die sex- und schmerzbezogenen Affekte teilen Merkmale der physiologischen Bedürfnisse (Triebe) und Emotionen (Izard, 1977; Tomkins, 1963)« (Izard & Malatesta, 1987, S. 496 f.; Zitate und Hervorh. b. d. Autoren; Übers. v. d. Verf.).

Basale angeborene emotionale Zustände des Neugeborenen ermöglichen ihm, mit seiner Umgebung Kontakt aufzunehmen. Hier treffen nun angeborene Triebe, ihre Bedürftigkeit nach Befriedigung und soziale Reize und Reaktionen aufeinander.

»Beim Neugeborenen (und möglicherweise *in utero*) lösen von Anfang an verschiedene neuronale Feuerungsdichtegrade Affekte aus, wie etwa Interesse, Vergnügen, Schreck und Kummer (Tomkins, 1962; 1963; Demos, 1982). Die empfindungsreichen erogenen Zonen sind sehr aktive Quellen verschiedener neuronaler Feuerungsmuster. Die ausgelösten Affekte intensivieren die Erfahrungen mit den zonenspezifischen perzeptuellen und handlungsbezogenen Mustern (sich nähren, saugen, ausscheiden, Erektionen des Penis und Anschwellen der Vulva und Klitoris); daher werden diese Zonen während der Kindheit auch so bedeutsam. Eine weitere Ursache für ihre Bedeutsamkeit ist ihre biorhythmische Repetivität; d. h. Hunger, Ausstoßung und in geringem Maße auch genitale Erregung sind von innen heraus zyklischer Natur. Des weiteren ist neuronales Feuern nicht auf innere Auslöser beschränkt; es hängt auch mit äußeren ›Objekten‹ (Nahrung, Fäzes, Urin und Kleidung, die an den Genitalien reibt) und mit fortlaufenden regulierenden Interaktionen mit der Bezugsperson (Füttern, Windelwechseln und Waschen) zusammen. Diese Betrachtung der Affekte läßt erkennen, daß nicht eine spezielle Form der Energie – ›Libido‹ – die spannungsreichen Erlebnisse im Bereich des Mundes, des Anus und der Genitalien hervorhebt. Die Erfahrungen, die mit erogenen Zonen verknüpft sind, entspringen eher der affektiven Intensivierung, die durch eine hohe neuronale Feuerungsdichte ausgelöst wird. Der entsprechende Affekt, und nicht irgendeine sexuelle Energie, paßt mit Freuds Vorstellung von einer ›Besetzung‹ zusammen, die bedeutsame Erlebnisse hervorhebt« (Lichtenberg, 1991, S. 153 f.; Hervorh. b. Autor).

Der österreichisch-amerikanische Psychoanalytiker René Spitz (1980) war einer der Pioniere der empirischen Säuglings- und Kleinkindforschung. Seine wissenschaftlichen, longitudinalen Beobachtungen an über 100 Kindern über den Zeitraum des ersten Lebensjahres hinweg liefern enorm wichtige Informationen über die Bedeutung der frühen Mutter-Kind-Beziehung und deren Einfluss auf die emotionale Entwicklung des Kindes. Er beobachtete bei Neugeborenen primitive »Affekte«, die er lieber als »negativ getönte Erregung« und eher als »Affektvorläufer« verstanden wissen wollte. Die nach einiger Zeit differenziertere Affektentwicklung – etwa von der oralen zur analen Phase – sah Spitz als Zeugnis frühester Triebaktivität und einer arterhaltenden Notwendigkeit. Daraus ergab sich für ihn, dass die weitere kindliche Entwicklung der Wahrnehmung in engem Zusammenhang mit dem Affektgeschehen stehe.

»... bahnt der Affekt der Entwicklung den Weg; das gilt für die Entwicklung der Wahrnehmung ebenso wie für die Entwicklung aller anderen Funktionen. Der Affekt färbt die Wahrnehmung, er macht Wahrnehmungen wichtig oder unwichtig, er verleiht verschiedenen Sinneseindrücken ihre Valenz; in einer Skotomisation (Laforgue, 1930) z. B. schließt er einige Sinneseindrücke aus, während er andere hervorhebt. Schließlich entscheiden Affekte auch über die Beziehung zwischen Wahrnehmung und Erkenntnis« (Spitz, 1980, S. 102 f.).

Die Bindungsforscher Grossmann und Grossmann (2008) heben die soziale Orientierung des Neugeborenen hervor. Sie sprechen allerdings schon beim Säugling von dessen »sozialer Natur« und sehen eine Vernetzung der sozialen, kognitiven, emotionalen und motivationalen Entwicklung.

»... daß Emotionen und das Erkennen von Emotionen evolutionäre Grundmuster der Anpassung an soziale Gegebenheiten darstellen, die eine wesentliche Voraussetzung für die Menschwerdung waren (Cosmides & Tooby, 2000). Bowlby stellt seinem Kapiel über die Bedeutung von Gefühlen ein Zitat von Darwin voran, das die kommunikative Funktion von Gefühlsausdrücken (Emotionen) beschreibt: ›Die Ausdrucksbewegungen des Gesichts und des Körpers, gleich woher sie stammen, sind allein schon sehr wichtig für unser Wohlergehen. Sie dienen als erstes Kommunikationsmittel zwischen der Mutter und ihrem Kind; sie lächelt Zustimmung – und das ermutigt ihr Kind, auf dem richtigen Weg zu sein – oder sie runzelt die Stirn in Mißbilligung. Die Ausdrucksbewegungen machen die gesprochenen Worte lebendig und kraftvoll. Sie enthüllen die Gedanken und Absichten der anderen wahrheitsgemäßer, als es Worte tun, denn diese können verfälscht sein‹ (Bowlby 1969, S. 104)« (Grossmann & Grossmann, 2008, S. 104 ff.).

8.2.2 Entwicklung und Affektqualität

Nach Erkenntnissen der Kleinkindforschung ist die Qualität von Emotionen und Affekten um die Zeit kurz nach der Geburt gekennzeichnet durch sehr rudimentäre, noch primitive und undifferenzierte emotionale Regungen, die durch das Interesse des Neugeborenen gegenüber neuen Reizen, physischen Stressäußerungen aufgrund schmerzhafter Stimulation oder Unmutäußerungen, z. B. durch Bedrängung von außen, hervorgerufen werden. Sogar Spuren von Traurigkeit wurden nach ca. einer Woche Lebenszeit gefunden, die durch schmerzhafte medizinische Maßnahmen induziert wurden, wobei erst ab einem Alter von drei bis vier Monaten das volle Bild von Traurigkeit ausgeprägt werde (Izard & Malatesta, 1987) (► Kap. 6.2). Die mächtige Emotion Furcht könne erst nach einer weiteren Entwicklungszeit auftreten, wie dies bei Rhesus-Affen gefunden wurde. Sie mache auch früher keinen Sinn, da ein Kind mit höchster Einschränkung in seiner Mobilität – was bei Kleinkindern ja noch der Fall ist – sich nicht vom furchtauslösenden Geschehen entfernen und schützen könne.

Eher soziale Emotionen wie Scham, Scheuheit, Schuld erschienen erst ab der zweiten Hälfte des zweiten Lebensjahres und seien von zusätzlichen kognitiven Einschätzungen abhängig (Izard & Malatesta, 1987). Damit wird auch eine Antwort gegeben auf den Streit um die erbbiologische Ausstattung des Menschen mit Emotionen (Izard, Plutchik, Zimbardo & Gerrig) und die erst sozial vermittelten Emotionen. Demnach gibt es über alle Kulturen und Ethnien hinweg ein Verständnis von solch anbeborenen basalen Emotionen wie Freude, Überraschung, Zorn, Ekel, Erschrecken und Trauer (► Kap. 3.2). Nicht anlagebedingt sind sozial vermittelte und auf der individuellen Persönlichkeitsentwicklung basierende, mit der Moral- und Ethik-Entwicklung verbundene Emotionen wie Scham- oder Schuldgefühle.

Es klingen hier bereits gesunde wie ungesunde Entwicklungen der Emotions- und Affektentwicklung an. Die angeborene Fähigkeit zu Ärger und Wut steht für das evolutionsbedingt begründete und nachvollziehbare aggressive Verhalten zur Verteidigung und zum Angriff auf bedrohliche Feinde, es ist also per se erst einmal nichts Pathologisches daran festzumachen. Beim Säugling kann dies über die angeborene biologische Funktion der Wut als Signal an die Pflegeperson hinaus, den Schmerz abzustellen, eine Entwicklung nehmen, die Wut als Vehikel zu verwenden, um eine Behinderung oder Begrenzung einer Befriedigung aus dem Wege zu räumen. Wut wird nun in der unbewussten Fantasie des Säuglings mit einer »schlechten Objektbeziehung« gleichgesetzt, mit dem Wunsch, diese zu beseitigen und eine »nur gute« Objektbeziehung wiederherzustellen (Kernberg, 1998).

»In einem noch späteren Entwicklungsstadium können Wutreaktionen letzte verzweifelte Versuche darstellen, angesichts starker frustrierender Situationen, die unbewußt als drohende Aktivierung ›nur schlechter‹, verfolgender Objektbeziehungen erlebt werden, ein Gefühl von Autonomie wiederherzustellen« (Kernberg, 1998, S. 36).

Die Verschränkung von emotionalem Empfinden und kognitiven Prozessen wird auch bei der Psychopathologie der Aggression deutlich (s. weiter unten). Während beim Neugeborenen und Säugling noch keine pathologischen aggressiven Regungen feststellbar sind – trotz der Fähigkeit zum Ärger- und Wutausdruck – bedarf es des Hinzutretens kognitiver Aspekte.

Bereits der Kleinkindforscher René Spitz (1980) verwies darauf, dass Affekte stets und immer in Verbindung mit Kognitionen aufzufassen seien. So stehen für ihn das Lächeln mit dem Erkennen des menschlichen Gesichts und die Achtmonatsangst mit dem Erkennen eines Unterschieds zwischen dem vertrauten Muttergesicht und anderen in untrennbarer Verbindung. Auch spätere Kleinkindforscher fanden rudimentäre kognitive Anzeichen bei Kleinkindern im Alter von drei bis vier Monaten (Kagan, 1979).

> »Wir erkennen, dass Emotionen und Kognition, und tatsächlich alle Systeme des Individuums, auf eine typischerweise hochfunktionale interaktive, interdependete Art und Weise funktionieren. Dennoch bestehen wir darauf, dass das emotionale System unabhängig von Kognitionen operieren kann, und dass eine solche Unabhängigkeit eine bedeutsame Rolle in der Entwicklung spielt, besonders in der ganz frühen Kindheit.
> Forschungen zu mimischen Gesichtsausdrücken liefern die stärksten Argumente für die Annahme, dass das emotionale System unabhängig vom kognitiven System arbeiten kann. Verschiedene Studien weisen nach, dass expressives Verhalten durch das Stammhirn mediiert werden kann, selbst unter Umgehung limbischer und kortikaler Strukturen (Steiner, 1979), die für die Konsolidierung von Erinnerung erforderlich sind (Routtenberg, 1980)« (Izard & Malatesta, 1987; S. 509; Zitate dort; Übers. v. d. Verf.).

Neuronale Prozesse allein seien ausreichend, um Emotionen auszulösen, ohne kognitive Mediation. Experimentelle Versuche hätten ergeben, dass direkte Stimulationen von subkortikalen (Stammhirn-)Strukturen ausreichten. Es existieren Rezeptoren und neuronale Pfade, die einen sensorischen Input ermöglichen, der das limbische System aktiviert, noch bevor kognitive Einschätzungen oder Bewertungen hinzutreten (Zajonc, 1984). Auch konnte Forschung zur Lateralisierung von Hirnfunktionen nachweisen, dass bei Durchtrennung des Balkens (z. B. zur Behandlung von schweren epileptischen Anfällen), der beide Hirnhälften miteinander verbindet, bei Split-Brain-Patienten Emotionen ausgelöst werden können, auch wenn der Reiz nur der rechten Hirnhemisphäre (die für die emotionalen Verarbeitungen zuständig ist) gezeigt wird (etwa Familienangehörige, Fotos), bevor der Patient später die gezeigte Information kognitiv identifizieren und benennen kann (Sperry, 1982).

Diese Forschungsergebnisse sind wichtig für das Verständnis des emotionalen Verhaltens des Säuglings. Emotionaler Ausdruck ist zu diesem Zeitpunkt noch nicht an kognitive Funktionen gebunden, sondern scheint eher ausschließlich einen Signalcharakter zu haben, damit überlebenswichtige Handlungen der primären Versorgungsperson(en) sichergestellt werden. Auch wird in diesem Zusammenhang deutlich, dass noch keine Selbststruktur vorhanden sein kann, die die vorangehende Entwicklung einer inneren Verarbeitungsstruktur für von außen kommende Informationen benötigt, um dann erst eine Ich-Entwicklung und Selbst-Objekt-Trennung zu ermöglichen.

Emotionale und affektive Differenziertheit und Qualität unterliegen einer Entwicklung, sie sind nicht von Beginn an gegeben, wie dies bereits zuvor mit dem Schicksal der Wutentwicklung angeklungen ist. Für Kernberg (2016) sind Affekte »instinktive Bausteine«, die sich durch zwischenmenschliche Erfahrungen in libidinöse oder aggressive organisieren. Die bereits erwähnte Wut des Kleinkindes kann sich nach Kernberg (1998) erst in der weiteren psychischen Entwicklung im Rahmen einer pathologischen Aggressionsentwicklung zum Hass entwickeln, dem massivsten und beherrschendsten Affekt überhaupt. Es handele sich dabei nicht um intensivere oder häufigere Wutäußerungen, sondern um eine neue affektive Qualität, die es zum Ziel habe, das gehasste Objekt zu zerstören. Man sieht hier sehr deutlich, dass eine Erlebens- und Lerngeschichte vorausgegangen sein muss, eine Differenzierung in Selbst und Objekt, was dem Kleinstkind noch nicht möglich ist. Kernberg sieht beim Hassaffekt die Gespaltenheit: Einerseits werde das Objekt gebraucht und ersehnt, aber es enttäusche, wofür es gehasst werde, mit dem Impuls, es zu zerstören. Ein Spaltungsmechanismus, wie er bei schweren Charakterstörungen (Persönlichkeitsstörungen mit Borderlineorganisation) vorkomme (Kernberg, 1998). Hier zeigt sich eine Querverbindung zu Melanie Kleins bösen und guten Objekten.

Die weitere Affektentwicklung des Menschen hängt mit der Fähigkeit zusammen, die Affekte zu *regulieren*, wobei die Möglichkeit der Affektregulierung in untrennbarer Beziehung zur Selbstregulierung stehe (Fonagy et al., 2008). Die Affektregulierung spiele eine entscheidende Rolle für die Beantwortung der Frage, wie Säuglinge aus einem Zustand der Ko-Regulierung (gemeint ist die Regulierungshilfe durch das Mutterobjekt) zur Selbstregulierung gelangten, eben die eigenen affektiven Reaktionen zu kontrollieren und zu mäßigen. Hier befinden wir uns an einem entscheidenden Punkt für die Debatte um die Kultivierbarkeit von Affekten – im Unterschied zu Emotionen (▶ Kap. 2). Sind Affekte die entgleiste Version von Emotionen – quasi der Affektkontrolle und damit dem Selbst entschlüpft – oder gibt es auch reifere Affekte, die nichts mit »Entgleisung«, »Emotionsstupidität« oder »Bewusstseinsstörungen« (C. G. Jung), unkontrolliertem »Gefühlsausbruch« (Bischof) oder »ungeistigem Ausbruch« (Kant) zu tun haben? Eine kognitive Entwicklung – wird von Vertretern der kognitiven Theorie der Emotionen betont – verhindere die desorganisierende Wirkung von Affekten. Die psychoanalytische Theorie durchzieht ebenfalls eine kritische Haltung gegenüber Affekten. Affekte werden mit einer »Beeinträchtigung optimalen adaptiven Denkens durch Wut, sexuelle Erregung, Angst, Depression, Scham und Erniedrigung« assoziiert. Sie seien »primitiv, infantil und zähmungsbedürftig« (Lichtenberg, 1991, S. 159). Die Säuglingsforschung dagegen vertrete die Auffassung, dass Affekte grundlegende Bestandteile aller Geistesfunktionen seien. Ihre Wirkung könne bei jedem einzelnen inneren Vorgang organisierend oder desorganisierend sein. Dem wäre aber hinzuzufügen, dass es dann wohl noch weiterer psychischer Funktionen bedarf, um Affekte in eine günstige Bahn zu lenken, um sie nach Kernberg nicht in eine pathologische Aggressionsentwicklung münden zu lassen. Bedarf es dazu der Entwicklung einer gefestigten psychischen Struktur? Sind ein mangelhaft entwickeltes Ich und darauf aufbauend ein defizitäres Selbst der Nährboden für nicht integrierte Affekte, sogar die Voraussetzung für die Entwicklung einer pathologischen Affektstruktur im Kernberg'schen Sinne und kann eine gefestigte psychische Struktur primitive Affektdurchbrüche zu Emotionen »sozialisieren«?

8.2.3 Beziehung, Ich-Selbst-Entwicklung und die Rolle von Emotionen und Affekten

Die Entwicklung des Gefühlslebens und damit die Bewertung innerer Zustände setzt die Entwicklung kognitiver Fähigkeiten wie auch das Wissen um das eigene Selbst voraus (Geppert & Heckhausen, 1990). Wie Geppert und Heckhausen selbst anmerken, stecke die experimentelle Erforschung der frühkindlichen Selbstkonzeptentwicklung noch in den Anfängen. Ichstrukturelle Entwicklungen aber sind zweifellos Vorläufer eines Selbstkonzepts und nicht identisch. Im Folgenden ist nicht eindeutig, ob die Begriffe »Ich« und »Selbst« bei den verschiedenen Autoren einheitlich gehandhabt werden.

Kleinkindforschung: Ich-Entwicklung und die Rolle der Affekte

Die psychoanalytische Kleinkindforschung erlebte seit den 80er Jahren des letzten Jahrhunderts einen ungeheuren Aufschwung durch Forscher wie z. B. Robert Emde (1980), Joseph D. Lichtenberg (1991) oder Daniel N. Stern (2016). Ihre Schlussfolgerungen stellten grundsätzliche Annahmen des von Freud und auch noch von Margaret Mahler maßgeblich geprägten Menschenbildes und der frühkindlichen Entwicklung in Frage.

»Demnach suchen Säuglinge und Kleinkinder sensorische Stimulation mit einer drängenden, motivationalen Qualität. Sie zeigen angeborene Wahrnehmungstendenzen und -präferenzen, z. B. für das menschliche Gesicht. Von Geburt an ist ein dominantes Streben des Säuglings erkennbar, sich Hypothesen über die physikalische und soziale Umwelt zu bilden und diese auch zu überprüfen. Dieser Prozess führt zu einer raschen Kategorisierung in bestätigende vs. widersprechende Muster. Hierbei sind affektive und kognitive Prozesse in den Wahrnehmungsleistungen eng miteinander verwoben. Im Gegensatz zur desorganisierten Funktion undifferenzierter Affekte im frühen psychoanalytischen Entwicklungsmodell ist beim Kleinkind eine Reihe von differenzierten kategorialen Affekten erkennbar« (Kapfhammer, 2008, S. 165 f.).

Eine frühe stabile, ausreichend gut haltende und *containende* Mutter-Kind-Beziehung liefert die Basis für eine spätere glückende Individuation, Identitäts- und Selbstentwicklung (Popper, 1987).

> »Winnicott war einer der ersten Psychoanalytiker, die auf die offenkundige Tatsache hingewiesen haben, daß eine Mutter ihr Baby zärtlich liebt, genießt und *erschafft*: nicht nur somatisch in ihrem Leib, sondern auch in den frühen Stadien, in denen der Säugling die ihm angeborenen Gegebenheiten seiner Mitgift und der Persönlichkeit, zu der er sich im Lauf der Zeit differenzieren und entwickeln wird, findet und erkennt« (Khan, 1982, S. 241).

Damit rücken die Frage nach der Identität, die Frage nach dem Ich – und im Weiteren die Frage nach dem Selbst – in den Vordergrund. Ab wann ist der Mensch ein Ich bzw. ab wann besitzt er eines?

> »Ist ein neugeborener Säugling ein Ich? Ja und nein. Er fühlt: Er kann Schmerz und Freude fühlen. Aber er ist noch keine Person im Sinne der beiden Kantschen Sätze: ›Person ist dasjenige Subjekt, dessen Handlungen einer Zurechnung fähig sind‹ (Kant, 2016, S. 64; die Verfasser) und ›Was sich der numerischen Identität seiner Selbst in verschiedenen Zeiten bewußt ist, ist sofern eine Person‹ (Kant, 1904, S. 227; die Verfasser). So ist ein Säugling ein Körper – ein sich entwickelnder menschlicher Körper – *bevor* er eine Person, eine Einheit von Körper und Geist wird« (Popper, 1987, S. 150 f.; Hervorh. b. Autor).

Der Hirnforscher und Nobelpreisträger Sir John Eccles stellte eine Hypothese über den »selbstbewussten Geist« auf, der eine eigene bewusste Identität durch hoch komplizierte gehirninterne Prozesse kreiert (1987). Dieser Geist werde sich seiner selbst bewusst, indem er auf biologisch erklärbare Hirnprozesse zugreife und sie in einem Auswahl- und Interpretationsprozess für die eigene Identität nutze. Popper benutzt die Begriffe Welt 1, 2 und 3.

> »Da gibt es zunächst die physische Welt – das Universum physischer Gegenstände – ..., ich möchte sie die ›Welt 1‹ nennen. Zweitens gibt es die Welt psychischer Zustände, einschließlich der Bewußtseinszustände, der psychischen Dispositionen und unbewußten Zustände; diese will ich ›Welt 2‹ nennen. Doch es gibt noch eine *dritte* Welt der Inhalte des Denkens und der Erzeugnisse des menschlichen Geistes, die Welt der Inhalte des Denkens und der Erzeugnisse des menschlichen Geistes; diese will ich ›Welt 3‹ nennen ...« (Popper, 1987, S. 63; Hervorh. v. Autor).

Auf diesen Prämissen baute Eccles seine Hypothese vom selbstbewussten Geist auf.

> »In Kürze besagt diese Hypothese, daß der selbstbewußte Geist eine unabhängige Einheit darstellt ..., die aktiv mit dem Auslesen aus der Vielzahl aktiver Zentren in den Modulen der Liaison-Zentren der dominanten Großhirnhemisphäre befaßt

ist. Der selbstbewußte Geist selektiert aus diesen Zentren in Übereinstimmung mit seiner Aufmerksamkeit und seinen Interessen und integriert seine Wahl, um von Augenblick zu Augenblick die Einheit bewußter Erfahrung zu vermitteln. Er wirkt auch zurück auf die neuralen Zentren .... So wird angenommen, daß der selbstbewußte Geist eine überlegene interpretierende und kontrollierende Funktion in bezug auf die neuralen Ereignisse ausübt, mit Hilfe einer in beiden Richtungen erfolgenden Interaktion über die Kluft zwischen Welt 1 und Welt 2 hinweg .... Es wird vermutet, daß die Einheit der bewußten Erfahrung nicht von einer letzten Synthese in der neuralen Maschinerie herrührt, sondern in der integrierenden Aktion des selbstbewußten Geistes auf das, was er aus der ungeheuren Vielfalt neuraler Aktivitäten im Liaison-Gehirn herausliest, liegt« (Eccles, 1987, S. 428 f.).

Diese Hypothese stellte ein Fazit der neurobiologischen Erkenntnisse zum Ende des 20. Jahrhunderts dar. Trotz enormer Weiterentwicklungen in der bildgebenden Hirnforschung in den letzten 30 Jahren ist das Geheimnis des Sprungs vom Objektiven (neurophysiologische und neurochemische Hirnaktivitäten) zum Subjektiven (Ich, Identität, Bewusstsein) immer noch nicht geklärt (▶ Kap. 1.1). Eccles' Auffassung, dass es bestimmte Areale in der linken Gehirnhälfte gebe, die eine Interaktion der materiellen Welt 1 mit der mentalen, psychischen Welt 2 ermöglichten – angenähert die Beantwortung der Frage nach dem *Leib-Seele-Problem* –, wird nach heutigen Maßstäben als nicht ausreichend belegt betrachtet. Trotzdem zählt Eccles auch heute noch zu den respektiertesten Hirnforschern.

Der Hirnforscher Prinz (1996) dagegen sieht im Ich »... ein kulturelles Artefakt, das in einem gesellschaftlich gesteuerten Attributionsprozeß« zustandekommt (S. 464). Im Gegensatz zu Eccles, der das Ich (besser: den selbstbewussten Geist) in neuronalen Prozessen des menschlichen Gehirns, also in rein internalen Prozessen entstanden sieht, wird nach Prinz das Ich rein sozial konstruiert, im sozialen Austausch mit anderen, mit der Gesellschaft, mit der Kultur. Demnach entsteht es außerhalb des Organismus, durch Übernahme kultureller Sichtweisen, die die Sozialisation der Individuen steuere.

»Die elementarsten Vermittlungsmechanismen stützen sich auf unmittelbare *face-to-face*-Interaktionen im mikrosozialen Bereich und sind nicht einmal notwendigerweise an sprachliche Kommunikation gebunden. Wenn in einer gegebenen sozialen Gruppierung sämtliche sozialen Akteure den Umgang miteinander so organisieren, daß sie ich-förmige Organisation bei allen Kommunikationspartnern voraussetzen, trifft jeder Akteur – auch jeder neu hinzutretende – auf eine Situation, in der durch das Handeln der anderen eine ich-förmige Rolle für ihn bereitgehalten wird. In einer solchen Situation wird es nicht lange dauern, bis die Fremdzuschreibung von sozial konstruierten Eigenschaften zur Selbstzuschreibung führt und die Person sich die ihr zugeschriebene Ich-Rolle zu eigen macht« (Prinz, 1996, S. 465 f.; Hervorh. b. Autor).

Auch wenn es wissenschaftlich bis heute nicht geklärt ist, wie das Leib-Seele-Problem befriedigend erklärt werden könnte, besteht kein Zweifel über die Existenz von Subjektivität und subjektiver Identität. Die Ich-Entwicklung des Menschen ist ein hochkomplexer ontologischer Entwicklungsprozess, der aufbauend auf basalen neuronalen Gegebenheiten, Myriaden an Informationsreizen und Austauschprozessen mit der Umwelt Lern- und Erfahrungselemente für sich nutzt. Dabei kommt ihr die »Hungrigkeit« des Gehirns des Neugeborenen zugute (Grossmann & Grossmann, 2008).

Bereits relativ früh machten sich Psychoanalytiker, die sich mit der psychischen Entwicklung von Kindern befassten – wie z. B. David W. Winnicott (1967) – Gedanken über die Entstehung eines Ichs, da Emotionen und Affekte erst und nur in Verbindung mit kognitiven Bewertungen zustande kämen, die nur durch so etwas wie eine Ich-Instanz möglich würden.

Winnicotts Haupthypothese über die Ich-Entstehung lässt sich in fünf Schritten darstellen (Khan, 1982, S. 250).

(1) Kulturelles Erleben ist lokalisiert in einem schöpferischen Spannungsbereich zwischen Individuum und Umwelt.
(2) Für den einzelnen Menschen ist die Möglichkeit, sich dieses Bereiches zu bedienen, durch Lebenserfahrungen in den allerersten Phasen seiner Existenz vorgegeben.
(3) Die Erfahrungen im potenziellen Bereich zwischen subjektivem Objekt und objektiv wahrgenommenem Objekt, zwischen Ich und Nicht-Ich sind für das Kind von Anfang an äußerst intensiv. Dieser Spannungsbereich entsteht in der Wechselwirkung zwischen dem ausschließlichen Erleben des eigenen Ichs (es gibt nichts außer mir) und dem Erleben von Objekten und Phänomenen außerhalb des Selbst und dessen omnipotenter Kontrolle.

(4) In diesem Bereich hat jedes Kind seine eigenen guten und bösen Erfahrungen. Es herrscht weitestgehende Abhängigkeit. Der Spannungsbereich entsteht nur in Verbindung mit einem Gefühl des Vertrauens von seiten des Kleinkindes.

(5) Will man das Spielen und damit das kulturelle Erleben des einzelnen Menschen betrachten, so muss man sich dem Schicksal des potenziellen Raumes zwischen dem Kind und der (als Mensch fehlbaren) Mutter zuwenden.

> »Wenn man diesen Bereich als Teil der Ich-Organisation auffaßt, kommt man zu der Einsicht, daß es sich um einen Teil des Ich handeln muß, der nicht Körper-Ich ist, also um einen Ich-Bereich, der nicht auf körperlichen *Funktions*mustern, sondern auf körperlicher *Erfahrung* aufbaut. ...
> So entwickelt sich allmählich das Konzept von den ›Übergangsphänomenen‹ des Säuglingsalters in dem Sinne weiter, daß es den potentiellen Raum des Lebens eines erwachsenen Menschen in der Kultur mit umfaßt« (Khan, 1982, S. 250 f.; Hervorh. b. Autor).

Alles beginnt, wie wir bereits verschiedentlich angedeutet haben, mit der evolutionsbezogenen Überlebensnotwendigkeit des Signalgebens durch den Säugling.

> »Die Neugeborenenforscher betonen weniger den Abfuhraspekt der frühen Affekte, sondern sehen sie als Signale, die eine bedeutsame Rolle für das Wachstum und die Entwicklung der Kommunikation innerhalb des interaktionellen Systems Säugling–Bezugsperson spielen« (Lichtenberg, 1991, S. 19).

Stern (1985) sieht wie Bowlby (▶ Kap. 8.2.4) Säuglinge und Kleinstkinder ausgestattet mit der Fähigkeit, mit der primären Versorgungsperson – in der Regel ist dies die Mutter – in einen engen interaktiven Austausch zu treten. Er geht noch über Bowlby hinaus, indem er verschiedene Stufen der Selbstentwicklung für ein sich von Geburt an entwickelndes Selbstverständnis und seiner Bezogenheiten zu anderen bis zum Ende des Kleinkindalters postuliert (Bretherton, 1987). Frühkindliche Affekte dienen Lichtenberg (1991) als »Intensivierer« kindlicher Aktivität im präsymbolischen Entwicklungsabschnitt.

> »Von Geburt an spielen die physiognomischen Ausdrucksaspekte der Affekte bei der Interkommunikation zwischen Säugling und Familie eine wichtige Rolle. Der Säugling fühlt Affekte; die Eltern fühlen und benennen Affekte. Beim Säugling

werden Affekte im Rahmen perzeptuell-behandlungsbezogener Modi in zunehmend komplexere Zusammenhänge integriert« (Lichtenberg, 1991, S. 157).

Die Entwicklung eines Ichs – und daraus hervorgehend eines umfassenderen Selbst – erfolgt durch die von frühester Kindheit an gegebene Auseinandersetzung des Säuglings und Kleinkindes mit seiner ihn unmittelbar umgebenden Umwelt. Die Qualität der frühkindlichen Beziehungserfahrungen sind entscheidend für die Grundlage eines sich entwickelnden Ich-Gefühls. Sie sind die grundlegenden Eindrücke, die die Ich- und Affektentwicklung entscheidend beeinflussen. Stern (1985) zufolge konstituiert die früheste Beziehungserfahrung den Kern eines sich entwickelnden Selbst. Das 2 bis 3 Monate alte Kleinkind empfinde ein Grundgefühl für ein Kernselbst, basierend auf dem Erleben einer Selbst-Instanz, einer Selbst-Kohärenz, Selbst-Geschichte und Selbst-Affektivität. Diese vier Komponenten zusammen konstituieren nach Stern das Kernselbst (Bretherton, 1987).

Um den 9. Lebensmonat herum ergeben sich wichtige Veränderungen durch zunehmendes Verständnis des Kindes für intentionale Botschaften. Mütter erkennen intuitiv die Veränderungen bei ihrem Kleinkind, wenn sie sich in die affektive Situation des Kindes einfühlen. Gemeint ist nicht, dass sie die Affekte des Kindes imitierten, sondern ihren Affekt mit dem des Kindes abstimmten (*affect attunement*) (Bretherton, 1987).

»Affektabstimmung [affect attunement; d. Verf.] unterscheidet sich vom mütterlichen Spiegeln oder mütterlicher Imitation spezifischer kindlicher Verhaltensweisen, da eine andere Modalität gemeint ist. ... Die Mutter trifft die aktuelle Rhythmik, das Intensitätsmaß und die Dauer der Aktion sowie die räumliche Wirkung ... des Verhaltens ihres Kindes (Stern, 1985). ... die meisten Mütter waren sich gar nicht ihres Affekterspürens bewusst. ...

Mütter spüren sich nicht nur in kategoriale Affekte (Freude, Traurigkeit) ein, sondern auch in dynamische kinetische Gefühlsqualitäten, die Stern als *Vitalitäts-Affekte* bezeichnet (die als kräftig, zart oder lethargisch bezeichnet werden können). Es wird deutlich, dass dieses Affektspüren eine wichtige Rolle für die Entwicklung der Wahrnehmungsfähigkeit des Säuglings einnimmt, dass Gefühlszustände mit anderen Menschen geteilt werden können« (Bretherton, 1987, S. 1078; Hervorh. b. d. Autorin; Übers. v. d. Verf.).

Der Mutter bzw. der primären Versorgungsperson kommt die größte Bedeutung im jungen Leben des Neugeborenen zu (Bowlby, 1969; Bretherton, 1987; Field, 1987; Stern, 1971; 1985; 2016; Lichtenberg, 1991;

Kernberg, 2016). In diesem sehr frühen Lebensabschnitt besteht eine extrem hohe Sensibilität für jeden von außen kommenden Reiz beim Säugling, entsprechend wirken sich zu viele oder zu wenige Stimulationen durch die Mutter ungünstig aus (Field, 1987). Die Kleinkindforschung hat auf eindrucksvolle Weise die Bedeutung der subtilen Mutter-Kind-Interaktionen belegt.

»... die Mutter variiert Modalität, Intensität, Komplexität, Tempo usw. ihrer Stimulation des Kindes, um die Aufmerksamkeit des Kindes zu erhalten oder wiederherzustellen und um affektive Antworten zu erhalten. Das Kind auf der anderen Seite liefert der Mutter eine ganze Spannbreite an stimulierenden Verhaltensweisen, die Hinweise an die Mutter darstellen, wie und ob sie ihr eigenes Verhalten modifizieren soll. Nach Stern und Kollegen (Stern et al., 1985) stimmt sich das Verhalten der Mutter mit der Form, Intensität oder zeitlichen Merkmalen ihres Kindes ab (Dauer, Takt oder Rhythmus). Diese *Affektabstimmung* [*affect attunement*, d. Verf.] wurde von Stern und Kollegen einer Annäherung innerer Befindlichkeiten zugeschrieben (1985)« (Field, S. 976; Übers. v. d. Verf.; Hervorh. b. d. Autorin).

Auch Lichtenberg (1991) betont den reziproken Austausch zwischen Kind und Mutter.

»Allerdings tun Säuglinge mehr, als die Kommunikation ihrer Bezugspersonen zu empfangen, sich daran zu erfreuen und darauf zu reagieren. Sie signalisieren ihre Vorlieben ganz aktiv, um dadurch Reaktionen hervorzurufen (Moss & Robson, 1968). Von Geburt an findet ein *reziproker* Austausch statt, der Säugling wird dabei von den verbalen und nichtverbalen Kommunikationen der Bezugsperson reguliert, gibt aber seinerseits auch der Bezugsperson den Einsatz« (Lichtenberg, 1991, S. 45; Zitat dort; Hervorh. b. d. Autor).

Einen sehr ähnlichen Ansatz verfolgt das Konzept der *Affektspiegelung* (Stern et al., 1985; Fonagy et al., 2008). Fonagy und Mitarbeiter gehen davon aus, dass die emotionsspiegelnden Verhaltensäußerungen der Mutter einen signifikanten Einfluss auf die Selbstentwicklung und die affektive Selbstregulierung ausüben. Die Internalisierung der spiegelnden Reaktion der Mutter auf den Distress des Säuglings werde zur Repräsentanz eines inneren Zustands. Die empathische Emotion der Mutter vermittle dem Säugling ein Feedback seines emotionalen Zustands. Die einfühlsame mütterliche Mimik werde zum Signifikanten seiner eigenen emotionalen Erregung.

Die Problematik des hier behandelten Themas der Affektnachahmung, Affektabstimmung bzw. -spiegelung, Affektangleichung oder Affektansteckung diskutiert Stern (2016) ausführlich. Wie komme es genau zustande, was hier unter verschiedenen Begrifflichkeiten verstanden werde? Man wisse immer noch nicht, wie diese Vorgänge vonstatten gingen.

> »Aufgrund welcher Handlungen und Prozesse merken andere Menschen, daß man etwas ganz ähnliches wie sie selbst empfindet? Wie kann man sich in das subjektive Erleben anderer Menschen ›hineinversetzen‹ und ihnen, ohne Worte, zu verstehen geben, daß man es mit ihnen teilt? Schließlich sind die Säuglinge, von denen wir sprechen, erst neun bis fünfzehn Monate alt« (Stern, 2016, S. 198).

Nicht zu hinterfragen ist es, *dass* es eine Art von Interaktion und Aufeinander-Abstimmung zwischen Mutter und Kind gibt, die essenziell für die psychische – und auch körperliche – Entwicklung des Kindes ist (s. nachfolgender Abschnitt).

Auf jeden Fall ist die affektive Abstimmung zwischen Mutter und Kind für die *Selbstentwicklung* von entscheidender Bedeutung.

> »In dem Stadium, das wir hier betrachten, ist dem Säugling nicht bewußt, daß er den subjektiven Zustand der Anderen erblickt. Er weiß wahrscheinlich noch nicht einmal, daß andere Menschen Gefühle haben. Auf dieser Ebene der menschlichen Nähe wird der subjektive Zustand des Anderen automatisch auf das Selbst bezogen« (Fonagy et al., 2008, S. 135).

»Selbst« meint in diesem frühen Lebensabschnitt ein noch unausgebildetes diffuses Innen im Unterschied zum Außen und natürlich noch nicht die Herausbildung eines Selbst nach kognitiver Reifung, Lernerfahrungen und der Ausbildung grundlegender psychischer Strukturen.

Winnicott (1967) war der Auffassung, dass der Säugling, wenn er die Mutter anschaut, die wiederum ihn anschaut, *sich selbst* in ihrem Gesichtsausdruck sehe.

> »Die Mutter schaut das Kind an, und wie sie schaut, hängt davon ab, was sie selbst erblickt« (Winnicott, 1967, S. 129).

Fonagy et al. (2008) sind nicht der Meinung Winnicotts, dass der Säugling in der Lage wäre, über den spiegelnden Gesichtsausdruck der Mutter *sich selbst* zu erkennen. Ein so junges Kind sei kognitiv auch noch nicht in der Lage, in einem Spiegel sich selbst zu erkennen, geschweige denn, sich selbst im Gesicht der Mutter zu erkennen. Überhaupt sei der Spiegelbegriff »irreführend«. Keine Mutter sei in der Lage, den zeitlichen, räumlichen und sensorischen Intensitätsparametern der Verhaltensäußerungen des Säuglings exakt entsprechen zu können. Des Weiteren würde die Bemühung einer Mutter, den Gefühlsausdruck ihres Babys so exakt und authentisch wie möglich zu treffen, die Wahrscheinlichkeit einer Fehlattribuierung drastisch erhöhen, weil der Säugling den Affektausdruck seiner Mutter als einen realistischen Gefühlsausdruck identifizieren und der Mutter folglich den entsprechenden dispositionellen Emotionszustand zuschreiben würde (obwohl dies gar nicht der Fall sein muss).

Verzerrte, inkongruente Affektspiegelungen durch das Mutterobjekt werden als »deviante Spiegelungen« angesehen (Fonagy et al., 2008), die tiefgreifende Störungen in der frühen Selbstentwicklung nach sich ziehen könnten, etwa die Entwicklung eines falschen Selbst oder einer Borderline-Persönlichkeitsstörung.

Bindungstheoretische Beiträge

Die *Bindungstheorie* verfolgt die beschriebenen frühen Abstimmungsprozesse zwischen Kind und Mutter auf ganz ähnliche Weise. Sie befasste sich bereits in den 50er und 60er Jahren des letzten Jahrhunderts mit dem zentralen Thema der ganz frühen Mutter-Kind-Beziehung (Bowlby, 1952; 1969; Ainsworth, 1967; 1973; Bretherton, 1987; Grossmann & Grossmann, 2008; Salter Ainsworth et al., 2013). Der britische Psychoanalytiker John Bowlby und die US-amerikanisch-kanadische Entwicklungspsychologin Mary Dinsmore Salter Ainsworth legten den Grundstein dieses Ansatzes mit dem Studium der frühen Mutter-Kind-Beziehung bzw. den Auswirkungen einer Trennung des Kleinkindes von seiner Mutter. Eine empirische Grundlage dieses Wissens wurde von Ainsworth aufgrund der Ergebnisse einer Felduntersuchung an Müttern und ihren Kindern in den 50er Jahren in Uganda gelegt (1967). Dabei zeigte sich die große Bedeutung des Zusammenhangs der qualitativen Verhaltensweisen der Mütter und dem kindlichen, affektiven Ausdrucksverhalten (Signalen) der Kinder. Der britische Psychoanalytiker John Bowlby verband klassisch-psychoanalytisches Wissen mit evolutionsbiologischem Denken, indem er phylogenetisch-ethologische, psychologische, ontogenetische und klinische Perspektiven heranzog (Grossmann & Grossmann, 2008).

Unter der Bezeichnung *innere Arbeitsmodelle (internal working models)* (Bretherton, 1987; Grossmann & Grossmann, 2008) wird ein Modell für die Effekte der Mutter-Kind-Interaktion postuliert, das dem der Affektspiegelung sehr ähnlich ist und sich doch ganz wesentlich davon unterscheidet. Mit »Arbeitsmodell« sind Empfindungen über sich selbst und die primären Bezugspersonen gemeint, die aus der Mutter-Kind-Interaktion entstehen.

»Z. B. wird ein Kind, das Bindungspersonen als grundsätzlich abweisend erlebt ein dazu komplementäres inneres Arbeitsmodell des Selbst als unwert herausbilden – und somit innerlich verankern. Ähnlich wird ein Kind, das die elterliche Person als emotional verfügbar und unterstützend erlebt, mit höchster Wahrscheinlichkeit ein Arbeitsmodell des Selbst als kompetent und liebenswert konstruieren. Diese Konstruktion eines komplementären inneren Arbeitsmodells, das das Selbst und die Bezugspersonen repräsentiert, ist ein kontinuierlicher Prozess. Indem sich das Kind entwickelt, erfahren die Bindungsfiguren ebenfalls eine Veränderung: Das Kind wird zunehmend kompetenter, verfügt über mehr differenzierte Eindrücke bezüglich seiner ihm umgekehrt zur Verfügung stehenden Einflüsse darauf, wie die Versorgungsperson mit ihm umgeht. Diese Einflüsse spiegeln sich in seinem (und seiner Eltern) inneren Arbeitsmodell. Zusätzlich wird sich die Qualität der affektiven Beziehung aufgrund der Einflüsse durch die jeweils andere Seite ändern« (Bretherton, 1987, S. 1067; Übers. v. d. Verf.).

Innere Arbeitsbilder sind demnach nicht bloß passiv übernommene Konzepte vergangener Erfahrungen, sondern sie werden als aktive *Regelungssysteme* (Grossmann & Grossmann, 2008) angesehen, die unterhalb der bewussten Wahrnehmung arbeiten (Bowlby, 1980). Bereits sehr früh sprach der britische Objektbeziehungstheoretiker Wilfred R. Bion (1962) vom *inneren Raum*, den das Kind im Laufe seiner Entwicklung benötige, um die Fähigkeit zu entwickeln, belastende Situationen und Gefühle auszuhalten. Um diesen inneren Raum aufbauen zu können, seien eine frühe fürsorgliche Beziehung und hilfreiche Mutter-Kind-Interaktionen ausschlaggebend.

Der Unterschied zum Affektspiegelungsmodell liegt eben nicht in der Annahme, den Affektausdruck des Kindes nachzumachen bzw. sich per eigener Mimik damit zu identifizieren, sondern dass *per authentischer eigener Gefühlsbefindlichkeit* von der Mutter bzw. den Eltern *eigene* Emotionen bzw. Affekte ausgedrückt werden, damit dem Kleinkind ein inneres Arbeitsmodell anbietend.

8 Neuere psychoanalytische Sichtweisen und Erkenntnisse

Das Selbst kann sich erst im Laufe günstig voranschreitender Entwicklung des Kleinkindes herausbilden. Wie in den vorgehenden Abschnitten beschrieben, gehen im frühesten Lebensabschnitt auf sehr subtile Art und Weise Empfindungen voraus, die einen Grundstein legen müssen für den sich anschließenden Erwerb eines inneren Raums, der nur durch eine gute Affektabstimmung zwischen Mutter und Kind zustande kommen kann. Sind diese Entwicklungsschritte auf günstige Art und Weise vorangegangen, wirken sich weitere Eindrücke auf die Entwicklung der kindlichen Psyche aus, die interaktiv mit der Hirnentwicklung die Herausbildung eines Ichs ermöglichen.

»Ein Bild vom handelnden Selbst jedoch kann sich der Handelnde nur allmählich erarbeiten, und diese Entwicklung setzt möglicherweise erst nach dem Ende des 1. Lebensjahres ein. Ich glaube, daß dieser außerordentlich bedeutsame Vorgang dann erfolgt, wenn das Kind zu bestimmten affektiv-kognitiven Leistungen im Bereich der Abbildungsfähigkeit in der Lage ist.
[...]
Dieser epigenetische Zeitplan hat nun ganz direkt mit dem zu tun, was wir uns unter den Begriffen ›Es‹ und ›Ich‹ vorzustellen haben, wenn wir sie für das 1. Lebensjahr verwenden wollen. Es gibt verschiedene Versuche, Es und Ich zu definieren (Gill, 1963; Moore & Fine, 1967; Laplanche & Pontalis, 1967), zeitgenössische wie traditionelle. Auf Forschungsergebnisse über das 1. Lebensjahr ist am ehesten derjenige Ansatz anwendbar, der 2 psychische Organisationen annimmt, die sich nach dem vorherrschenden Modus der Spannungsregulierung unterscheiden lassen. Rapaport (1959) schreibt die Tendenz zur unmittelbaren Triebabfuhr (Dringlichkeit) dem Es zu und die Tendenz zum Triebaufschub dem Ich« (Lichtenberg, 1991, S. 77 f.; Zitate b. Autor).

Bretherton (1987) setzt sich auf eine sehr differenzierte Art und Weise mit den verschiedenen Begrifflichkeiten auseinander und bezeichnet die Verwendung der Begriffe Ich und Selbst bei Mahler, Sullivan, Stern und Bowlby kritisch – obwohl selbst Bindungsforscherin – als nur teilweise und unzureichend geklärt.

»Das ausführende System oder Ich, so schlage ich vor, sollte als ein Metasystem verstanden werden, das Entscheidungen bezüglich der Prioritäten zwischen den verschiedenen motivationalen Systemen, die zu einem bestimmten Zeitpunkt aktiv sein wollen oder widersprüchliche Ansprüche an das entscheidungstreffende System aussenden, trifft. Das entscheidungstreffende System [das Ich; d. Verf.] zieht das innere Arbeitsmodell über die externe Welt, wichtiger anderer Objekte und speziell des Selbst hinzu« (Bretherton, 1987, S. 1093; Übers. v. d. Verf.).

Bretherton unterscheidet zwischen Ich und dem Selbst (mich) und dem inneren Arbeitsmodell, das in diesem ganz frühen Entwicklungsabschnitt noch ziemlich primitiv sei.

> »Kleinkinder benötigen eine Versorgungsperson als Hilfsich (Spitz, 1965) oder, in Sterns (1985) Sicht, einen selbstregulierenden anderen, der helfen kann, Prioritäten zu setzen. Aus diesem Grunde spielt das innere Arbeitsmodell bezüglich der vom Kind benötigten Fürsorge, die Beruhigung und der Schutz wie auch ihres Arbeitsmodells von sich selbst als Versorger, eine wichtige Rolle. Nicht nur für die Entwicklung des Arbeitsmodells ihres Babys von sich selbst und das Funktionieren seines Bindungssystems, sondern auch für die Entwicklung der Organisation des ausführenden Kontrollsystems des Babys« (Bretherton, 1987, S. 1093 f.; Übers. v. d. Verf.).

Eine gute und stabile Ich-Entwicklung geht allmählich mit der Entwicklung der *Abwehrfunktionen* einher. Die psychoanalytische Literatur zeigt verschiedene Versuche, eine Entwicklungsabfolge des Auftretens von Abwehrmechanismen zu beschreiben (S. Freud, 1894; 1926; A. Freud, 1936; 1965; Lichtenberg & Slap, 1972; Vaillant, 1992). Lichtenberg (1991) ist der Auffassung, dass die einzelnen Abwehrmechanismen sich nicht als getrennte Einheiten entwickelten, sondern als Komponenten einer allgemeinen Regulierung, die die Entwicklung wahrnehmungsbezogener, kognitiver und emotionaler Kontrollstrukturen voraussetzen, also einer gewissen strukturellen Entwicklung bedürfen. Gleichwohl ist es unstrittig, dass es reifere und unreifere Abwehrmechanismen gibt, die allerdings nicht einer Phasenabfolge aufgrund der zeitlichen Entwicklung unterliegen, sondern abhängig sind vom sich entwickelnden Strukturniveau der Psyche (Tschuschke et al., 2002).

Die fünf wichtigsten Postulate der Bindungstheorie sind nach Grossmann & Grossmann (2008, S. 67 f.):

(1) Für die seelische Gesundheit des sich entwickelnden Kindes ist kontinuierliche und feinfühlige Fürsorge von herausragender Bedeutung.
(2) Es besteht die biologische Notwendigkeit, mindestens eine Bindung aufzubauen, deren Funktion es ist, Sicherheit zu geben und gegen Stress zu schützen.
(3) Eine Bindungsbeziehung unterscheidet sich von anderen Beziehungen besonders darin, dass bei Angst das Bindungsverhaltenssystem aktiviert und die Nähe der Bindungsperson aufgesucht wird.

(4) Individuelle Unterschiede in Qualitäten von Bindungen kann man an dem Ausmaß unterscheiden, in dem sie Sicherheit vermitteln.
(5) Mit Hilfe der kognitiven Psychologie erklärt die Bindungstheorie, wie früh erlebte Bindungserfahrungen geistig verarbeitet und zu inneren Modellvorstellungen (Arbeitsmodellen) von sich und anderen werden.

Als kurze Definition kann das folgende Zitat herangezogen werden.

»Bindung wird als imaginäres Band zwischen zwei Personen gedacht, das in den Gefühlen verankert ist und das sie über Raum und Zeit hinweg miteinander verbindet (Ainsworth, 1979)« (Grossmann & Grossmann, 2008, S. 68).

Die wichtigste Person für das Neugeborene ist diejenige, die die Mutterrolle übernimmt. Entscheidend dürfte vermutlich nicht sein, dass es sich um die leibhaftige Mutter handelt – dies ist aber derzeit noch nicht hinreichend geklärt, immerhin gibt es beim Säugling noch Instinkte –, sondern dass es sich um ein liebevolles, verlässliches und kontinuierlich verfügbares Beziehungsobjekt über einen längeren Zeitraum hinweg handelt und eigene Affekte für den Austausch mit dem Kind einsetzt.

»Die Entwicklung einer sicheren Organisation von Emotionen und Verhalten des Säuglings in Übereinstimmung mit seinen ›wirklichen‹ Bindungserfahrungen wird durch dasjenige mütterliche Verhalten unterstützt, das Ainsworth als die mütterliche Feinfühligkeit gegenüber den Signalen des Säuglings konzipiert hat. Innerhalb feinfühliger Interaktionen berücksichtigt eine Mutter die Gefühle des Kindes, bezieht sie auf sein Erleben und bemüht sich, die Bedingungen nachhaltig zu verbessern, wenn das Erleben negativ ist. Dagegen wird eine sichere Organisation durch geringe Feinfühligkeit behindert. Dies ist der Beginn der Entwicklung des Selbst und des Selbstwertgefühls (Bowlby, 1973/1976)« (Grossmann & Grossmann, 2008, S. 35).

Ungünstige frühe Bindungserfahrungen führen zu Störungen in der Persönlichkeitsentwicklung, was sich in einem gestörten Aufbau von Ich und Selbst und damit einhergehend in defizitären *Bindungsstilen* niederschlägt wie auch in desorganisierenden Affekten (Lichtenberg, 1991). Studien über depressive Mütter von Kleinkindern belegen die negativen Auswirkungen auf die Affektentwicklung des Kindes wie auch auf die Bindungssicherheit.

»Falls z. B. Mütter von Hochrisiko-Kindern [etwa Frühchen oder gesundheitlich schwer behinderte Kinder; d. Verf.] nicht die angemessene Stimulierungs- und

Erregungsmodulation gewährleisten, werden ihre Kinder disorganisiert; die Verhaltensmuster und physiologischen Rhythmen der Mütter und Kinder werden asynchron, es resultieren affektive Störungen und/oder physiologische Desorganisationen beim Kind« (Field, 1987, S. 997; Übers. v. d. Verf.).

Fonagy et al. (2008) schließen, dass Ängstlichkeit bei Kindern mit einer Desorganisation der Bindung zusammenhängt. Auch sehen die Autoren eine Verbindung zwischen defizitärer Bindungsfähigkeit und der Entwicklung von unreifen Abwehrmechanismen, was wiederum auf ein schwach entwickeltes Ich hinweist. Die volle mentale Funktionsfähigkeit sei ebenfalls betroffen, insofern ein defizitäres kindliches Bindungserleben dazu führe, dass die mentalen Zustände anderer kaum unabhängig von den eigenen repräsentiert werden könnten. Diese *Defizite in der Mentalisierungsfähigkeit* haben zwangsläufig negative Auswirkungen auf die sozialen Möglichkeiten des Individuums, da seine mentalen Ressourcen nicht ausreichen, differenzierte oder tiefgehende Bindungen zu anderen herzustellen oder aufrechtzuerhalten. Die Mentalisierungsfähigkeit ist das Ergebnis der Integration von Erfahrungen und Eindrücken von innen und außen, wobei die Fähigkeit entsteht, zwischen beiden zu unterscheiden. Gedanken und Gefühle in sich selbst und anderen können voneinander unterschieden werden. Diese Entwicklung erfolgt nicht entlang eines Zeit- und normalen Reifungskontinuums, sondern entsteht nur durch den Aufbau eines eigenen inneren Arbeitsmodells, bei dessen Aufbau die Eltern-Kind-Beziehungen entscheidend sind (s. o.).

Die Mentalisierungsfähigkeit ihrerseits hängt eng mit der *Symbolisierungsfähigkeit* zusammen (Tschuschke, 2019). Basch (1975) hat einen sehr interessanten Zusammenhang zwischen der Symbolisierungsfähigkeit und Emotionen hergestellt. Demzufolge würden Gefühle oder Emotionen wie Zorn, Freude usw. erst dann als solche erfasst bzw. verstanden, wenn sie viel später im Leben symbolisch erfasst werden könnten, z. B. ab einem Alter von 2 Jahren, wenn die Fähigkeit des Spracherwerbs genutzt werde.

Die Entwicklung der Mentalisierungsfähigkeit liege ontologisch zeitlich vor der der Symbolisierungsfähigkeit (Borowski et al., 2010) und sei ein Produkt der Selbstregulation (Fonagy et al., 2004). Diese Annahme ist allerdings nicht unumstritten (▶ Kap. 16.2).

Unsichere Bindungsstile führen zu Deformationen in der Affektentwicklung.

»Das heißt also, eine unsichere Bindung, die sich aufgrund chronischer abnormaler Interaktionen in der frühen Bindung entwickelt, verstärkt das negative System der Affekte und führt zu einer Verstärkung des aggressiven Teils des inneren Erlebens, das weiterhin die Spaltung benötigt. Und somit bleibt diese frühe Situation stabil und gelangt nicht zur normalen Integration. Hier haben wir also bei abnormaler Bindung ein wichtiges ätiologisches Element für die chronische Prädominanz des aggressiven Sektors bei der Entwicklung einer inneren Welt« (Kernberg, 2016, S. 51).

Kleinkindforschung: Entwicklung des Selbst und die Rolle der Affekte

Ein Wissen über das eigene Selbst bekommt das Neugeborene nicht mit auf den Weg, es ist nicht angeboren (Fonagy et al., 2008), sondern wird erst ermöglicht durch vorangegangene geglückte, kohärente, affektauthentische, längere und intensive Interaktion mit dem Mutterobjekt. In dieser Zeit reift das Gehirn, die Erfahrungen und Eindrücke von außen nehmen zu, eine allmähliche Ich-Entwicklung tritt ca. gegen Ende des ersten Lebensjahres ein. Mahler (1968) sieht auf dem Höhepunkt der Symbiose mit der Mutter, etwa nach 4 bis 5 Monaten, ein Mienenspiel bei den meisten Säuglingen, das »differenzierter, beweglicher und ausdrucksvoller« werde, worin sie erste Spuren von »Ich-Zuständen« sieht (Mahler, 1986, S. 21). Lichtenberg (1991) zitiert Mahler, dass vom Anfang eines Ichs gesprochen werden könne, wenn der Säugling »in der Lage sei, auf Befriedigung zu warten und sie vertrauensvoll zu erwarten« (Lichtenberg, 1991, S. 15). Erst im Alter von ca. 16 bis 18 Monaten werde ein »idealer Zustand des Selbst« erreicht. Das psychische Selbst umfasst nach Rudolf et al. (2002) »die geistigen, moralischen, sozialen Aspekte der Person und ihrer Autonomie im Umgang mit der Objektwelt« (Rudolf et al., 2002, S. 21).

>»Das Erleben des Selbst ist gebunden an die Entwicklung eines **seelischen Binnenraumes**, d. h. einer inneren Bühne, auf die die eigenen Gedanken, Fantasien, Erinnerungen, Objektbilder, Selbstaspekte, etc. interagieren und von einem introspektiven Ich differenziert wahrgenommen werden können ... «
>(Rudolf et al., 2002, S. 20; Hervorh. b. d. Autoren).

Die Voraussetzungen für die Entwicklung eines Selbst sind – wie bereits zuvor ausgeführt – die Entwicklung eines »inneren Arbeitsmodells« bzw.

eines »seelischen Binnenraumes« sowie die dann mögliche Entwicklung eines Ichs.

Fortschritten der Selbstentwicklung liegen nach Auffassung der Emotionsforscher Lewis und Brooks (1978) Entwicklungsfortschritte in der emotionalen Entwicklung zugrunde. Lewis und Brooks beziehen ihre Perspektive aus der Tatsache, dass der Säugling bis zum Alter von 3 Monaten noch kein Empfinden im Sinne ausgebildeter Gefühle besitze. Diese Auffassung ist zweifellos von anderen empirischen Evidenzen gestützt. Vom 4. bis zum 8. Monat nehme durch die soziale Aktivität des Kleinkindes eine Unterscheidungsfähigkeit zwischen Selbst und anderen zu, obwohl hier noch nicht von einem »Selbst« im eigentlichen Sinne gesprochen werden könne. In der Zeit zwischen dem 9. und dem 12. Monat ziehe das Kind vermehrt soziale Kategorien heran, wenn es sich selbst und andere bewerte. Das zweite Lebensjahr schließlich sei durch repräsentationales Verhalten gekennzeichnet: Mit zunehmendem Wissen um das eigene Selbst würden die Grundlagen für das Sich-selbst-Wiedererkennen (im Spiegel oder Foto) – das *kategoriale Selbst* – gelegt.

Am Fuße der Entwicklung des Selbst geht es zunächst um das *existenzielle Selbst*, womit die Getrenntheit des Selbst von anderen Menschen und Objekten gemeint ist. Diese Selbst-Andere-Unterscheidung muss sich vor der nächsten Stufe etablieren. Der entsprechende Prozess findet ca. um den 8. oder 9. Lebensmonat herum statt. Er manifestiert sich in der sogenannten *Selbstpermanenz*. Selbstpermanenz – ähnlich wie Objektpermanenz bzw. Objektkonstanz – etabliert einen der ersten persönlichkeitsbezogenen Entwicklungsschritte des Kindes: Die Fähigkeit, eine eigene Identität aufrechtzuerhalten, unabhängig von der Situation, den Personen oder von Austauschprozessen mit der Umwelt. Diese Selbstpermanenz (oder Selbstkonstanz) ist die Voraussetzung für die Entwicklung des kategorialen Selbst.

> »Das kategoriale Selbst ist derjenige Aspekt der Selbst-Identität, der aufgrund der Art und Weise entsteht, wie wir über uns selbst denken. Solche normalen und frühen Kategorien scheinen Geschlecht, Alter, Kompetenz und Werte wie gut und schlecht und viele andere miteinzuschließen« (Lewis, 1987, S. 428 f.; Übers. v. d. Verf.).

Sich stabilisierende Gefühlszustände (zwischen dem 4. und 12. Lebensmonat) tragen zur Entwicklung eines Gefühls der Kontinuität und der Entwicklung eines Selbstkonzepts bei, indem z. B. stabile Bezüge innerhalb des Selbst etabliert werden. Solche Bezüge scheinen notwendig zu sein, um sich und andere unterscheiden und Beziehungen mit der sozialen und physischen Welt aufnehmen zu können. Dazu trägt die Kontinuität des eigenen Emotions-Ausdrucksstils in unterschiedlichen Situationen und über die Zeit bei. Die allgegenwärtige Funktion von Emotionen im Rahmen von Motivationen und Anpassung an die Erfordernisse der Umgebung ist hier ebenfalls förderlich (Izard & Malatesta, 1987). Die Bedeutung der Emotionen bei der Ausbildung des Selbst ist essenziell.

»... es scheint sinnvoll zu sein, dass Emotionsausdruck und seine damit einhergehenden Gefühlszustände die Entwicklung eines Selbstkonzepts oder eines affektiv-kognitiven Schemas des Selbst ermöglichen« (Izard & Malatesta, 1987, S. 536; Übers. v. d. Verf.).

Lichtenberg (1991) verdeutlicht die Bedeutung der Affekte bei der Entwicklung des Selbst. Im Zuge des wachsenden Verständnisses eines getrennten Selbst von anderen spielten die Affekte eine sehr große Rolle, da die Affekte des anderen ebenso überprüft würden wie die eigenen.

Bretherton (1987) fand in ihren Kleinkindforschungen, dass um den 2. bis 3. Lebensmonat eine gewisse Veränderung der Art und Weise, wie sich die Babys zu anderen verhielten, erkennbar sei. Sie nähmen Augenkontakt auf, lächelten, gurrten, lernten schneller und zeigten visuelles Abtasten. Stern (1985) geht davon aus, dass das Kleinkind zu diesem Zeitpunkt eine Art von Kernselbst empfinde, basierend auf den bereits erwähnten, von ihm vorgeschlagenen, vier Komponenten Selbst-Instanz, Selbst-Kohärenz, Selbst-Affektivität und Selbst-Geschichte. Ab ungefähr dem 9. Lebensmonat herum fänden auffällige Veränderungen in der Fähigkeit des Kindes statt, Botschaften bzw. Intentionen auszusenden und zu empfangen, quasi der Beginn ersten sozialen Verhaltens (Lewis, 1987; Bretherton, 1987).

Die Bemühungen des Neugeborenen um eine frühe *Selbstorganisation* seien unübersehbar, aber nicht oft erfolgreich (Grossmann & Grossmann, 2008). Damit wird deutlich, dass von einem sehr frühen Zeitpunkt an basale, rudimentäre Fragmente eines Selbst entstehen, die allerdings noch ein gutes Stück von der Ausbildung eines stabilen Selbst entfernt sind. Es benötigt vielfältiger Eindrücke und längerer, kontinuierlicher und sicherer Bindung an die Mutter oder das primäre Versorgungsobjekt, um parallel und in wechselseitiger Befruchtung mit dem reifenden Gehirn den Kern eines Selbst herauszubilden.

»Kinder, die zu Hause im Zusammenspiel mit der Mutter viele positive, unterstützende und wohlwollende Erfahrungen gemacht haben, vor allem, wenn sie Hilfe brauchten und in schlechter Stimmung waren, zeigten eine angemessenere Selbstorganisation auch in einer Überforderungssituation ohne die Mutter als Kinder, die diese positiven Erfahrungen nicht machen konnten« (Grossmann & Grossmann, 2008, S. 270).

Gegen Ende des ersten Lebensjahres erkannte Winnicott bei manchen Kleinkindern die erfolgreichen Anfänge einer Verstandesentwicklung, eine kleine Persönlichkeit.

»Verstand bedeutet etwas ganz anderes als Psyche. Die Psyche hängt mit dem Soma und mit den Körperfunktionen zusammen, aber der Verstand ist von der Existenz und vom Funktionieren jener Teile des Gehirns abhängig, die auf einer späteren (phylogenetischen) Stufe entwickelt worden sind als die Teile, die mit der primitiven Psyche zu tun haben« (Winnicott, 1984, S. 14 f.).

Ein gutes, haltendes Mutterobjekt (bei Winnicott *holding function*) sei für die personale Entwicklung des Kindes unverzichtbar. Darunter versteht er eine das Kind in seiner Ich-Entwicklung unterstützende Mutter, die es ermögliche, dass das Ich des Säuglings sich frühzeitig stabil und gefestigt entwickeln könne und kein »falsches Selbst« entwickeln müsse, weil das wahre, authentische Selbst nicht entwickelt werden könne. Winnicott steht hier der später entwickelten Bindungstheorie sehr nahe (s. o.).

»Dieses Kind, dessen Ich *wegen der Unterstützung durch die Mutter* stark ist, wird wirklich und wahrhaftig früh es selbst. Wo die Ich-Unterstützung durch die Mutter fehlt, schwach oder lückenhaft ist, kann sich der Säugling nicht auf persönliche Weise entwickeln, und die Entwicklung hängt dann, wie ich gesagt habe, mehr mit der Abfolge von Reaktionen auf ein Versagen der Umwelt zusammen als mit innerem Drang und genetischen Faktoren. Es sind die gut versorgten Babies, die sich rasch an Personen festigen, von denen jedes sich von jedem anderen Säugling unterscheidet, den es je gegeben hat, während die Babies, die unzureichende oder krankhafte Ich-Unterstützung bekommen, einander meist in ihren Verhaltensweisen gleichen (sie sind unruhig, mißtrauisch, apathisch, gehemmt, fügsam)« (Winnicott, 1984, S. 30; Hervorh. b. Autor).

Eine Analogie zu einem guten, haltenden Mutterobjekt sieht Wilfred Bion (1990) im Psychoanalytiker, der in der Lage ist, mit seiner Persönlichkeit wie ein »Behälter« (*container*) für alle vom Patienten vorgebrachten, sehr verwirrt anmutenden Inhalte zu fungieren, völlig ungeachtet der Bedeutung oder Richtigkeit der geäußerten Inhalte, eben der »Behälter eines Teils der Persönlichkeit« des Patienten zu sein (S. 66). Für den Säugling bedeutet dies, dass das Mutterobjekt jede Gefühls- und Empfindensregung des Kindes bedingungslos aus»halten« sollte.

Margaret Mahler (1986) liefert eine hilfreiche Erklärung für die Bedeutung eines haltenden, containenden Objekts in den ersten Lebenswochen und -monaten. Demnach würde bei einem nicht bedingungslosen Halten des Kleinkindes im Kind Konfusionen über die Umgebung und es selbst entstehen, da in der frühkindlichen, symbiotischen Phase die Brust oder die Flasche noch zum Selbst gehörten. Ein versagendes Versorgungsobjekt werfe schwerste Irritationen über das erst in einem sehr frühen Anfangsstadium befindliche Selbst auf, das böse Objekt im Sinne Melanie Kleins (die fehlende Brust, die ja zugleich noch nicht getrennt vom primitiven Selbst ist), werde als bedrohlich, verfolgend und unerträglich erlebt und müsse auf dem Wege der projektiven Identifikation aus dem Selbst herausgeschafft werden (Bion, 1990). Die Basis einer psychotischen Entwicklung – bzw. einer *schizoiden Position* im Sinne Melanie Kleins mit einhergehenden negativen Affekten – wird nach diesem Verständnis bereits in den ersten Lebensmonaten gelegt. Auf diese Weise werde eine Individuation – das Gefühl individueller Identität – nicht erreicht (Mahler, 1986).

Eine weitgehende Etablierung eine eigenen *Identität*, die Festigung des Selbst, sieht Lichtenberg (1991) im Verlaufe des 2. Lebensjahres im Zeitraum zwischen dem 18. und 24. Lebensmonat. Er bezeichnet diese Festigung des Selbstempfindens als *ganzheitliches Selbst*.

> »Das ganzheitliche Selbst [self-as-a-whole] entsteht als Ergebnis von 2 qualitativ unterscheidbaren Entfaltungsbewegungen: die eine beginnt nach der Geburt, die andere während des 2. Lebensjahres, nach dem Erwerb der Abbildungsfähigkeit. Von Geburt an (oder möglicherweise schon während des intrauterinen Lebens) spielt sich auf der Basis von Wahrnehmungs- und Reaktionsbereitschaften ein leistungsfähiges System des Selbst-Objekt-Austausches ein (Stern, 1983)« (Lichtenberg, 1991, S. 104; Zitat dort).

Die *Abbildungsfähigkeit* für die Etablierung der Abgegrenztheit und Objektivität des äußeren Objekts und auch des Selbst scheinen ihm von entscheidender Bedeutung für die Etablierung eines ganzheitlichen Selbst zu sein. Die Abbildungsfähigkeit umfasst nach Lichtenberg verschiedene Selbstaspekte. Da seien das wahrnehmende Ich und ein Selbst, das im Spiegel gesehen werde, es gebe verschiedene Teile des Selbst, z. B. könne ein Teil des Selbst (ein Finger) einen anderen Teil des Selbst berühren (die Nase), ein Teil des Selbst (Finger) könne ein Teil des Nicht-Selbst berühren (z. B. Fleck auf der Nase).

> »Wenn das ganzheitliche Selbst als Merkmal auftaucht, kommt zu diesen Abbildungen das erlebende, geistige Selbst hinzu, das eine neuerliche Erweiterung des wahrnehmenden ›Ich‹ [›I‹] ist« (Lichtenberg, 1991, S. 106).

Die Komplexität des verschiedene Aspekte des Selbst umfassenden »ganzen Selbst« wird in ihren Bezügen zum Ich und zu den Affekten deutlich.

> »Im ›ganzen Selbst‹ spiegelt sich, wenn es erst einmal erlebt wird, die Person in umfassender Ganzheit, so weit das zum jeweiligen Zeitpunkt möglich ist. Zum Zeitpunkt seiner Entstehung umfaßt es das ›Ich‹ [›I‹], das als handelnde Leitfigur die bestehenden zeichen- und signalbestimmten kognitiven, affektiven und handlungsbezogenen Muster ausführt, und es umfaßt das ›Selbst‹, dem gegenüber andere (oder das ›Ich‹ [›I‹]) handeln. Wenn sich die symbolische Repräsentation und das Denken entwickeln, kommt ein ›geistiges Selbst‹ hinzu. ... Mit anderen Worten, die Funktion des ganzheitlichen Selbst besteht in erster Linie darin, alle bestehenden Funktionen in eine Organisation zu integrieren, die so flexibel wie möglich bleiben soll« (Lichtenberg, 1991, S. 132; Hervorh. b. Autor).

Im Rahmen der Selbstentwicklung ist bereits verschiedentlich von der damit verbundenen *Identitätsentwicklung* die Rede gewesen. Die Identitätsentwicklung wird in den meisten Lehrbüchern im Rahmen der Entwicklung im Jugendalter behandelt (Grossmann & Grossmann, 2008). In Wirklichkeit beginnt die Identitätsentwicklung ganz früh und bereits von Geburt an und ist untrennbar mit der Entwicklung des Selbst verbunden. Dies gilt entsprechend auch für die Entwicklung der Geschlechtsidentität. Auch wenn das Thema Geschlechtsidentität heute mit sehr viel ideologischem Ballast befrachtet ist, kann man inzwischen doch auf einen breiten Fundus an medizinisch-psychologischen Befunden zurückgreifen, der die biologische, anlagebedingte Annahme der geschlechtlichen Identität für die allermeisten Fälle zurückweist und sehr frühe Aspekte der Selbst- und Identitätsentwicklung ins Auge fasst (Bosinski, 2000; Hartmann & Becker, 2002; Tschuschke, 2019). Lichtenberg (1991) führt empirische Belege für die sehr frühe »Zuschreibung« von geschlechtlicher Identität an.

»In unserem Verständnis jedoch hat sich bis zum heutigen Zeitpunkt die differenzierende Wirkung der Rollenzuschreibung am stärksten niedergeschlagen (Stoller, 1968). Es wird beschrieben, dass Mütter bei 6 Monate alten Mädchen stärker als bei Jungen dazu neigen, physische Nähe aufrechtzuerhalten (Goldberg & Lewis, 1969). Gegen Ende des 1. Lebensjahres ist die ›Mädchenhaftigkeit‹ und ›Jungenhaftigkeit‹ fester Bestandteil des sozialen Zusammenspiels zwischen Kleinkind und Familie (Fast, 1979). In freien Spielsituationen bleiben Mädchen nah bei ihren Müttern, während sich Jungen weiter entfernen und kürzere Zeit in physischem Kontakt zu ihren Müttern bleiben (Messer & Lewis, 1970)« (Lichtenberg, 1991, S. 46; Hervorh. und Zitate dort).

Die von Lichtenberg angesprochenen spezifischen Verhaltensweisen von Müttern ihren Töchtern und Söhnen gegenüber wird im Zusammenhang mit den Balint'schen Konzepten *Oknophilie* und *Philobatismus* noch im Kapitel 8.3.2 eingehender zu behandeln sein (► Kap. 8.3.2).

8.2.4 Die Rolle der Objektbeziehungen und die Ausbildung intrapsychischer Instanzen

Die Bedeutung der Objektbeziehung für das Überleben wie für eine gesunde psychische Entwicklung ist bereits mehrfach angeklungen. Eine alleinige triebtheoretische Erklärung menschlichen Verhaltens und Erlebens wird stets zu kurz greifen. In der Evolutionshierarchie weisen höher entwickelte Arten eine immer ausgeprägtere soziale Natur auf. Bei immer differenzierter und höher entwickelten Arten bewirken die sozialen Beziehungen zu Artgenossen nicht nur einen Überlebensvorteil für das individuelle Lebewesen, sie ermöglichen auch zunehmend Ausdifferenzierungen auf phylogenetischer wie ontogenetischer Ebene. Winnicott sah in der Verletzlichkeit und der daraus resultierenden Nähe- und Schutzbedürftigkeit des Menschen das wahre Potenzial für die Beziehung zu anderen Menschen.

Die intensivsten – und vielleicht fruchtbarsten – Spannungen innerhalb der psychoanalytischen Community ergaben sich aus den dialektischen Auseinandersetzungen zwischen dem ursprünglichen Freud'schen Modell, das seinen Ausgangspunkt mit den instinktgebundenen Trieben nimmt, und dem alternativen, kompakten Konzept, das durch Fairbairn und Sullivan angestoßen wurde, das davon ausgeht, dass die psychische Struktur ausschließlich aus den Beziehungen mit anderen resuliert (Greenberg & Mitchell, 1983). Mit der Zeit hat sich in der Psychoanalyse die Einsicht durchgesetzt, dass menschliche Entwicklung mit ihren basalen neurologischen Voraussetzungen zur Ich- und Selbstentwicklung Objekte der Umwelt benötigt.

»Menschen reagieren auf und interagieren nicht nur mit einem aktuellen anderen, sondern auch mit einem inneren anderen, einer psychischen Repräsentanz eines anderen, was die Kraft in sich trägt, beide Seiten zu beeinflussen, die affektiven Zustände wie auch die nach außen erkennbaren Verhaltensweisen.
Allgemein wird anerkannt, dass die inneren Bilder ein Überbleibsel der erlebten Beziehungen mit wichtigen anderen sind. In gewisser Weise hinterlassen wichtige Austauscherlebnisse mit anderen ihre Spuren; sie sind ›internalisiert‹ und formen nachfolgende Einstellungen, Reaktionen, Wahrnehmungen usw.« (Greenberg & Mitchell, 1983, S. 10 f.; Hervorh. bei den Autoren; Übers. v. d. Verf.).

Die Notwendigkeit einer Beziehung mit anderen wird für die menschliche Spezies als existenziell notwendig angesehen (Fonagy et al., 2008). Hierzu sei ein *repräsentationales System* vonnöten, das quasi als Filter zwischen dem Phäno- und dem Genotyp fungiere. Die mentale Verarbeitung von Erfahrungen, wie sie mit der Umwelt und anderen gemacht würden, sei für die Expression des genetischen Materials von entscheidender Bedeutung. D. h. nichts weniger, als dass der Mensch zu seiner Existenz und zur Entfaltung seiner Möglichkeiten die genotypischen Merkmale (Gesamtheit der Erbfaktoren) erst im Zusammenwirken mit Umwelteinflüssen (Phänotyp) zur Entfaltung bringen kann. Hierzu benötigt er unverzichtbar die Qualität der frühen Objektbeziehungen. Fonagy et al. sehen die Hervorbringung eines solchen Repräsentationssystems als die wahrscheinlich wichtigste evolutionäre Funktion der Bindung an eine Betreuungsperson an.

Andere Menschen und die Beziehung zu ihnen spielen die entscheidende Rolle für die psychische, soziale, aber auch physische Gesundheit. Es geht offenbar längst nicht mehr nur um das physische Überleben, zumindest beim Menschen nicht. Die psychosoziale Bedeutung der Beziehung zu anderen und ihre Qualität ist nach der Sicherstellung von Überleben und Sicherheit *der* zentrale Aspekt für die Entwicklung des Individuums. Durch sozialen Austausch werden Eindrücke vermittelt, die Wissen vermitteln,

Bewertungen und Sinnstiftungen transportieren und ermöglichen. Identifikatorische Prozesse sind existenziell notwendig, sie fördern eine innere Strukturbildung, die Entwicklung einer eigenen Identität. All diese Phänomene sind nur möglich auf der Basis von emotionalen Prozessen, die durch Eindrücke von außen und mit anderen entstehen.

Auch bessere geistige Entwicklungschancen gehen beim menschlichen Individuum mit Emotionen einher, und dies in besonderem Maße, wenn diese an Eindrücke und Erlebnisse mit Objekten der Außenwelt verknüpft sind.

Durch die Ergebnisse der empirischen Säuglingsforschung und objektbeziehungstheoretische Entwicklungen erlangte der Begriff der *intrapsychischen Repräsentanz* eine große Bedeutung, und in einem ganz anderen Sinne, als er ursprünglich einmal von Freud verwandt wurde (Kurthen, 2008). War bei Freud von »Triebrepräsentanz« die Rede, so wird der Begriff der Repräsentanz in der Psychoanalyse heute stets im Zusammenhang mit den Begriffen »Selbst-« und »Objektrepräsentanz« verwendet. Wie die Kleinkindforschung zeigt (s. oben) ist der Säugling nicht nur dazu in der Lage, sich eine innere Welt zu schaffen, er benötigt diese essenziell, um sich entwickeln und in der Welt überleben zu können. Innere Repräsentanzen wichtiger Objekte (belebter wie unbelebter) der Umwelt sind allerdings nicht vom Lebensbeginn an vorhanden.

> »Klare, differenzierte und kognitiv organisierte Repräsentanzen in einem Gefüge, das parallel zum Erleben besteht, gibt es während des ersten Lebensjahrs wahrscheinlich nicht« (Lichtenberg, 1991, S. 51).

Hier streiten sich die Säuglingsforscher allerdings. Stern (1985) geht davon aus, dass vom Beginn der frühesten Kindheit an die Welt der Wissensstruktur für den Säugling eine soziale sei, zwar nicht zusammengesetzt aus verallgemeinerten Repräsentanzen erlebter Ereignisse, aber zusammengesetzt aus verallgemeinerten Interaktionsrepräsentanzen (*generalized interaction representations – GIR*).

Selbst- und Objektrepräsentanzen werden allerdings im allgemeinen Verständnis der Kleinkindforschung erst im Laufe des 2. Lebensjahres herausgebildet.

> »Ich habe ... dargelegt, daß intrapsychische Repräsentanzen erst *nach* dem Ende des 1. Lebensjahres entstehen. Aber es gibt andere Fähigkeiten, bei denen weniger

gesichert erscheint, wann sie zuerst auftreten – vielleicht gehören sie im 1. Jahr zum Repertoire des Kleinkinds, vielleicht auch nicht. Zu dieser Gruppe würde ich die Phantasie, die Emotion (im Gegensatz zu affektiven Reaktionsmustern), die Antizipation als Fähigkeit auf der Vorstellungsebene (im Gegensatz zu einer Handlungskompetenz auf der Verhaltensebene), die Organisation des Gedächtnisses und den Gebrauch spezifischer Abwehrmechanismen zählen« (Lichtenberg, 1991, S. 62; Hervorh. b. Autor).

Klar erkennbar wird bei diesen Ausführungen die Annahme, dass die Fähigkeit zur Repräsentanzbildung entwicklungsabhängig ist. Aber wohl weniger von einer biologischen Entwicklung, sondern hauptsächlich abhängig von einem angemessenen Stimulus-Niveau, das in einer sicher gebundenen verlässlichen Beziehung mit den wichtigsten Versorgungsobjekten einen inneren Raum zu entwickeln hilft, der die Basis für die Reifung einer individuellen, strukturellen psychischen Entwicklung bietet. Auch wird bei den Ausführungen von Lichtenberg deutlich, dass ichstrukturelle Entwicklungen stattfinden müssen, um differenzierte Abwehrmechanismen und reife Emotionen (im Unterschied zu den vom Lebensbeginn an vorhandenen undifferenzierten Affekten) entwickeln zu können.

Die Rolle von Emotionen für Repräsentanzenbildungen wurde bereits früher angesprochen, z. B. für die Gedächtnisbildung (▶ Kap. 1.2). Auch die Symbolisierungsfähigkeit als ein Merkmal psychischer Differenziertheit wurde bereits erwähnt.

Die sehr komplexen Verbindungen zwischen Affekten und psychischen Repräsentationen sehen Fonagy et al. (2008) als grundlegend für die Entwicklung von Reflexionsfähigkeiten.

»Die Entwicklung der Fähigkeit, eigene Affekte und die Affekte anderer Menschen zu verstehen, ist vielleicht ein gutes Beispiel für die Rolle, die der repräsentationalen Vernetzung für die Entwicklung von Reflexionsfähigkeiten zukommt (Gergely & Watson, 1996; Target & Fonagy, 1996). So ist die Angst für das Kleinkind eine verwirrende Mischung aus physiologischen Veränderungen sowie Vorstellungen und Verhaltensweisen. Wenn die Mutter die Angst des Kindes spiegelt, organisiert dessen Wahrnehmung dieser Spiegelung sein Erleben: Es ›weiß‹ nun, was es fühlt. Die Repräsentation des kindlichen Affekts durch die Mutter wird also ihrerseits vom Kind repräsentiert und mit der Repräsentation seines Selbstzustandes koordiniert« (Fonagy et al., 2008, S. 43).

Affektive Repräsentationen wichtiger Versorgungsobjekte werden also im Kleinkind zu intrapsychischen Repräsentationen, zu Repräsentanzen von

Objekten und Beziehungsstrukturen (nach Stern der GIR) der sich daran orientierenden reifenden Selbstrepräsentanz.

> **Zusammenfassung**
>
> - Freuds Theorien zu Affekten bleiben in sich unklar. Insgesamt betrachtet, hat er in seinen theoretischen Entwürfen nicht die Bedeutung erkannt, die den Affekten für die psychische Entwicklung zukommt. Entsprechend führten nachfolgende theoretische Überlegungen zu mancherlei theoretischen Spekulationen.
> - Die klinische Bedeutung von Affekten, die sich in der Behandlungspraxis zeigt, steht der theoretischen Fundierung bei Freud diametral gegenüber.
> - Theoretische Entwicklungen der nachfreudianischen Ära ergaben ein weiterhin bestehen bleibendes Chaos und eine Art Wildwuchs an theoretischen Spekulationen, die z. T. immer noch auf Freuds Triebkonzept rekurrierten, teilweise aber auch neuere Perspektiven der ichpsychologischen und objektbeziehungstheoretischen Modelle als Grundlage für die Entstehung und Bedeutung von Affekten eröffneten.
> - Die grundlegende Tendenz aller psychoanalytischen Sichtweisen von Affekten als eher problematisch aufzufassende psychische Phänomene blieb bestehen.
> - Die empirische Kleinkindforschung brachte – unter Bezugnahme auf objektbeziehungstheoretische Überlegungen – eine Wende in der Sicht auf die Affekte.
> - Die Bedeutung der Affekte für die ganz frühe Beziehungsaufnahme mit den primär versorgenden Bezugspersonen wurde entdeckt, insbesondere die Signalfunktion der Affekte.
> - Die Bedeutung der ganz frühen Beziehungsgestaltung für die Ich- und Selbstentwicklung rückte die Qualität der Beziehung in den Fokus und damit auch die der Affekte in der Beziehung.
> - Die Qualität der Affekte in der Beziehungsgestaltung – und damit in der Bindungserfahrung – erwies sich als entscheidend für die strukturelle psychische Entwicklung des Kleinkindes wie z. B. der Mentalisierungs- und Symbolisierungsfähigkeit.

- Zusammenhänge zwischen Emotionen und Kognitionen spielen bei der Ich- und Selbstentwicklung eine wichtige Rolle.
- Beziehungs- und Bindungsqualität werden durch die Qualität der Affekte der beteiligten Interaktionspartner (in der Regel Mutter und Kind) moderiert und sind die Wegbereiter für die Entstehung psychischer Repräsentanzen des Selbst und von Objekten der Außenwelt.
- Das Verständnis desorganisierender Bindungsstile und ihrer Auswirkungen auf die Persönlichkeitsentwicklung wird durch die misslingende Affektabstimmung zwischen Mutter und Kind erklärbar.

Literatur zur vertiefenden Lektüre

Bowlby, J. (2016). *Frühe Bindung und kindliche Entwicklung*. 7. Auflage. München: Ernst Reinhardt.
Bretherton, I. (1987). New perspectives on attachment relations: Security, communication, and internal working models. In: J. D. Osofsky (Ed.). *Handbook of infant development* (S. 1061–1100). 2nd edition. New York/NY: John Wiley & Sons.
Field, T. (1987). Affective and interactive disturbances in infants. In: J. D. Osofsky (Ed.). *Handbook of infant development* (S. 972–1005). 2nd edition. New York/NY: John Wiley & Sons.
Fonagy, P., Gergely, G., Jurist, E. L. & Target, M. (2002). *Affektregulierung, Mentalisierung und die Entwicklung des Selbst*. Stuttgart: Klett-Cotta.
Fonagy, P., Gergely, G., Jurist, E. J. & Target, M. (2008). *Affektregulierung, Mentalisierung und die Entwicklung des Selbst*. 3. Auflage. Stuttgart: Klett-Cotta.
Grossmann, K. & Grossmann, K. E. (2008). *Bindungen – das Gefüge psychischer Sicherheit*. 4. Auflage. Stuttgart: Klett-Cotta.
Izard, C. E. & Malatesta, C. Z. (1987). Perspectives on emotional development I. Differential emotions theory of early emotional development. In: J. D. Osofsky (Ed.). *Handbook of infant development* (S. 494–554). 2nd edition. New York/NY: John Wiley & Sons.
Lichtenberg, J. D. (1991). *Psychoanalyse und Säuglingsforschung*. Berlin: Springer.
Mahler, M. (1986). *Symbiose und Individuation. Psychosen im frühen Kindesalter*. 4. Auflage. Stuttgart: Klett-Cotta.
Spitz, R. (1980). *Vom Säugling zum Kleinkind. Naturgeschichte der Mutter-Kind-Beziehungen im ersten Lebensjahr*. 6. Auflage. Stuttgart: Klett-Cotta.
Stern, D. N. (2016). *Die Lebenserfahrung des Säuglings*. 11. Auflage. Stuttgart: Klett-Cotta.

Winnicott, D. W. (1984). *Familie und individuelle Entwicklung*. Frankfurt/Main: Fischer.
Winnicott, D. W. (2016). *Mirror-role of mother and family in child development. The collected works of D. W. Winnicott*. Volume 8. New York/NY: Oxford University Press.

Weiterführende Fragen

- Wie sind Affekte bei Freud erklärt?
- Welche Neuerungen der psychoanalytischen Theorie der Affekte wurden – im Unterschied zu Freud – von wem eingebracht?
- Sind Affekte eher als negativ zu bewerten?
- Worin besteht der Unterschied zwischen Emotions- und Affektauffassung in der Psychoanalyse?
- Als was werden Affekte in der Kleinkindforschung aufgefasst?
- Was sagt die Kleinkindforschung zur Verbindung zwischen Affekten und Kognitionen?
- Welche Rolle spielen die Affekte in der Kleinkindforschung für die Entwicklung des Ichs?
- Welche Rolle spielen die Affekte in der Kleinkindforschung für die Entwicklung des Selbst?
- Wobei helfen die Affekte in der Mutter-Kind-Beziehung?
- Was führt zu einem falschen Selbst?
- Was führt zu einer Desorganisation der Bindung?
- Wie kommen Objekt- und Selbstrepräsentanzen zustande?
- Wie entsteht ein »innerer Raum«?
- Was ist der Unterschied zwischen Affektspiegelung und Affektabstimmung?
- Was ist der Unterschied zwischen einem »inneren Raum« und dem »inneren Arbeitsmodell«?

8.3 Affekte und Geschlecht

8.3.1 Zur Bedeutung des mütterlichen Erlebens der Geschlechtlichkeit ihres Kindes

Der englische Psychologe Simon Baron-Cohen, ein Autismusforscher, ist davon überzeugt, dass der Autist das wohl maskulinste Gehirn besitzt. Das ist eine ziemlich erschreckende Feststellung, die er aber zu beweisen sucht. Baron-Cohen geht davon aus, dass das männliche Gehirn überwiegend auf das Begreifen und den Aufbau von *Systemen* ausgerichtet ist. Frauen hingegen würden die Welt mit *Empathie* erfassen, also mit der Fähigkeit, die Gefühle und Gedanken eines anderen Menschen zu erkennen und darauf mit entsprechenden eigenen Gefühlen zu reagieren. Sie wollten den anderen Menschen verstehen, sein Verhalten vorhersagen und eine gefühlsmäßige Beziehung zu ihm herstellen.

Männer hingegen wollten Systeme begreifen, sie wollten verstehen, wie die jeweiligen Elemente aufeinander wirken, und sie wollten neue entwickeln. Solche Systeme könnten funktionierende Geräte sein, aber auch mächtige politische Systeme. Baron-Cohen stellt fest, dass sich Empathie in der Praxis am leichtesten auf handelnde Personen anwenden lasse, das Systematisieren am leichtesten auf Aspekte der Umwelt.

Das typisch männliche Gehirn bezeichnet Baron-Cohen darum als »S-Gehirn«, das weibliche als »E-Gehirn«. Diese geschlechtstypischen Prägungen existieren seiner Meinung nach von Geburt an als Folge der Hormonkonzentrationen, denen Föten im Mutterleib ausgesetzt seien. Hohe pränatale Testosteronwerte korrelierten bei den Jungen mit weniger Blickkontakt, geringerem sozialen Interesse sowie niedrigerer sozialer Kompetenz. Niedrigere Testosteronmengen führten bei den Mädchen hingegen zu einem stärker personenorientierten und sozial kompetenteren Verhalten. Geschlechtstypische Prägungen fänden also bereits im Mutterleib statt. Baron-Cohen spricht allerdings abschwächend von Tendenzen, er ist von der Formbarkeit des Gehirns durch soziale Beziehungen überzeugt (Baron-Cohen, 2004).

Jungen sind natürlich darum anders, weil sie fünfzehnmal so viel Testosteron besitzen wie Mädchen. Das formt bereits im Mutterleib ihr

Gehirn und ihr Denken, das sich von Anfang an augenscheinlich mit den leblosen Dingen befasst. Mit ihrem für Mütter befremdlichen Verhalten, so ist zu vermuten, lösen Jungen von früh an auch andere Fantasien bei ihren Müttern aus als Mädchen. Damit würde sich die mütterliche Ambivalenz fortsetzen. Jungen können ihren Müttern wegen ihrer Andersartigkeit zwar faszinierend, jedoch auch fremd und bedrohlich erscheinen. Das Mädchen hingegen ist der Mutter vertraut. Wie stark sich das manifestiert, hängt von den lebensgeschichtlichen Erfahrungen einer Mutter ab, vor allem mit ihrem Vater und dem Erleben seiner Männlichkeit, aber auch mit ihrem Selbstwert und anderen Persönlichkeitsmerkmalen.

Wir nehmen an, dass dieser Prozess bereits beginnt, wenn die Mutter das Geschlecht ihres Kindes kennt und sich erste Fantasien darum ranken. Und wir gehen davon aus, dass der Säugling auch von Geburt an – je nach Geschlecht – unbewusst Akzeptanz oder Ablehnung spürt, dies im Gesicht der Mutter und an ihrem Verhalten erkennen kann.

Halten wir also fest: Der Junge zeigt von Geburt an andere Verhaltensweisen als das Mädchen. Er löst vermutlich andere Fantasien bei der Mutter aus, die durch lebensgeschichtliche Eindrücke ihres Vatererlebens »geprägt« ist. Die Beziehung kann ambivalent werden, denn der Junge ist fremd, aber auch faszinierend. Dies hat wahrscheinlich auch Folgen für die Fantasien des Jungen.

In einer eigenen Untersuchung zu Geschlechtsunterschieden in der Beziehung von Müttern zu ihren Kindern aus dem Jahr 2014 (H. H.) wurde das Folgende empirisch festgestellt, was meine langjährigen klinischen Beobachtungen unterstützt:

- Schon im Alter von sechs Monaten waren erhebliche Unterschiede festzustellen. Die Mütter der Jungen fühlten sich signifikant häufiger am Ende ihrer Kräfte als die Mütter der Mädchen, bei Müttern der unteren Schichten war das noch drastischer.
- Töchter wurden als fröhlicher empfunden als Jungen und bereiteten der Mutter mehr Freude. Mit Heranwachsen des Kindes verstärkten sich diese Unterschiede noch.
- Mit den Mädchen wurden mehr kognitiv förderliche Tätigkeiten durchgeführt, u. a. mehr vorgelesen, andererseits profitieren Mädchen

auch mehr hiervon. Diese Unterschiede manifestierten sich am stärksten in den mittleren und höheren Gesellschaftsschichten.
- Mädchen wird mehr emotionale Zuwendung entgegengebracht als Jungen.
- Mädchen werden in ihrem Verhalten stärker beaufsichtigt und kontrolliert als die Jungen. Sie üben später weniger Gewalt aus und erzielen bessere Schulleistungen (Mößle et al., 2014).

Diese Unterschiede werden natürlich besonders dort wirken, wo die triadische Entwicklung bereits gestört ist und der Junge sich nicht ausreichend mit Männlichem identifizieren konnte. Solche Besonderheiten der frühen Mutter-Sohn-Beziehung haben erhebliche Folgen für die Persönlichkeitsentwicklung des Jungen.

8.3.2 Philobatismus und Oknophilie

Wir wollen jetzt einen kleinen Exkurs zu einigen Theorien des Psychoanalytikers Michael Balint machen. Jungen haben mehr Träume vom Fliegen und vom Schweben, und sie sind auch häufiger von Flugobjekten fasziniert. Sie suchen das Risiko, die Angstlust und Grenzsituationen, überschätzen sich und unterschätzen Beziehungen. Der ungarisch-britische Psychoanalytiker Michael Balint hat diese Neigungen untersucht und beschrieben (1972). Er vermutet, dass das ungeborene Kind vor der Geburt mit seiner Umwelt völlig eins war. Können erwachsene Menschen noch Erinnerungen an diese frühe Situation haben? Bekannt ist vielen Menschen ein sogenanntes »ozeanisches Gefühl«. Über Champagnerseligkeit wird es in der Operette Fledermaus musikalisch ausgedrückt, über bierseliges Mitgrölen im Festzelt für Angetrunkene fühlbar. Wir können es spüren, wenn wir von einer überzeugenden Predigt mitgerissen werden oder wenn wir in den Aussagen eines politischen Verführers oder eines Gurus »aufgehen«. Es ist das Gefühl, mit einer Großgruppe völlig zu verschmelzen und mit ihr gänzlich eins zu sein. Freud hat es wie ein Gefühl der Ewigkeit verstanden, unbegrenzt, schrankenlos, eben »ozeanisch« (Freud, 1972).

Im Verlauf der Geburt wird der Säugling blitzartig von grellem Licht überflutet, von lauten Geräuschen, von Kälte und ersten Schmerzen gepeinigt. Archaische Ängste sind die Folge, einige Psychoanalytiker sprechen sogar vom »Trauma der Geburt«. Der Wechsel vom Zustand, mit der Mutter eins zu sein, in unendlicher Wärme und paradiesischen Zuständen zu leben – und plötzlich in einer Welt voller fremder, ängstigender Lebewesen und Reize zu sein, bereitet sichtlich unvorstellbare Ängste. Der Säugling muss sich etwas erträumen, das ihm augenblicklich Sicherheit gewährt. Er kann beispielsweise fantasieren, wieder mit der Mutter ganz eins zu sein. Er hält sich an der Mutter fest und will sich nicht mehr von ihr lösen.

Zur Abwehr der hieraus resultierenden archaischen Ängste bieten sich nach Balint zwei Wege; als Reaktion auf die traumatische Entdeckung, dass Widerstand leistende und gleichzeitig unabhängige Objekte existieren, schafft sich das Kind entweder eine *oknophile* oder eine *philobatische* Welt.

Der Oknophile idealisiert die Objekte, er liebt Berührung und Nähe und fürchtet die gefährlichen Zwischenräume. Er reagiert auf das Erscheinen von Objekten, indem er sich an sie klammert, sie introjiziert, da er sich ohne sie verloren und unsicher fühlt; allem Anschein nach neigt er dazu, seine Objektbeziehungen überzubesetzen.

Der Philobat hingegen liebt die freundlichen Weiten, fürchtet die Objekte und verfeinert ständig seine athletischen Fähigkeiten (skills). Er setzt sich gerne der Angstlust (thrill) aus, im Wissen, er werde die Gefahr durchstehen und die Situation absolut beherrschen. Beim Philobaten sind die eigenen Ich-Funktionen überbesetzt; er wird darum sehr gewandt und erreicht es, mit wenig oder gar keiner Hilfe von Objekten auszukommen; er glaubt, alles aus sich selbst aufgrund seiner überragenden Fähigkeiten bewältigen zu können.

Bei Extrembergsteigern und anderen Abenteurern, welche die Weiten suchen und hierzu mit überragenden Fähigkeiten (skills) ausgestattet sein müssen, lassen sich philobatische Tendenzen in Reinkultur studieren.

Mit meinen eigenen Untersuchungen (H. H.) von Kinderträumen kam ich zu dem überraschenden Ergebnis, dass Jungen genau doppelt so viele philobatische Trauminhalte hatten wie Mädchen, diese wiederum hatten doppelt so viele oknophile Trauminhalte wie Jungen (Hopf, 1992). In der Adoleszenz nahmen – bei den Mädchen – die oknophilen Träume noch zu; womöglich, weil sie sich von der Autonomieentwicklung und deren Forderungen bedroht sahen. Diese Untersuchung wurde an verschiedenen

Universitäten (Zürich, Mailand) wiederholt, auch in neuerer Zeit – es kam stets zu ähnlichen Ergebnissen.

Mädchen träumen häufiger von Berührung und Nähe, sie idealisieren Beziehungen und fürchten Trennungen. Zudem haben sie Angst vor Liebesverlust und idealisieren andere Menschen und Beziehungen.

Jungen hingegen vermeiden in ihren Träumen Nähe und enge Bindungen. Sie träumen häufiger von Bewegung, von Abenteuern und haben grandiose Fantasien. Insgesamt bildet sich in ihren Träumen eher eine Lust an freundlichen Weiten, keine oder wenig Angst vor gefährlichen Wesen sowie eine regelrecht akrobatische bzw. athletische Komponente, nämlich eine herausragende Ausstattung mit »grandiosen Fähigkeiten« ab. Sie neigen darum auch dazu, mit wenig oder gar keiner Hilfe von anderen Lebewesen auszukommen und idealisieren oft ihr eigenes Können. Sie glauben, aufgrund ihrer überragenden Fähigkeiten alles aus sich selbst heraus bewältigen zu können. In ihren Träumen lassen sich signifikant höhere Werte an Aggression als bei den Mädchen nachweisen.

Persönlichkeitsanteile bilden sich in Traumuntersuchungen nicht kompensatorisch, sondern kontinuierlich ab, das haben verschiedene Untersuchungen festgestellt. Wir können also davon ausgehen, dass sich bei Jungen stärker eine narzisstisch-objektmeidende Neigung manifestiert, bei Mädchen eher eine anklammernd-depressive. Natürlich greift es zu kurz, bewegungsunruhige Jungen lediglich als kleine irrlichternde Narzissten mit grandiosen Fantasien zu sehen. Es wird jedoch ein deutlicher Zusammenhang zwischen den Störungsbildern der Jungen und solchen Tendenzen erkennbar. Wir können davon ausgehen, dass sich bei Jungen stärker eine philobatische Neigung manifestiert, bei Mädchen eher eine oknophile.

8.3.3 Existieren ein »normaler« Philobatismus und eine »normale« Oknophilie?

Ein normaler, neutralisierter – oder sublimierter – Philobatismus von Jungen wäre durchaus eine Lust an den Außenwelten, am Abenteuer, gelegentlich auch am Rivalisieren und am Risiko. Natürlich in sublimierter und in nicht aggressiver oder autoaggressiver Weise. Dieser männliche Philobatismus besteht auch aus Freude an der Entdeckung, in einem

Interesse an der Technik und an Zahlen, an den Dingen und der Bewegung. Dies sind rundum positive Eigenschaften ohne schädliche und destruktive Auswirkungen, die philobatische Tendenzen durchaus haben können. Philobatismus setzt sich letztendlich aus zwei Komponenten zusammen. Da ist zum einen die Angst vor den Objekten und vor der Nähe, was die Verwandtschaft zur narzisstischen Problematik und zur schizoiden Angst deutlich werden lässt. Die andere Komponente beinhaltet die freundlichen Weiten, unmittelbar verbunden mit Akrobatik oder Athletik, Wagemut und Lust an Gefahren.

Eher oknophile Tendenzen bestehen aus Freude an unbefangener Nähe mit Lust am Zuhören und an Einfühlung, an warmen und haltenden Beziehungen, ohne in ein Festhalten oder in Anklammerung oder gar in Unterwerfung zu verfallen. Natürlich auch in keiner aufopfernden oder altruistischen Weise, auch im Berufsleben. Dazu gehört zudem Begeisterung an den Innenwelten, den Sprachen, Gedanken, Fantasien und Symbolen. Beide Tendenzen können sich zu schädlichen Charaktereigenschaften entwickeln.

Selbstverständlich sind wir der Meinung, dass *beide* Geschlechter immer *alle* der zuvor genannten Fähigkeiten besitzen und leben sollten und durchaus eine männliche oder weibliche Identität besitzen können. Erst die Identifikation mit der Mutter kann einen Mann einfühlsam werden lassen, so wie die Identifikation mit dem Vater das Mädchen stark machen *kann*. Wir haben jedoch den Eindruck, dass die jungenhaften (philobatischen und phallischen) Tendenzen in der heutigen Pädagogik oft nicht den gleichen Stellenwert besitzen, sondern »überwunden« werden sollen. Mit Mertens (1994) stimmen wir überein, dass extreme Polarisierungen von Männlichkeit und Weiblichkeit eher neurotische Entwicklungen als Anzeichen einer gesunden Geschlechtsidentität darstellen.

Teil V Ergebnisse der Emotions- und Affektforschung

9 Affektanalysen anhand von Sprachmaterial

9.1 Affekte von Kindern und Jugendlichen im Vergleich zu Erwachsenen

Sehr bedauerlicherweise gibt es nur äußerst spärliche Forschungen zum sprachlichen Emotionsausdruck über den Zeitraum der kindlichen und jugendlichen Entwicklung hinweg (Gottschalk, 1979b). Das galt bis gegen Ende des letzten Jahrhunderts und ist auch leider jetzt noch zu konstatieren. Entsprechend kann man auch nur sehr wenige Schlussfolgerungen auf wissenschaftlicher Basis zur psychischen Repräsentanz von kindlichen und jugendlichen Emotionen und Affekten und ihren entwicklungsbedingten Veränderungen ziehen.

Dabei gibt es durchaus hoch differenzierte methodische Möglichkeiten, z. B. sprachlich sich manifestierende Affekte zu untersuchen. Sprache ist der charakteristische, typisch menschliche Zugangsweg zur Psyche (Tschuschke, 2019).

> »Sprache entwickelte sich innerhalb der menschlichen Spezies seit Jahrhunderttausenden. Sie begründete die menschliche Kulturgeschichte, so wie sie von ihr vorangetrieben wurde und wird (Drewermann, 2007). Untrennbar mit der Sprache verbunden entwickelte sich das Denken (Wygotski, 1974).
>
> Sprache ist somit auch eine externalisierte Form des Denkens, der Mitteilung, der Kommunikation von Bedeutung eigener Denkinhalte an andere« (Tschuschke, 2019, S. 272).

Nicht nur das Denken, auch Gefühle werden mit Sprache transportiert. Eines der differenziertesten Verfahren, über Sprache auch Affekte zu untersuchen, stellt die *Gottschalk-Gleser-Sprachinhaltsanalyse* dar (Gottschalk & Gleser, 1969; Schöfer, 1980; Koch & Schöfer, 1986). Das Verfahren gestattet es, manifeste ängstliche und aggressive Sprachinhalte objektiv zu untersuchen. Man kann Sprachproben, erhoben mit Hilfe einer Standardinstruktion, oder natürliche Texte, etwa Psychotherapieinhalte, untersuchen, die nach sechs Angst- und vier Aggressivitätsskalen von unabhängigen Ratern kodiert werden. Es handelt sich bei der Methode um eines der validesten Verfahren in der neurologischen, pharmakologischen, psychiatrischen und psychosomatischen Forschung zur Messung von »Angst- und Aggressivitätszuständen«. In zahlreichen aufwendigen Studien wurde die Validität der Skalen bestätigt (Gottschalk, 1979a; Koch & Schöfer, 1986).

Die Angstskalen teilen sich in sechs Unterformen auf:

- *Todesangst,*
- *Verletzungsangst,*
- *Trennungsangst,*
- *Schuldangst,*
- *Schamangst,*
- *diffuse Angst.*

Über alle Skalen hinweg kann ein Gesamtangst-Wert berechnet werden. Die Aggressivitätsskalen unterteilen sich in vier Formen:

- *nach außen gerichtete offene Aggressivität* (der Sprechende ist der Täter, andere sind Opfer),
- *nach außen gerichtete verdeckte Aggressivität* (der Sprechende unterstellt anderen Aggressivität gegen andere),
- *nach innen gerichtete Aggressivität* (der Sprechende ist Täter, Opfer ist er selbst),
- *ambivalente Aggressivität* (der Sprechende unterstellt anderen Aggressivität und erlebt sich selbst als Opfer).

Auch hier kann über alle Skalen hinweg ein Gesamtaggressivitätswert berechnet werden.

In zwei Studien zum kindlichen Affekterleben – der *Laguna Beech School Study* (109 Schüler) und der *Loban Berkeley District Study* (12 Schüler, jeweils im Alter zwischen 6 und 16 Jahren) – wurden mit Hilfe einer Standardinstruktion (Schöfer, 1980) ängstliche und aggressive Affekte mit denen von Erwachsenen verglichen (Gottschalk, 1979b). Die Gesamtangst war hochsignifikant größer als bei Erwachsenen ($p < 0.001$), ebenfalls die Trennungsängste ($p < 0.005$). Männliche Schüler wiesen zusätzlich signifikant größere Schamängste auf als erwachsene Männer ($p < 0.05$). In keiner Skala konnten über die verschiedenen Jahrgänge und Schulklassen Verringerungen der Affekte festgestellt werden. Im Gegenteil nahm die offene, nach außen gerichtete Aggressivität (bei der der Sprechende Täter und andere Opfer sind) in der *Laguna Beech School Study* hochsignifikant mit zunehmendem Alter der Schüler zu ($p < 0.01$). Hier bildet sich vermutlich die noch unzureichende Stabilität des kindlichen und pubertären Selbst ab.

Eine eigene Studie über Affekte in Träumen von 152 Kindern und Jugendlichen erbrachte sehr aufschlussreiche Ergebnisse bezüglich der altersabhängigen Entwicklung von Affekten (Hopf & Tschuschke, 1993). Es wurden nur selbst aufgeschriebene Träume mit einer Wortzahl > 70 Wörtern analysiert, da die Interrater-Reliabilität unterhalb einer Mindestwörterzahl von 70 Wörtern zu stark absinkt. Alle Träume wurden transkribiert und anschließend von blind gehaltenen, ins GG-Verfahren eintrainierten Ratern kodiert. Zwischen Mädchen und Jungen gab es in der Altersgruppe von 6 bis 12 Jahren tendenziell höhere Affekte bei den Jungen (speziell aggressive Affekte; aber nicht signifikant) im Vergleich zu den Mädchen. In der Altergruppe von 13 bis 18 Jahren wiesen Mädchen signifikant höhere Scores in den Skalen Todesangst ($p < 0.02$), Gesamtangst ($p < 0.05$), Gesamtaggressivität ($p < 0.03$) und im Gesamtaffekt ($p < 0.02$) (alle Affektrohwerte aus den Angst- und Aggressivitätsskalen zusammengefasst) im Vergleich zur Altersgruppe der Mädchen in der Latenz (6 bis 12 Jahre) auf. D. h., in der Pubertät und Frühadoleszenz stiegen im Vergleich zu der Kindergruppe von 6 bis 12 Jahren die Traumaffekte nur bei den Mädchen und nicht bei den Jungen an und erreichten die Affektniveaus der Jungen aus der Latenzgruppe. Wir schlossen daraus, dass Mädchen stärker von psychischen Veränderungen während der Frühadoleszenz betroffen werden als Jungen, was sich in den manifesten Trauminhalten widerspiegelte (Hopf & Tschuschke, 1993).

Ein Vergleich der Traumaffekte von Jungen aus Hauptschulen mit Jungen aus weiterführenden Schulen ergab im Aggressionsbereich hochsignifikant höhere Aggressions-Scores in drei Skalen bei Jungen aus

Hauptschulen (alle zwischen $p < 0.005$ und $p < 0.001$). Dies galt für offene wie verdeckt nach außen gerichtete Aggressivität (Träumer selbst als Täter oder vom Träumer auf andere projizierte Aggressivität). Dieses Ergebnis wurde im Zusammenhang mit schichtspezifischen Unterschieden interpretiert, d. h. unserer Auffassung nach spiegelten sich in den aggressiveren Trauminhalten von Jungen aus Hauptschulen im Vergleich zu Jungen aus weiterführenden Schulen intrapsychische Niederschläge schichtspezifischer Unterschiede wider (belastetere soziale Verhältnisse in der frühen Kindheit mit problematischen Auswirkungen auf die Selbst- und Persönlichkeitsentwicklung, geringere Problemlösestrategien und dadurch höherere Gewaltbereitschaft) (Hopf & Tschuschke, 1993; Tschuschke, 2019).

Eine weitere Fragestellung wurde mit demselben Verfahren an einer anderen Stichprobe untersucht (Hopf & Weiss, 1996). Ausgehend von der Hypothese, dass männliche Jugendliche an Haupt- und Sonderschulen, die gerne viel und regelmäßig indizierte und beschlagnahmte Horror- und Gewaltfilme im Fernsehen oder über Videokassetten konsumieren, auch psychisch mehr von aggressiven und ängstlichen Affekten beherrscht sind, wurden 46 tonaufgezeichnete Interviews (erhoben mit einer Standardinstruktion [»*Du kannst im Folgenden etwas erzählen, das du gesehen oder gehört hast, oder das du selbst erlebt hast*«] und einer Wortzahl > 70) transkribiert und von blind gehaltenen Ratern kodiert. Die Gruppe der Vielseher (n = 24) hatte im Vergleich zu den Wenigsehern (n = 22) in drei von vier Aggressivitätsskalen (Ausnahme »nach innen gerichtete Aggressivität«) signifikant höhere Werte als die Gruppe der Wenigseher. Interessanterweise waren auch die Scores der Skalen »Todesangst« und »Verletzungsangst« hochsignifikant erhöht (Hopf & Weiss, 1996). Eine Bestätigung der Hypothese, dass der Konsum von Gewalt- und Horrorfilmen die eigene Psyche von Jugendlichen ungünstig beeinflusst. Inzwischen hat sich durch weitere Untersuchungen auch der Zusammenhang zwischen Gewaltspielen auf dem Computer und eigenem aggressiven Verhalten bestätigt (Tschuschke, 2019).

9.2 Affekte von Jugendlichen in psychiatrischer Behandlung

Bei in der psychiatrischen Tagesklinik *Orange County Medical Center* im Alter zwischen 10 und 12 Jahren behandelten Jungen ergaben mittels Standardinstruktion erhobene Sprachproben hochsignifikant höhere Werte in der *Social Alienation/Personal Disorganization Scale* – ebenfalls von Gottschalk und Gleser entwickelt –, signifikant höhere Scores als bei männlichen Altersgenossen in der *Laguna Beech School Study* ($p < 0.01$) (Jacobson et al., 1973). Die Skala misst Affekte, die zum Formenkreis der Schizophrenie gezählt werden.

152 adoleszente psychiatrische Patienten der *Cincinnati Adolescent Clinic* und 44 frühe Therapieabbrecher wurden ebenfalls mit der GG-Sprachinhaltsanalyse mit Hilfe einer standardisiert erhobenen Sprachprobe untersucht (Gleser et al., 1979). Die durchschnittlichen Affektwerte waren in der psychiatrischen Stichprobe über alle Skalen hinweg im Mittel hochsignifikant höher als bei einer vergleichbaren Stichprobe der Normalbevölkerung ($p < 0.001$). Auch die Scores der *Social Alienation/Personal Disorganization Scale* fielen hochsignifikant höher aus als bei der Vergleichsstichprobe ($p < 0.005$). Sehr interessant ist das Ergebnis, dass die Affektwerte der 44 Therapieabbrecher sogar noch höher ausfielen als die der bereits sehr hohen Affekt-Scores der psychiatrisch-therapeutisch behandelten adoleszenten Patienten, bei denen die psychotherapeutische Behandlung im Durchschnitt zu absinkenden Affektwerten führte.

Eine Untersuchung an weißen männlichen adoleszenten Strafgefangenen im Alter zwischen 14 und 16 Jahren ergab weit höhere Affektwerte bei den strafgefangenen Jugendlichen im Vergleich zu einer gematchten Stichprobe der Normalbevölkerung (Gleser et al., 1965). Die Gesamtangst war am höchsten, gefolgt von der gegen sich gerichtet erlebten Aggressivität durch andere (Skala Ambivalente Aggressivität) und eigener offener Aggressivität gegen andere. Die Autoren der Studie sehen in den Ergebnissen den Ausdruck einer gestörten Selbstentwicklung.

9.3 Somatische Bezüge von Affekten

Eine sehr interessante Fragestellung verfolgten Winget und Kapp (1979). Sie untersuchten, ob es bedeutsame Zusammenhänge zwischen Affekten in Trauminhalten bei schwangeren Frauen und der Dauer des späteren Geburtsvorgangs gibt. 70 schwangere Frauen im Altersbereich zwischen 15 und 26 Jahren wurden im ersten Drittel ihrer Schwangerschaft nach einem markanten Traum gefragt und gebeten, ihn zu erzählen. Die Stichprobe war mit 18 Jahren im Schnitt sehr jung, die Frauen gehörten sozial niedrigeren Schichten an, waren zu 75 % farbig und zu 67 % unverheiratet. Der Tonbandmitschnitt wurde später von einem blind gehaltenen Rater-Team mit Hilfe der GG-Skalen kodiert. Die Überlegungen, die zu dieser Untersuchungsanordnung führten, betrafen mögliche psychische Einflüsse auf den Geburtsvorgang.

> »Falls eine Geburt lediglich ein biologischer Prozess wäre, müsste er wesentlich weniger zeitliche Variationsbreite einnehmen als dies in der gynäkologischen Praxis der Fall ist. Aber ein Ereignis, das eine große innere Anspannung und eine enorme physische Beanspruchung mit sich bringt, muss wichtige psychische Begleiterscheinungen hervorrufen. Komplikationen bei Geburten, wie z. B. ein zeitlich ausgedehnter Geburtsvorgang aufgrund von unzureichender uteriner Funktion, gibt uns Hinweise auf involvierte psychische Faktoren« (Gleser et al., 1979, S. 620; Übers. v. d. Verf.).

Eine frühe psychoanalytische Studie von Helene Deutsch befasste sich bereits mit Träumen von schwangeren Frauen (1945). Sie schloss aus den Ergebnissen z. B., dass schwangere Frauen in ihren Trauminhalten sich antizipatorisch mit ihrer Mutterschaft auseinandersetzten und wachsende Zweifel hatten, ob sie ihrer Rolle gerecht werden würden. Andere Frauen in den Untersuchungen berichteten von Träumen, in denen ihr Kind behindert oder sogar tot auf die Welt kam. Auch Van de Castle und Kinder fanden, dass Schwangere im letzten Drittel ihrer Schwangerschaft zu 35 % Trauminhalte über Babys aufwiesen (1968), dass aber in nur 5 % der Trauminhalte von Nicht-Schwangeren Babys vorkamen (Hall & Van der Castle, 1966).

Die Winget-Kapp-Studie fand bei den 70 Frauen drei unterscheidbare Gruppen: Bei den Frauen in Gruppe 1 (n = 31 Frauen) dauerte der

Geburtsvorgang bis zu 10 Stunden vom Beginn uteriner Kontraktionen bis zu dem Zeitpunkt, wenn die Öffnung der Zervix erfolgte), bei Gruppe 2 (n = 31 Frauen) zwischen 11 und 20 Stunden und bei Gruppe 3 (n = 8 Frauen) mehr als 20 Stunden. Die Studie erbrachte das interessante Ergebnis, dass die Frauen der Gruppe 1 signifikant häufiger und mehr Angstaffekte in ihren Träumen aufwiesen (p < .01). Ihre Träume waren aber zugleich tendenziell mit mehr aggressiven Affekten (offene nach außen gerichtete Aggressivität und nach innen – gegen das Selbst – gerichtete Aggessivität) beladen. Die Autoren der Studie schließen aus den Ergebnissen, dass bei Frauen, die keine solchen Trauminhalte berichten konnten, mehr Abwehrmechanismen zum Tragen kamen wie Verleugnung und Unterdrückung, was sich psychophysiologisch offenbar ungünstig auswirkte. Im Gegensatz dazu sind sie der Auffassung, dass die in den Träumen der Gruppe-1-Frauen aufgetretenen Affekte als eine antizipatorische Vorwegnahme der zu erwartenden Schmerzen und physischen Belastungen mit dem Zweck einer Stressbewältigung anzusehen seien. Die im Traum aufgetretenen ängstlichen und aggressiven Affekte stünden also in einem Zusammenhang mit einem offensichtlich unkomplizierteren Geburtsvorgang als bei Frauen, die Trauminhalte abwehren. Ein weiterer Beleg dafür, wie wichtig die Auseinandersetzung mit Affekten ist, was ja auch in psychotherapeutischen Behandlungen eine zentrale Rolle einnimmt.

Zusammenfassung

- Affekte können gut über sprachlichen Ausdruck erfasst und nach Art und Intensität untersucht werden.
- Den wenigen verfügbaren Studien zufolge haben Kinder und Jugendliche ein intensiveres Affekterleben als Erwachsene.
- Aggressives Affekterleben ist offenbar bei männlichen Kindern bereits früh deutlich intensiver als bei Mädchen.
- Mädchen erfahren durch die hormonelle Entwicklung in Pubertät und Frühadoleszenz einen deutlichen Schub an aggressiven Affekten und nähern sich dem Affektniveau der männlichen Kinder in der Latenz an. Affektentwicklung scheint z. T. auf hormonelle Einflüsse zurückzuführen sein.

- Soziale Einflüsse spielen aber eine mindestens ebenso bedeutsame Rolle bei der Affektentwicklung: Männliche Schüler aus Haupt- und Grundschulen weisen signifikant höhere aggressive Affekte auf als männliche Schüler aus weiterführenden Schulen.
- Ebenfalls erhöhte aggressive Affekte lassen sich bei strafgefangenen männlichen Jugendlichen und bei jugendlichen männlichen Gewalt- und Horrorfilm-Konsumenten im Vergleich zur Normalbevölkerung bzw. zu Wenig- oder Nichtfilm-Konsumenten finden.
- Psychiatrisch-psychotherapeutisch behandelte männliche Patienten im Adoleszenzalter haben durchschnittlich deutlich höhere Affektwerte und ebenfalls wesentlich höhere Psychopathologie-Werte als Vergleichsgruppen aus der Normalbevölkerung.
- Soziale und psychische Probleme spielen also ebenfalls eine zentrale Rolle bei der Affektentwicklung.
- Affekte in Träumen scheinen eine Art psychischer Verarbeitung antizipierter belastender Ereignisse zu kennzeichnen, mit günstigen Auswirkungen auf den Organismus, wie Traumaffekte bei Schwangeren zeigen.
- Affekterleben hat offensichtlich auch Auswirkungen auf den Körper.

Literatur zur vertiefenden Lektüre

Gleser, G. C., Winget, C., Seligman, R. & Rauh, J. L. (1979). Evaluation of psychotherapy with adolescents using conent analysis of verbal behavior. In: L. A. Gottschalk (Ed.), *The content analysis of verbal behavior. Further studies* (S. 213–233). New York/NY, SP Medical & Scientific Books.

Hopf, H. (2005). *Traum, Aggression und heilende Beziehung. Beiträge zur psychoanalytischen Therapie von Kindern und Jugendlichen*. Frankfurt/Main: Déjà-vu.

Hopf, H. & Tschuschke, V. (1993). Affekte in Träumen von Kindern und Jugendlichen. *Zeitschrift für Psychosomatische Medizin und Psychotherapie* 39 (2), 160–173.

Weiterführende Fragen

- Wie könnte man sich die intensiveren aggressiven Affekte bei männlichen Kindern – im Vergleich zu Mädchen – erklären?

- Auf welchen Wegen könnten sich soziale Belastungen in der Kindheit auf das Affekterleben der Kinder und Jugendlichen auswirken?
- Wie kann der Konsum von Filmen mit Gewaltinhalten zu höheren Aggressivitäts- und Angstaffekten führen?
- Wie ist die Affektentstehung bei Kindern und Jugendlichen generell erklärbar: durch körperlich bedingte Entwicklungsprozesse oder durch soziale?

Teil VI Das Ich, seine Funktionen und deren Störungen

10 Strukturdefizite

Wir befassen uns in diesem Buch fast ausschließlich mit Affekten, die negativ empfunden werden. Mit aggressiven Affekten, wie Neid, Hass und Durchbrüchen von Wut, mit Ängsten in allen Schattierungen, die nach Horst Eberhard Richter auch Farbe ins Leben tragen (1992). In psychoanalytischen Therapien behandeln wir Kinder und Jugendliche mit Störungen und Defiziten. Dazu gehören vor allem viele Störungen der Affektregulierung. Über sogenannte gute Affekte, wie etwa Freude, Überraschung und Interesse, wird selten diskutiert. Es ist zu bedenken, dass wegen des konfliktzentrierten Blickes der Psychoanalyse vorhandene Ressourcen vielleicht nicht immer ausreichend gewürdigt werden.

Nach der umfassenden Diskussion der Theorien zu den Affekten und ihrer Regulation wollen wir im folgenden Abschnitt auf Störungen und ihre Therapie eingehen. Wir haben therapeutische Überlegungen herausgearbeitet, die auch heute noch angemessen und hilfreich sind.

Mittlerweile unterscheiden wir Konfliktpathologien und strukturelle Störungen. Gemäß Rüger verstehen wir unter Struktur das ganzheitliche Gefüge von psychischen Dispositionen (Rüger, 2014). In der OPD wird die Entwicklung und Organisation der psychischen Struktur als eine Disposition des Individuums verstanden, die Welt, sich selbst und andere zu erleben und sich zu verhalten. Dabei werden drei Dimensionen beschrieben: die Selbst- und Objektwahrnehmung, die Dimension der Steuerung und Abwehr sowie die kommunikativen Fähigkeiten. Die zweite Dimension beschreibt die Fähigkeit, negative Affekte wie etwa Missmut, Ärger, Verstimmung, Lustlosigkeit abpuffern zu können (OPD-KJ, 2003). Unser Buch befasst sich u. a. mit der Entwicklung solcher Fähigkeiten.

Rudolf (2004) bezeichnet Defekte der Ich- und Selbststruktur auch als strukturelle Störungen. Seiner Definition nach bestehen bei solchen

Defiziten deutliche Einschränkungen: Freudvolle wie auch belastende Affekte können nicht ausreichend

- introspektiv differenziert werden,
- mimisch und sprachlich zum Ausdruck gebracht werden,
- empathisch und situativ verstanden werden,
- gesteuert und ertragen werden.

Gemäß Rudolf haben diese Funktionseinschränkungen erhebliche klinische Auswirkungen:

- sich selbst nicht erleben und emotional nicht verstehen zu können,
- die Welt, die Objekte, die Situation, emotional nicht verstehen zu können,
- von Affekten und Impulsen überflutet zu werden/affektiv zu erstarren,
- sich von anderen abgeschnitten oder mit ihnen verwickelt zu fühlen,
- sich innerlich nicht auf positive Erfahrungen stützen zu können,
- sich selbst zu verlieren und ohne Orientierung zu sein,
- sie bedürfen der Notwendigkeit von Gegenmaßnahmen, welche stimulieren, beruhigen, strukturieren (Selbstverletzung, Essanfall, Suchtmittel etc.) (Rudolf, 2004).

Rudolf hat mit seiner Konzeption einer *strukturbezogenen Psychotherapie* einen eigenen Ansatz entwickelt, strukturelle Störungen zu behandeln (2004). Störungsbilder mit strukturellen Störungen haben vor allem bei Jungen massiv zugenommen, so dass man nach den familiären und gesellschaftlichen Ursachen für diese Zunahme fragen muss. Gemäß Rudolf sind es unterschiedliche Erfahrungen, die von strukturell vulnerablen Patienten schlecht ertragen und unter entsprechenden Umständen mit massiver Labilisierung beantwortet werden.

Bezogen auf das Erleben der Objekte:

- Frustration durch die Objekte,
- empfundener Angriff, Bedrohung, Verfolgung, Beschädigung durch die Objekte,

- befürchtete Vereinnahmung durch die Interessen der Objekte,
- Verlust von Objekten.

Bezogen auf das Erleben des Selbst:

- Grundbedürfnisse des Selbst werden verletzt (Beziehung, Identität),
- der Selbstwert wird durch Kränkung, Beschämung, Entwertung labilisiert,
- Selbst-Objekt-Grenzen werden durch dyadische Ansprüche anderer oder eigene Verschmelzungswünsche bedroht,
- die Selbstkohärenz wird durch emotionale Überflutung labilisiert,
- die Orientierung des Selbst in der Welt (und in sich selbst) wird labilisiert (Rudolf, 2004).

Im Folgenden will ich (H.H.) eine Fallsequenz aus dem Jahr 2020 vorstellen, an der die zuvor erwähnten Ich-Defizite erkennbar und beschreibbar werden.

Falldarstellung

Julian wird mir vorgestellt, als er sieben Jahre alt ist. Die Eltern beschreiben ihn als höchst sensibel. Wie ein Seismograph reagiere er auf alle Veränderungen, auf Stimmungen, Berührungen und Geräusche. Zunehmend zeige der Junge aggressive Wutdurchbrüche. Sie träten anfallsartig auf. Julian haue dann um sich, spucke und trete und sei in dieser Verfassung für keine verbalen Interventionen mehr zugänglich. Diese Wutdurchbrüche könnten von einem Moment zum anderen entstehen. Manchmal seien Ursachen zu erkennen, kleine Frustrationen oder Kränkungen. Gerade noch zugewandt und kooperativ, könne es im nächsten Moment schon zum unstillbaren Wutanfall kommen. Julian könne auch keine körperliche Nähe ertragen, weder möchte er umarmt, noch geküsst werden. Er sei jetzt in der zweiten Klasse, und auch in der Schule häuften sich seine Wutdurchbrüche. Die Sanktionen der Lehrer führten zu erneuten Frustrationen, in neuerer Zeit aber auch zu Selbstanklagen des Jungen. Zunehmend wirke Julian müde und erschöpft. Fast jede Nacht wache er aus einem Albtraum auf. Immer häufiger äußere er, dass er nicht mehr leben wolle. Er wolle von einem Hochhaus springen oder für immer begraben sein.

Unschwer ist zu erkennen, dass die meisten der vorher genannten Ich-Defizite auf Julian zutreffen. Für eine stimmige Struktur-Diagnose sollten sie sorgfältig beschrieben werden. Wie schon erwähnt, kommen solche Störungsbilder inzwischen häufig vor, gemäß ICD-10 werden sie als Verhaltens- und emotionale Störungen mit Beginn in der Kindheit und Jugend codiert (F 9). Nicht selten bekommen solche Jungen auch die Diagnosen ADHS und Autismus-Spektrum-Störungen.

Im weiteren Verlauf werde ich auf diesen Fall nochmals eingehen und seine Komplexität vor dem Hintergrund von psychoanalytischen Theorien erklären.

10.1 Rückblick in die Anfänge der Kinderpsychotherapie

10.1.1 Fritz Redl und die Ich-Psychologie

Der österreichische Pädagoge, Psychoanalytiker und spätere Professor für Sozialarbeit, Fritz Redl, musste in den USA schwer gestörte Kinder und Jugendliche aus kriminellen Slums behandeln. Dabei entwickelte er ein behandlungstechnisches Vorgehen, das seine Patienten dabei unterstützte, innere Kontrollen aufzubauen. Er ging davon aus, dass ein uneingeschränktes Gewähren-Lassen die Störungen nicht verbessern würde, sondern, dass immer klar definierte Grenzen notwendig wären. Auf diese therapeutische Haltung werden wir noch genauer eingehen.

Redls bedeutsamste Erkenntnis rührte aus seinen Beobachtungen, dass diese Patienten an Störungen ihrer Ich-Funktionen litten. Er verknüpfte die Ansätze der traditionellen Psychoanalyse mit den Erkenntnissen der Ich-Psychologie, insbesondere mit den Arbeiten von Heinz Hartmann und

Anna Freud und setzte sie in seine pädagogisch-therapeutische Praxis um (vgl. Fatke, 1971). Redl stellte fest, dass es so gut wie unmöglich sei, die Entwicklung dieses Begriffs seit seiner frühen Formulierung durch Freud zu verfolgen. Das »Ich« formuliert er wie folgt:

> »›Ich‹ benennt den Teil unserer Persönlichkeit, der hauptsächlich zwei Aufgaben erfüllt, nämlich erstens ein Verhältnis zur Welt, in der wir leben, herzustellen und zweitens dafür zu sorgen, dass wir uns ohne allzu ernsthafte innere Konflikte mit ihr einigermaßen in Einklang befinden« (Redl, 1971, S. 24).

In der vierten Auflage des *Handbuchs psychoanalytischer Grundbegriffe* hört sich die Definition des Begriffs komplizierter an. Gemäß Seidler

> »... hat das Ich – in objektivierender Redeweise – als Realisationsprozessor von teils in Strukturen gebundenen, teils aus unmittelbaren Wahrnehmungen von Innen und Außen zufließenden Informationen zu beschreiben. Diese stehen einerseits mit dem Triebapparat in Verbindung, andererseits mit dem in die Außenwelt gerichteten Sensorium, und dem Ich kommt die Funktion zu, das Anliegen des Subjektes unter Nutzung dieser vorhandenen Informationen zu realisieren (intentionaler Aspekt). Dabei können neue Informationen wieder strukturgebunden organisiert werden (etwa im Sinne einer Erweiterung des Selbstbildes aus Niederschlägen von durch das Ich prozessierten Beziehungserfahrungen)« (Seidler, 2014, S. 385).

Der Arbeitskreis OPD fasst verschiedene Definitionen in Kürze zusammen. Demnach ist das Ich der »zentrale Organisator des Psychischen, welcher zugleich intentional auf das Objekt ausgerichtet ist« (Arbeitskreis OPD, 1996, S. 67). Gemäß allen Definitionen ist das Ich somit ein Wächter auf der Grenze zwischen äußerer und innerer Realität. Es ist durch eine Fülle von Funktionen und Aufgaben gekennzeichnet. Hartmann betont, dass niemand es je versucht hat, eine vollständige Liste der Ich-Funktionen zusammenzustellen, es wären zu viele (Hartmann, 1972).

Redl und Wineman (1979) beschreiben einige der wichtigsten:

- Die kognitive Funktion des Ichs
Das Ich muss Kontakt zur Außenwelt herstellen. Es muss sich ein Urteil über die »Welt um uns herum« bilden und mit angemessenen Signalen über Wohlbefinden und Gefahren berichten (S. 64). Es ist nach Redl auch die »Forschungs-Abteilung« der Persönlichkeit und hat die Aufga-

be, wahrzunehmen, einzuschätzen, vorauszusagen usw., was die soziale und physische Realität »uns antut« (Redl, 1971, S. 24).
- Die Machtfunktion des Ichs
  Das Ich muss die Forderungen der Realität kennen. Über einen notwendigen Druck muss es aber auch Verhaltenstendenzen beeinflussen (Redl und Wineman, 1979).
- Die Auswahlfunktion des Ichs
  Bei äußeren Gefahren und inneren Konflikten muss das Ich darüber entscheiden, welche Maßnahmen getroffen werden, auch welche Abwehr eingesetzt wird. Gestörte Kinder können sich nur schwer anpassen. Bei ihnen ist die Abwehr oft stereotyp und reflexartig.
- Die synthetische Funktion des Ichs
  In jedem Menschen wirken verschiedene Teile seiner Persönlichkeit. Das Ich hat die Aufgabe, sie alle zusammenzufügen und in einem gewissen Gleichgewicht zu halten.

Redl unterscheidet zwischen Ich-Schwäche und Störungen der Ich-Funktionen. Er erklärt dies an einem Beispiel: Wenn ihn ein Kind in einem präpsychotischen Wutanfall angreife, könne man die Attacke mit einer Störung seiner Ich-Funktionen begründen. Es sei jedoch von größter Wichtigkeit, genauer zu wissen, wo die Störung liege. Vielleicht habe das Kind den Therapeuten als Person erkannt, die sie ist und im Leben eine Rolle spielt, dennoch sei sein Ich nicht stark genug, »um den stürmischen Aufruhr seiner Triebregungen oder seinen Frustrationsanfall in Schach zu halten« (Redl, 1971, S. 26 f.). Das gleiche Verhalten könne bei einem Kind ausgelöst werden, dessen Ich nicht fähig sei, mit einem Impulsschub fertigzuwerden. Möglicherweise vermenge es Vergangenheit und Gegenwart so sehr, dass eine bloße Rollenähnlichkeit zwischen dem Therapeuten und seinem Pflegevater alte Bilder aus frühen Kindheitsjahren heraufbeschwören, die sich an die Stelle korrekter Realitätsprüfung setzten. Gemäß Redl sollte immer eine genaue Symptom- und Ursachenbeschreibung stattfinden. Das bedeutet: Es genügt nicht, einfach eine Ich-Schwäche als Ursache anzunehmen (die OPD würde heute von einer unzureichenden Fähigkeit sprechen, negative Affekte abpuffern zu können). Gegenübertragung und Übertragung müssen immer erkannt und die gesamte Szene muss verstanden werden.

Redl hat 30 (!) unterschiedliche Störungen der Ich-Funktionen beschrieben. Eine von ihnen wollen wir genauer beschreiben:

- Die Unfähigkeit mit frustrationsbedingter Aggression fertigzuwerden.

Von einem gesunden Ich wird erwartet, dass es eine beträchtliche Energie besitzt und fähig ist, sie in Notfällen einzusetzen. Ist ein Kind nicht fähig, die Wucht anstürmender Triebregungen auszuhalten, bezeichnet Redl das als eine Ich-Störung.

Es gibt Kinder, die das sehr gut können. Werden sie jedoch nur im Geringsten frustriert, bricht Aggression durch, und sie verlieren jede Kontrolle. Dies weist darauf hin, dass die Fähigkeit, mit frustrationsbedingter Aggression fertigzuwerden, eine separate Ich-Funktion ist. Sie kann ganz allein gestört sein, während komplexere Ich-Funktionen durchaus intakt bleiben.

Im Folgenden wollen wir ein Fallbeispiel vorstellen, an dem deutlich wird, wie zu jenen Zeiten therapeutisch gearbeitet wurde.

10.1.2 Deutung der Abwehr

Mit dem Buch von Anna Freud »Das Ich und die Abwehrmechanismen« rückten die Bedeutung des Ichs und die Deutung der Abwehr in den Mittelpunkt. Die ich-psychologische Deutungstechnik und den Umgang mit aggressiven Affekten hat Robert Furman in einem Aufsatz über ein Kind, das sich nicht beherrschen kann, beeindruckend dargestellt (Furman, 1972).

10.1.3 Begrenzungen

Anna Freud weist darauf hin, dass es in der frühen Geschichte der Kinderanalyse Therapeuten gab, die glaubten, dass das Agieren und besonders die Freisetzung von Aggressionen bereits einen therapeutischen Wert habe. Auch in der heutigen Zeit wird noch von einigen Therapeuten angenommen, man müsse dem Kind immer einen möglichst großen Spielraum geben.

Kürzlich hat eine Supervisandin zu mir gemeint: »Abstinenz finde ich überflüssig. Eine gute Beziehung zum Patienten ist das Wichtigste für mich!« Eine andere Kandidatin berichtet von einem sechsjährigen Jungen, der keine Generationenunterschiede kennt, der Grenzen überschreitet, alle Wünsche auf der Stelle erfüllt haben will. Er fragt die Therapeutin, welches Auto sie habe, was es gekostet hätte, welche Autos sie zuvor gefahren habe, ob sie verheiratet sei, etc. Diese antwortet ihm unvermittelt auf alle Fragen. Ich interveniere in der Supervision, dass gerade dieser Junge Abstinenz und Begrenzungen erfahren sollte, denn sonst gerate die Therapeutin in die Rolle einer Mutter, die real alle symbiotischen Wünsche erfüllt. Die Kandidatin meint, sie sehe das anders, sie wolle zunächst eine gute Beziehung aufbauen. Anna Freud meint zu einem solchen Missverstehen einer analytischen Grundhaltung, »dass das analytische Material verdunkelt werde, wenn der Analytiker auf diese Weise eine massive Regression gestattet« (zit. n. Sandler et al., 1982, S. 230).

Redl weist darauf hin, dass eine Strategie des »absoluten Gewähren-Lassens«, des »Alles-Erlaubens« nicht gutgeheißen werden kann. Darin stimmt er mit Spitz (1980) überein. Es stellt sich die Frage, wie man Kindern bei der Lenkung ihres Verhaltens helfen kann. Dies gilt vor allem für Kinder mit grenzenlosen Wutdurchbrüchen. Die vereinbarten Rahmenbedingungen geben bereits vieles vor, damit ein hilfreicher therapeutischer Prozess gelingen kann. Manche Kinder akzeptieren die Einschränkungen des Rahmens, aber in bestimmten Phasen der Analyse erproben sie Grenzen und überschreiten sie. Andere rebellieren von Anfang an dagegen. Darum wird auch eine Grenzziehung notwendig, die Grenzlinien des Verhaltens müssen definiert werden. Es muss vom Therapeuten entschieden werden, welches Verhalten erlaubt, welches toleriert und welches verhindert werden soll. Diese Entscheidungen sind natürlich immer vom Alter des Kindes und der entsprechenden Situation abhängig. Für die Heimerziehung hat Redl viele Rezepte zur Verhaltenssteuerung entwickelt, die durchaus auch innerhalb von ambulanten Psychotherapien hilfreich angewandt werden können. Einige greifen wir heraus (Redl, 1971):

- Beschränkung von Aktivität, Raum und Gegenständen. Das Spielzimmer sollte für manche Patienten *sicher* gemacht werden. Gefährliche Gegenstände müssen entfernt werden.

10 Strukturdefizite

- Verschieben der physischen Distanz und gleichzeitiges »Kontakthalten«.
- Entspannen der Situation durch Humor.
- Physische Begrenzungen.

Wie Redl befasste sich auch Anna Freud ausführlich mit der Frage, an welcher Stelle ein Kinderpsychotherapeut Grenzen ziehen sollte. Solche Einschränkungen in der Behandlungssituation unterscheiden sich ihrer Meinung nach von solchen in der Schule und zuhause. Therapeutische Einschränkungen können immer von Verbalisierungen und Deutungen des Therapeuten begleitet werden. Viele Kindertherapeuten haben die Erfahrung gemacht, dass man ein Kind auch körperlich zurückhalten kann und dabei wirksame Deutungen vornehmen kann (Sandler et al., 1982, S. 231).

Im Folgenden schildert Anna Freud den viereinhalbjährigen Paul, der in der *Hampstead Clinic* behandelt wurde. Wir zitieren die Szenen ausführlich, weil sehr sorgfältig beschrieben wird, wie damals mit Kindern umgegangen wurde, die ihre Affekte nicht steuern konnten.

»In den ersten sechs Wochen der Behandlung war Paul sehr aggressiv; er griff die Therapeutin an, versuchte, sie zu beißen, zu treten und zu kratzen und warf mit Spielzeug nach ihr. Die Therapeutin hielt Paul körperlich fest, während sie seinen Zorn verbalisierte, um seine Ausbrüche zu bezähmen und ihm die Möglichkeit zu geben, sich von ihr unterstützt und weniger von seinem Zorn überwältigt zu fühlen. Wenn er losgelassen wurde, rannte er aus dem Zimmer, und wenn er zurückkam, schrie er, anstatt sie körperlich anzugreifen. Während dieser Analyseperiode entfernte die Therapeutin die schwereren Spielsachen, die sonst als Wurfgeschosse verwendet wurden. In einem späteren Stadium der Behandlung versuchte Paul, aus dem Behandlungszimmer und der Klinik auf die Straße hinauszulaufen, sooft er von Panik überwältigt wurde. Zu diesen Zeiten nahm die Therapeutin den Patienten in die Arme und brachte ihn im Haus in Sicherheit, weil sie das Gefühl hatte, dass es zu diesem Zeitpunkt nötig war, ihn körperlich festzuhalten und zu beschützen« (A. Freud, 1982, S. 229).

Anna Freuds Beschreibung lässt deutlich werden, dass Begrenzungen dem Kind vor allem Halt und Sicherheit geben. Es wird vor den Folgen seiner destruktiven Affekte und somit auch vor Schuld geschützt.

Zusammenfassung

- Defekte der Ich- und Selbststruktur werden auch als strukturelle Störungen bezeichnet. Innerhalb der Ich-Psychologie setzte sich die Psychoanalyse ausführlich mit dem Ich, seinen Funktionen und seinen Störungen auseinander. Ganz allgemein dienen die Ich-Funktionen der Anpassung an die Realität. Redl hat die Ich-Funktionen und die Ich-Defizite untersucht, dabei hat er dreißig verschiedene Störungen der Ich-Funktionen beschrieben. Hieraus entwickelte er ein behandlungstechnisches Vorgehen innerhalb einer Psychoanalytischen Pädagogik. Er unterstützte beispielsweise seine Patienten und Klienten dabei, innere Kontrollen aufzubauen. Redl unterscheidet zwischen einer generellen Ich-Schwäche und defizitären Ich-Funktionen. Dieser Unterschied sollte in jeder Untersuchung eines Kindes oder Jugendlichen herausgearbeitet werden, vor allem, welche Ich-Funktionen versagen und aus welchen *unbewussten* Gründen. Innerhalb der Ich-Psychologie besitzt die Deutung der Abwehr eine hohe Bedeutung.
- Beim Umgang mit Affekten wie Wut, Hass, Neid und aggressiven Handlungen, müssen immer Grenzsetzungen erfolgen. Der Therapeut muss entscheiden, welches Verhalten erlaubt, welches toleriert und welches verhindert werden soll. Diese Entscheidungen sind vom Alter des Kindes und der entsprechenden Situation abhängig. Anna Freud betont, dass therapeutische Einschränkungen immer von Verbalisierungen des Therapeuten begleitet werden sollten. Man könne Kinder auch körperlich zurückhalten und dabei wirksame Deutungen vornehmen. Begrenzungen geben einem Kind vor allem Halt und Sicherheit, gleichzeitig wird es vor den Folgen seiner destruktiven Affekte und vor Schuld geschützt.

Literatur zur vertiefenden Lektüre

Arbeitskreis OPD (1996). *Operationalisierte Psychodynamische Diagnostik. Grundlagen und Manual.* Bern, Göttingen, Toronto, Seattle: Hans Huber

Freud, A. (1984). *Das Ich und die Abwehrmechanismen.* 24. Auflage. Frankfurt am Main: Fischer.
Hartmann, H. (1972). *Ich-Psychologie. Studien zur psychoanalytischen Theorie.* Stuttgart: Klett.
Redl, F. (1971). *Erziehung schwieriger Kinder. Erziehung in Wissenschaft und Praxis.* München: R. Piper & Co.
Redl., F. & Wineman, D. (1979). *Kinder, die hassen.* München: R. Piper & Co.
Sandler, J., Kennedy, H. & Tyson, R. L. (1982) (Hrsg.). *Kinderanalyse. Gespräche mit Anna Freud.* Frankfurt am Main: S. Fischer

Weiterführende Fragen

- Was sind strukturelle Störungen?
- Welche wichtigen Funktionen besitzt das Ich?
- Was sind defizitäre Ich-Funktionen?
- Was versteht man unter »Ich-Schwäche«?
- Warum sind Grenzsetzungen in jeder Psychotherapie unentbehrlich?

11 Verbalisierung von Affekten

Krause (2012) zufolge hat sich mittlerweile die Auffassung durchgesetzt, dass eine begrenzte Anzahl von Affekten in allen Kulturen auftritt. Sie manifestieren sich über bestimmte motorisch-expressive Konfigurationen und stimmen teilweise mit Ausdrucksmustern der Tiere überein (▶ Kap. 3). Relativ sicher gilt dies für die mimischen Ausdrucksmuster von Freude, Trauer, Wut, Ekel, Überraschung, Furcht und Verachtung. Sie werden darum auch als Primäraffekte bezeichnet.

Krause schreibt auch, dass mit Beginn der Sprachentwicklung und der Unterscheidung der eigenen Person von den anderen, es für das Kind möglich wird, Gefühle sprachlich abzubilden und damit auch zu formen. Auch vielen erwachsenen Menschen fällt es schwer, Affekte präzise auszudrücken, oft sind die Begriffe nicht eindeutig.

Die Fähigkeit des heranwachsenden Kindes, Affekte benennen zu können, entwickelt sich in der Beziehung zu den Eltern und anderen Erwachsenen. Es hängt stark vom Bildungsstand der Eltern ab, wie intensiv diese die Affekte ihres Kindes zu verbalisieren versuchen.

Kathrin Blawat (2019) führt an, dass man einst von der Universalität von Gefühlen überzeugt war. Inzwischen wurde jedoch festgestellt, dass innerhalb der verschiedenen Sprachen durchaus unterschiedliche Gefühlszustände beigemischt werden können. Auch ist die Wertschätzung der verschiedenen Gefühle unterschiedlich. Menschen aus Papua bezeichnen beispielsweise die ambivalente Schwermut verlassener Gastgeber mit *awumbuk*. Dies ist ein Affekt, der in hiesigen Regionen völlig fremd ist. Da heutzutage viele Kinder aus unterschiedlichen Kulturen psychotherapeutisch behandelt werden, sollte diese Tatsache immer berücksichtigt werden: Wie wir Gefühle sprachlich abbilden, ist nicht immer identisch mit anderen Kulturen.

11 Verbalisierung von Affekten

Mit sprachlichen Äußerungen werden also Emotionen ausgedrückt und benannt, geweckt, intensiviert sowie konstruiert. Anny Katan, eine Lehranalysandin von Anna Freud, veröffentlichte 1961 den Artikel *Die Rolle der Verbalisierung in der frühen Kindheit*. In diesem Artikel ging es ihr vor allem um die Verbalisierung von Gefühlen, von Emotionen und Affekten in der frühen Kindheit. Katan hatte mit Kindern zwischen drei und fünf Jahren die Erfahrung gemacht, dass viele von ihnen dringend zwar eine Behandlung benötigten, dass es ihnen jedoch an sprachlichen Fähigkeiten mangelte. In manchen Fällen waren viele kommunikative Fähigkeiten bereits ausreichend gut, aber die Kinder konnten sich dennoch in der Behandlung nicht ausreichend ausdrücken. Kinder nehmen ihre Gefühle wahr und drücken einige von ihnen über Lachen und Schreien, über den Gesichtsausdruck und die Körpermotilität averbal aus. Sie haben jedoch Schwierigkeiten, Begriffe zu lernen, die innere Vorstellungen von Gefühlen wiedergeben.

Katan empfahl, Kinder vorbereitend zu lehren, ihre Gefühle zu verbalisieren, ehe mit einer Behandlung begonnen werden könne. Diese Vorbereitungen sollten Eltern, Erzieher und Lehrer übernehmen.

Natürlich muss an jenen Defiziten vor allem in der Therapie gearbeitet werden. Aber es war ein Anliegen von Katan, dass Verbalisierung zu einem Teil der gesamten Erziehung werden und nicht nur auf die analytischen Sitzungen beschränkt bleiben sollte. Aus den Bemühungen Katans, einem Kind dabei zu helfen, seine Gefühle und Gedanken zu verbalisieren, entwickelte sie die folgenden Schlüsse (vgl. auch Freud, A., 1971):

- Es besteht ein direkter zeitlicher Zusammenhang zwischen der Über-Ich-Bildung und dem Fortschritt vom Primärvorgang zum Sekundärvorgang.
- Der Sekundärvorgang hängt vom Fortschritt in der Sprachentwicklung ab.
- Es ist eine zentrale Erkenntnis, dass die Verbalisierungen der äußeren Wahrnehmungen denen der inneren Wahrnehmungen vorausgehen. Daraus resultiert die wichtige Erfahrung, dass ein Verbalisieren von inneren Wahrnehmungen einen hilfreichen Einfluss auf die Entwicklung von Realitätsprüfung und Triebbeherrschung ausübt. Eine Verbalisierung von Affekten hilft Kindern, Affekte überhaupt unterscheiden zu lernen.

Verbalisierung verbessert die Fähigkeit des Ichs, zwischen Wünschen und Fantasien auf der einen Seite und der Realität auf der anderen Seite unterscheiden zu können. Solche Kinder werden schon im frühen Alter fähig, Wunsch und Realität auseinanderhalten zu können.

Anna Freud wies darauf hin, dass die bedeutsame Rolle des Wortes in der menschlichen Entwicklung schon in den Anfängen der Psychoanalyse Anerkennung gefunden habe. Die Umsetzung unbewusster Es-Inhalte in bewusste Wortvorstellungen sei das Wesen jeder Deutung und darum in jedem Lebensalter ein wichtiges Element der Analyse. Anny Katan hob vor allem die Rolle der Verbalisierung in der Behandlung von Kleinkindern hervor, die mit Rückständen in der Sprachentwicklung, Denkentwicklung und unzureichender Ich-Organisation eine Analyse beginnen. Doch ist das Verbalisieren von Affekten und Emotionen während aller Entwicklungsstufen ein wirksames Deutungsmittel und sollte während jeder Behandlung zum Einsatz kommen.

Traumberichte eignen sich schon deshalb besonders gut, um Affekte zu verbalisieren, weil Kinder und Jugendliche fast immer auch von Affekten berichten, sie verschweigen, isolieren usw. Nach Plassmann (2019) enthält eine Traumerzählung unmittelbar wahrnehmbare emotionale Themen. Sie seien präsent und müssten nicht rekonstruiert werden. Er betont, dass während des Berichtes auf die Emotionsregulierung zu achten sei, insbesondere auf Momente der Überflutung, in denen Regulation und Verarbeitungsfähigkeit verloren gingen.

Man kann versuchen, jeden Traum eines Kindes oder Jugendlichen zu verstehen, indem man die Stimmungen des Traumes, die begleitenden Emotionen und Affekte aufnimmt und auf sich wirken lässt (vgl. auch Wiesenhütter, 1966). Hierzu bedarf es nicht vieler Vorkenntnisse. Die erste Frage sollte sich fast immer auf die Stimmung des Patienten während des Träumens beziehen und an welche Tagesreste sich die Träumer erinnern. Unter dem Tagesrest verstehen wir bekanntlich jene Elemente aus dem Vortag, die der Traum als Anknüpfungspunkte verwendet hat. Meine Gegenübertragungsaffekte lassen mich schon während der Traumerzählung ganz entscheidende Motive erkennen, die für die Traumentstehung entscheidend waren.

In Supervisionen und Traumseminaren wird lediglich das Traumnarrativ vorgetragen, ohne Kenntnisse der Teilnehmerinnen und Teilnehmer von Träumerin oder Träumer. Es ist faszinierend, dabei zu beobachten, wie sich die Stimmungen der Anwesenden zu einem mächtigen Akkord vereinigen.

Vor dem Hintergrund der Gegenübertragungswahrnehmungen lassen sich jetzt die den Traum begleitenden Affekte erkennen. Neben den aggressiven Affekten gelingt es meist, die vorkommenden Ängste zu beschreiben: Namenlose Ängste, Verschmelzungsängste, Inzestängste, Todesängste, Trennungs- und Verlustängste, Ängste vor Liebesverlust, Kastrationsängste, Scham- und Schuldängste. Mit einer Definition der jeweiligen Ängste lassen sich auch Fixierungspunkte erkennen.

Ich (H. H.) möchte noch mit einer kurzen Fallsequenz aufzeigen, wie das Erkennen und Benennen von Affekten für die Diagnose genutzt werden kann.

Falldarstellung

Im Abschnitt über die strukturellen Störungen habe ich bereits kurz Julian vorgestellt. Der sieben Jahre alte Junge reagierte auf alle Veränderungen, auf Stimmungen, Berührungen und Geräusche empfindlich, fast mimosenhaft. Er beantwortete sie mit heftigen Wutanfällen, schlug dann um sich, spuckte und trat und war in dieser Verfassung für nichts mehr zugänglich. Seine Wutdurchbrüche konnten von einem Moment zum anderen entstehen. Manchmal waren Ursachen zu erkennen, kleine Frustrationen oder Kränkungen, zumeist jedoch nicht. Gerade noch zugewandt und kooperativ, konnte es im nächsten Moment schon zum ungehemmten Ausbruch kommen. Julian konnte keine körperliche Nähe ertragen, mochte weder umarmt noch geküsst werden. Nachts wachte er aus Albträumen auf und schrie. In letzter Zeit wirkte er müde und erschöpft. Er neigte zu Selbstanklagen und äußerte auch Wünsche, nicht mehr leben zu wollen.

Seine Ich-Defizite lagen vor allem im Bereich der Frustrationstoleranz. Er fürchtete sich einerseits von Objekten bedroht, andererseits befürchtete er ihren Verlust. Auch sein Selbstwert wurde ständig labilisiert, unvermittelt überfielen ihn depressive Affekte und Schuldängste.

Bei unserer ersten Begegnung konnte sich Julian leicht von der Mutter trennen. Ich erlebte einen sympathischen, gut gekleideten Jungen, der sich sichtlich mühte, mir alles recht zu machen. Anders als bei ähnlichen Fällen spürte ich in meiner Gegenübertragung keine Angst, er könnte mit Wut reagieren. Tatsächlich spürte ich sie nicht einmal ansatzweise, auch nicht, als ihm beim Spiel mit dem Szenokasten immer wieder ein Tisch umfiel.

Der Umgang von Julian mit dem Szenotest war besonders überraschend. Als ich ihm meinen über 40 Jahre alten Szenokasten zeigte, reagierte er erstaunt und gleichzeitig erfreut. Lange Zeit sah er einzelne Figuren an und legte sie wieder zurück. Er nahm den Liegestuhl in die Hand, legte eine Figur hinein, betrachtete sie eine Weile, legte sie ebenfalls wieder ins Fach zurück. Auch amüsierte er sich über die Toilette.

Dabei zeigte er eine Konzentration und Ausdauer, wie sie bei ADHS niemals der Fall gewesen wären (was von der Schule vermutet wurde). Mit Bauklötzen baute er eine Straße für das Auto, daneben einen abgegrenzten Streifen für die Eisenbahn. Am meisten überraschte mich sein Umgang mit den Menschenfiguren des Kastens. Immer wieder nahm er eine in die Hand, schaute sie längere Zeit an und legte sie wieder in den Kasten. Machten sie ihm Angst? Gleichzeitig dachte ich an seine Angst vor Nähe und Berührung. War es eine Angst, durch Verschmelzung ausgelöscht werden zu können? Wichtig war es ihm, einen Berg aus Holzbausteinen zu bauen. Darunter verbarg er einen Schatz, ein rotes Kristallglas und einen schwarzen Hund. Das geschah völlig wortlos, aber während seines gesamten Tuns breitete sich eine unglaubliche Traurigkeit aus. Ich sah den Jungen an und meinte zu ihm: »Du bist so traurig!« Daraufhin sah er mir überrascht in die Augen. »Ja, das stimmt«, sagte er spürbar erstaunt.

Ich wusste, dass sein Großvater wegen Depressionen in Behandlung gewesen war, seine Mutter war während seiner Geburt in eine postpartale Krise geraten. Wurden Trauer und Verzweiflung zu groß, befreite sich Julian mit seinen explosiven Durchbrüchen narzisstischer Wut. Dies geschah nach Angriffen von außen, oft aber ohne erkennbare Auslöser.

Zusammenfassung

- Anny Katan, eine Lehranalysandin von Anna Freud, hat die Bedeutung der Verbalisierung von Gefühlen – von Emotionen und Affekten in der frühen Kindheit – erkannt und beschrieben. Ihrer Meinung nach besteht ein direkter zeitlicher Zusammenhang zwischen der Über-Ich-Bildung und dem Fortschritt vom Primärvorgang zum Sekundärvorgang. Der Sekundärvorgang hängt vom Fortschritt in der Sprachentwicklung ab. Die Verbalisierungen der äußeren Wahrnehmungen gehen denen der inneren Wahrnehmungen voraus. Ein Verbalisieren von inneren Eindrücken übt daher einen hilfreichen Einfluss auf die Entwicklung von Realitätsprüfung und Triebbeherrschung aus, und eine Verbalisierung von Affekten hilft Kindern, Affekte überhaupt unterscheiden zu lernen. Verbalisierung verbessert somit die Fähigkeit des Ichs, zwischen Wünschen und Fantasien auf der einen Seite und der Realität auf der anderen Seite unterscheiden zu können. Solche Kinder werden schon im frühen Alter fähig, Wunsch und Realität auseinanderhalten zu können. Verbalisierung hilft dem Patienten generell dabei, seine *Mentalisierungsfähigkeit* weiterzuentwickeln, beispielsweise Gefühle, Emotionen, Affekte und Wünsche bei sich und anderen als solche zu erkennen.
- Katan hob vor allem die Rolle der Verbalisierung in der Behandlung von Kleinkindern hervor, die mit Rückständen in der Sprachentwicklung, Denkentwicklung und unzureichender Ich-Organisation eine Analyse beginnen. Das Verbalisieren von Affekten und Emotionen ist jedoch immer ein wirksames Deutungsmittel und sollte bei allen Altersstufen während jeder Behandlung zum Einsatz kommen.

Literatur zur vertiefenden Lektüre

Freud, A. (1971). *Wege und Irrwege in der Kinderentwicklung.* Bern: Hans Huber.
Hopf, H. & Winter-Heider, C. (2019). *Sprache und Traum in der psychodynamischen Therapie von Kindern und Jugendlichen.* Stuttgart: W. Kohlhammer.
Katan, A. (1961). Some thoughts about the role of verbalization in early childhood. *The Psychoanalytic Study of the Child 16*, 184–188.

Weiterführende Fragen

- Was versteht man unter Verbalisieren?
- Was kann mit Verbalisieren bewirkt werden?
- Was versteht man unter »Realitätsprüfung«?
- Warum führt Verbalisieren zu einer Verbesserung der Realitätsprüfung?

Teil VII Externalisieren und Internalisieren

12 Psychische Störungen sind geschlechtsspezifisch

Es ist kein Zufall, dass die bisherigen Fallbeispiele mit gestörter Affektregulation Jungen waren. Bei Jungen und männlichen Jugendlichen mit Fluchterfahrungen und Bindungsstörungen, solchen, die depriviert und traumatisiert worden sind, zeigen sich fast immer Schwierigkeiten bei der Affektregulation. Psychische Störungen sind deutlich geschlechtsspezifisch. Jungen neigen zur Bewegungsunruhe, externalisieren ihre Konflikte und tragen Sand ins soziale Getriebe (vgl. auch Esser, 2012). In der folgenden Tabelle werden einige wichtige Störungsbilder von Mädchen und Jungen einander gegenübergestellt (►Tab. 12.1).

Tab. 12.1: Psychische, somatoforme und psychosomatische Störungen (nach Häufigkeiten auf die Geschlechter verteilt – Ihle & Esser, 2002; aus Hopf, 2021, S. 336)

Jungen	Mädchen
externalisierende Störungen	internalisierende Störungen
Störungen des Sozialverhaltens (aggressives Verhalten) etwa 80 %	Anorexia nervosa (95 %) Bulimia nervosa (90 %)
ADHS etwa 75–85 %	Depressionen (bis 70 %) selbstverletzendes Verhalten (ca. 80 %)
Lese- und Schreibstörungen Sprach- und Sprechstörungen (etwa 65–80 %) Stottern (etwa 75 %) Tics (etwa 75 %)	Mutismus (70 %)

Bei Jungen lässt sich Folgendes festhalten:
Jungen haben Probleme mit der Beherrschung von aggressiven Affekten. Sie neigen zu sozial störenden, ausagierenden Verhaltensweisen mit mehr Aggressionen und Hyperaktivität und tragen auf diese Weise ihre Konflikte in die Außenwelt. Sie *externalisieren*. Es entwickeln sich »*Externalisierenden Störungen*«. Sowohl Legasthenie als auch fast alle Sprachstörungen kommen bei ihnen häufiger vor als bei Mädchen, die Konflikte eher internalisieren (»*Internalisierende Störungen*«). Allgemein kann gesagt werden, dass die kommunikativen Fähigkeiten von Jungen störanfälliger sind.

13   Jungen externalisieren

Innerseelische Konflikte können unbewusst auf äußere reale Konflikte aufgepflanzt und dann in dieser externalisierten Form ausgetragen werden. Sehr viele wiederkehrende Streitigkeiten und Kämpfe, in der Familie, in der Schule sowie in anderen sozialen Bezügen sind also in Wirklichkeit externalisierte innere Konflikte (Mentzos, 2014).

Gemäß Mentzos ist Externalisierung ein Sammelbegriff für alle möglichen Spielarten von projektiven Prozessen: Innerseelische Konflikte werden nicht als die eigenen erkannt, sondern der äußeren Welt und bestimmten Personen zugeschrieben. Auf diese Weise können aggressive Impulse, Stimmungen, Konflikte etc. nach außen verlagert werden. In der Regel können wir »Externalisieren« somit als einen Versuch verstehen, negative Affektzustände loszuwerden oder sie zu modifizieren, auch abzuschwächen oder zu verstärken (vgl. auch Fonagy et al., 2004). Vorgänge wie Affektspiegelung, Symbolisieren, Mentalisieren etc. lassen – wie schon mehrfach erwähnt – einen innerseelischen Raum entstehen, in dem Affekte gehalten, ausgehalten und symbolvermittelt in Beziehungen gebracht werden können. Sind sie unzureichend, entsteht kein ausreichender innerer Raum, der die Affekte zu verarbeiten gestatten würde.

»Externalisieren« ist also ein Versuch, sich von negativen Affektzuständen zu entlasten oder sie zu modifizieren. Externalisieren ist aber auch eine Form von unbewusster Beziehungsaufnahme. Für manche Jugendliche ist es so gut wie die einzige ihnen mögliche Form (vgl. auch Hopf, 2013).

Während übrigens Freud noch Agieren als Wiederholung und nicht als Erinnern ansah, hat sich unser Verständnis des Agierens dahingehend verschoben, dass inzwischen alles unter dem Begriff »Agieren« gefasst wird, was mit motorischen Aktionen verknüpft ist (vgl. Klüwer 1983).

13.1 Unterschiedliche Externalisierungsformen

Übermäßige – anormale – projektive Identifikationen sind ein Kennzeichen für die Verlagerung von schmerzvollen psychischen Zuständen nach außen auf andere Objekte (Hinshelwood, 1993). Unerträgliche, nicht containte, nicht mentalisierte Affekte werden in Form ungesteuerter Bewegung externalisiert, erkennbar an der Bewegungsunruhe. Innerseelische Konflikte werden unbewusst auf äußere reale Konflikte projiziert, quasi aufgepfropft, und dann auf einem externalisiertem Wege als zwischenmenschliche Konflikte ausgetragen.

Reifes Externalisieren dagegen lässt unbewusste Szenen entstehen (szenisches Verstehen) (Hopf, 2021, S. 335).

14 Mädchen internalisieren

Kehren wir noch einmal zur Tabelle 12.1 mit der Verteilung von Störungen auf die Geschlechter zurück (▶ Tab. 12.1). Dort ist zu erkennen, dass Mädchen stärker unter psychosomatischen und neurotischen Verarbeitungsformen von Konflikten mit Neigung zu vermehrter Depression und Ängsten leiden. Die Verarbeitung ist deutlich *internalisierend* und *autoaggressiv*. Internalisierende Störungen nehmen im späten Jugendalter und im Erwachsenenalter sogar noch zu, Depressionen sind dann doppelt so häufig wie bei männlichen Patienten, Angststörungen dreimal so häufig (Ihle & Esser, 2002). Wir können die Neigungen der Mädchen und Frauen sowie der Jungen und Männer besonders deutlich bei einer Borderline-Struktur studieren. Diese manifestiert sich bei Mädchen in Form von Essstörungen, Selbstverletzungen oder Suizidversuchen. Jungen mit einer ähnlichen strukturellen Störung hingegen neigen zur Gewalttätigkeit anderen gegenüber (vgl. Fonagy et al., 2004).

14.1 Die Mutter und die Über-Ich-Entwicklung des Mädchens

Bei fast allen psychischen Störungen des Mädchens tritt Autoaggression gegen das Selbst in Erscheinung. Doch wo liegen die Ursachen für diese Wendung der Aggression gegen das eigene Selbst? Bei vielen psychischen Störungen tritt Autoaggression in der Wendung der Aggression gegen das Selbst in Erscheinung. Wenn das Über-Ich zu rigide ist, die Angst zu groß,

Aggression nach außen zu wenden, oder beim Fehlen eines Objektes, wie beim *Hospitalismus*. Dann werden Aggression und Libido gegen das Selbst gewendet. Bei der *Autoaggression* wird der eigene Körper zum Objekt. Über den Körper Macht und Herrschaft auszuüben, verleiht narzisstischen Autarkiegewinn, ein Ausgeliefertsein wird auf diesem Wege verleugnet.

Es ist eine empirisch gewonnene Tatsache, dass Mädchen in ihrem Verhalten stärker beaufsichtigt und kontrolliert werden als Jungen. Sie üben später weniger Gewalt aus und erzielen bessere Schulleistungen. Diese Tatsache kann aber auch Folgen für die Über-Ich- und Gewissensentwicklung des Mädchens haben.

Frauen haben im Laufe der Evolution offensichtlich besser gelernt, Konflikte ohne körperliche Gewalt zu lösen. Allerdings wurden Mädchen und Frauen auf diese Weise zu Meisterinnen der verbalen Gewalt. Sie brauchen nicht mit Fäusten zu schlagen, manche verletzen mit Worten, was keine geringeren Wunden verursachen kann. Und Elektra hat bekanntlich nicht selbst getötet, sondern ihren Bruder beauftragt und auf diese Weise auch ihr Ziel erreicht.

Nicht selten ist die Sozialisation von Mädchen durch eine enorme Verhaltenshemmung und -kontrolle gekennzeichnet.

> »Mädchen unterdrücken spontane Impulse, Temperamentsausbrüche stärker als gleichaltrige Jungen, und auch die Erwachsenen, die Lehrer und Eltern, regulieren das Verhalten und die Emotionen von Mädchen viel stärker als bei Jungen« (Seiffge-Krenke, 2017, S. 345).

Daher haben Mädchen in der Regel ein gut gefestigtes Über-Ich, das sie zu großen Leistungen befähigt, zum Halten und besseren Aushalten. Doch kann ihr Über-Ich eine höchst problematische Entwicklung nehmen: Auf einem langen Entwicklungs- und Erziehungsprozess kann es sadistisch und verfolgend werden.

Sauberer, ordentlicher zu sein und weniger herumzutoben als ein Junge verhilft dem kleinen Mädchen dazu, seine Angst vor dem Verlust der Liebe und Wertschätzung seiner Mutter allmählich zu bewältigen. Mädchen neigen aber auch deshalb dazu, weil sie wie ihre Mutter werden wollen. Es ist eine ebenfalls empirisch erwiesene Tatsache, dass kleine Mädchen in unserer Gesellschaft früher und rigider als kleine Jungen zur Reinlichkeit und Ordentlichkeit erzogen werden. Sie erleben die Mütter darum auch als kontrollierender und eindringender. Wie sich die Mütter aufgrund eines eigenen strengen Über-Ichs selbst antreiben und überfordern, tun sie dies auch mit ihren Töchtern.

Dies *kann* aber auch dazu führen, dass Aggressionen unterdrückt und gegen das eigene Selbst gerichtet werden. Das Bedürfnis, die Mutter zu kontrollieren, wird dann in einen Selbstkontrollmechanismus umgeformt. Das Mädchen entwickelt, wie bereits erwähnt, ein strengeres, ein gefestigtes Über-Ich und kann mit Frustrationen und Entbehrungen besser umgehen. Die Autonomieentwicklung ist wiederum komplizierter und löst mehr Schuld aus, vor allem in der beginnenden Adoleszenz (Mertens, 1994; Hopf, 1998).

Mertens meint hierzu:

»Nur wenn es dem Mädchen gelingt, seine anal-sadistischen Triebkomponenten statt gegen das eigene Selbst auf die Außenwelt, vor allem auf die Mutter, zu richten, ohne dabei Angst vor Liebesverlust empfinden zu müssen, kann es eine Art von Bewältigungs- und Bemeisterungskompetenz entwickeln« (Mertens, 1994, S. 97).

In der Adoleszenz kann sich die Über-Ich-Problematik zuspitzen und schicksalshaft werden! Dazu zwei Fallgeschichten.

Falldarstellung

Lena ist vier Jahre alt. Vor einem Jahr hat sie ein Brüderchen bekommen. Seitdem hat das Mädchen, nach Aussagen der Mutter, mit einer »abstoßenden Unart« begonnen. Lena masturbiert, indem sie auf irgendwelchen Gegenständen hin- und herschaukelt. Die entsetzte Mutter, streng katholisch erzogen, hat Lena unter Strafandrohung verboten, weiterhin so etwas Böses zu tun. Tatsächlich unterlässt Lena sofort ihre kleinen Freuden. Von jetzt an kommt sie abends ans Bett der Mutter. Voller Angst sagt sie, in ihrem Kopf seien böse Wörter. Sie müsste sie unbedingt sagen, damit sie schlafen könne. Dann schreit sie Wörter aus dem Genital- und Fäkalbereich. Die Mutter ist wiederum entsetzt und wendet sich jetzt an eine Psychotherapeutin.

Eine zweite Fallgeschichte:

Falldarstellung

Vor längerer Zeit hatte ich ein 13-jähriges Mädchen in psychoanalytischer Behandlung. Zu Beginn jeder Stunde klagte Regina regelmäßig über ihr schlechtes Gewissen. »Das schlechte Gewissen, es ist so schlimm, ich halte es nicht aus!« Zunächst verstand ich nicht so recht, was sie damit meinte. Endlich begriff ich, dass Regina ununterbrochen unter massiven Schuldgefühlen litt, die aber keine realen Anlässe hatten.

Ich hatte vermutet, dass Regina einst unerwünscht geboren war. Die Mutter war eine intrusive, sehr kontrollierende Frau, welche die Autonomieentwicklung des Mädchens nicht ansatzweise ertrug. Gleichzeitig versuchte sie mit allen Mitteln, dass Regina von früh an sauber und trocken wurde, was aber misslang. Fast bis zum zehnten Lebensjahr nässte Regina tagsüber und nachts ein. Auf diesen vermeintlichen Protest reagierte die Mutter mit immer stärkerem Druck und ununterbrochener Kritik. Von früher Kindheit an begann Regina unter großen Schuldgefühlen zu leiden. Dann entwickelte sich noch eine andere Verhaltensweise. Regina legte sich im Beisein der anderen Familienmitglieder auf die Couch und masturbierte, indem sie mit hochrotem Kopf die Beine aneinander presste. Reginas Verhalten rief in der gesamten Familie Empörung hervor. Alle beschimpften das Mädchen, die Mutter, der Vater, der ältere Bruder lachte sie aus. Mittlerweile war Regina an einem Punkt angelangt, dass sie glaubte, alles falsch gemacht zu haben, und begann unter unaufhörlichen Schuld- und Schamängsten zu leiden.

Als Regina zwölf Jahre alt war, hatte sie eine dominierende Freundin, mit der sie herumstreunte und erste Kontakte zu Jungen suchte. Die Mutter war darüber entsetzt und beschimpfte die Tochter. Da wurde das Mädchen eines Tages überfallartig von einem Jungen geküsst, empfand dabei aber nur Ekel und Angst.

Wenig später erkrankte Regina an einer fiebrigen Angina. Als sie wieder gesund war, begann sie mehr und mehr das Essen zu verweigern. Sie wollte auch nicht mehr von zu Hause weg, sondern nur noch bei der Mutter bleiben. Die Gedanken begannen in zwanghafter Weise um immer weitere Reduktionen ihrer Mahlzeiten zu kreisen. Wenn das Mädchen in den Spiegel schaute, ekelte es sich, weil es sich als unförmig dick erlebte, obwohl es längst Untergewicht hatte. Regina magerte immer weiter ab; es begann insgesamt ein Leben auf Sparflamme.

Sie weigerte sich, künftig in die Schule zu gehen, sie mochte nur noch bei ihrer Mutter bleiben. Sie entwickelte extrem kindliche Interessen, las Kinder-Comics, bastelte, malte und schlief endlich sogar jede Nacht im Bett der Mutter. Ihre Abhängigkeit von der Mutter bekam immer groteskere Züge: Sie ließ sich von ihr waschen, den Körper eincremen und wich nicht von ihrer Seite, war im wahrsten Sinne des Wortes eins mit ihr. Sie war keine seelisch autonome Persönlichkeit mehr, sondern mit der Mutter verschmolzen.

Beschreibt man allgemeine Tendenzen hinsichtlich von Ängsten bei Mädchen, so erkennt man Trennungsängste, vor allem jedoch – wie bei Regina – Ängste vor Liebesverlust und Probleme mit dem Selbstwert, dem Körperselbst und der Weiblichkeit. Diese ziehen wiederum Scham- und Schuldängste nach sich, sowie langfristig eine Tendenz, den eigenen Körper abzulehnen, zu hassen und zu zerstören (vgl. Hopf, 2019).

Zusammenfassung

- Psychische, somatoforme und psychosomatische Störungen sind deutlich geschlechtsspezifisch. Jungen externalisieren ihre Konflikte, neigen zur Bewegungsunruhe und zu Durchbrüchen von Wutaffekten. Sie *externalisieren* und tragen so ihre Konflikte in die Außenwelt. Allgemein kann auch gesagt werden, dass die kommunikativen Fähigkeiten von Jungen störanfälliger sind.
- »Externalisieren« ist somit ein Versuch, sich von negativen Affektzuständen zu entlasten oder sie zu modifizieren und gleichzeitig eine Möglichkeit der Beziehungsaufnahme.
- Vorgänge von Affektspiegelung, Symbolisieren, Mentalisieren und andere lassen einen innerseelischen Raum entstehen, in dem Affekte gehalten, ausgehalten und symbolvermittelt in Beziehungen gebracht werden können. Ganz offensichtlich gelingt es Jungen

schwerer als Mädchen, einen ausreichend funktionsfähigen inneren Raum zu entwickeln.
- Mädchen leiden stärker unter psychosomatischen und neurotischen Verarbeitungsformen von Konflikten mit einer Neigung zu vermehrter Depression und Ängsten. Die Verarbeitung ist deutlich *internalisierend* und *autodestruktiv*. Wir können solche Neigungen von Mädchen und Frauen sowie von Jungen und Männern besonders deutlich bei Borderline-Strukturen erkennen. Bei den Mädchen manifestieren sie sich in Form von Essstörungen, Selbstverletzungen oder Suizidversuchen. Jungen mit einer ähnlichen strukturellen Störung hingegen entwickeln dissoziale Störungen und neigen zur Gewalttätigkeit gegenüber anderen.
- Autoaggression tritt in der Wendung der Aggression gegen das Selbst bei vielen psychischen Störungen in Erscheinung. Wenn das Über-Ich zu rigide ist, die Angst zu groß ist, Aggression nach außen zu wenden, oder beim Fehlen eines Objektes, wie beim Hospitalismus, dann werden Aggression und Libido gegen das Selbst gewendet. Bei der Autoaggression wird der eigenen Körper zum Objekt. Über den Körper Macht und Herrschaft auszuüben, kann narzisstischen Autarkiegewinn verleihen, ein Ausgeliefertsein wird so verleugnet.
- Mädchen werden in ihrem Verhalten stärker beaufsichtigt und kontrolliert als Jungen. Sie üben später weniger Gewalt aus und erzielen bessere Schulleistungen. Diese Tatsache kann aber auch Folgen für die Über-Ich- und Gewissensentwicklung des Mädchens haben. Die Sozialisation von Mädchen ist durch eine enorme Verhaltenshemmung und -kontrolle gekennzeichnet. Darum haben Mädchen in der Regel ein gut gefestigtes Über-Ich, das sie zu großen Leistungen befähigt, zu Geduld und besserer Ausdauer. Doch kann ihr Über-Ich eine höchst problematische Entwicklung nehmen und sadistisch und verfolgend werden. Dies würde dazu führen, dass Aggressionen unterdrückt und gegen das eigene Selbst gerichtet werden.

Literatur zur vertiefenden Lektüre

Heinemann, E. & Hopf, H. (2015). *Psychische Störungen in Kindheit und Jugend.* 5. Auflage. Stuttgart: Kohlhammer.
Hopf, H. (2019). Jungenängste – Mädchenängste. Gemeinsamkeiten und Unterschiede. In H. Lang & G. Pagel (Hrsg.), *Angst und Zwang.* Würzburg: Königshausen & Neumann.
Hopf, H. (2021). *Die Psychoanalyse des Jungen.* 5. Auflage. Stuttgart: Klett-Cotta.
Seiffge-Krenke, I. (2017). *Die Psychoanalyse des Mädchens.* Stuttgart: Klett-Cotta.

Weiterführende Fragen

- Was sind Externalisierungen?
- Wie entstehen externalisierende Störungen?
- Wie sind sie auf die Geschlechter verteilt?
- Was ist Autoaggression?
- Warum richten Mädchen aggressive und destruktive Affekte gegen das eigene Selbst?
- Nennen Sie einige typische Störungsbilder der Mädchen.

Teil VIII Störungen der Affektregulation

15 Diagnostik von Störung und Affektregulation

Holtmann, Legenbauer und Grasmann (2017) weisen darauf hin, dass Stimmungsschwankungen bei Kindern und Jugendlichen in den vergangenen Jahren vermehrtes Interesse gefunden haben. Nicht ganz trennscharf und oft überlappend würden dabei Begriffe wie emotionale Labilität, affektive Dysregulation und Stimmungsinstabilität verwandt, um ein klinisches Bild zu bezeichnen, das neben den plötzlichen und unvorhersehbaren negativen Stimmungsauslenkungen oft zusätzlich charakterisiert sei durch Reizbarkeit und Wutanfälle, hitziges Temperament und niedrige Frustrationstoleranz. Trotziges Verhalten, Wutanfälle und Stimmungsschwankungen seien andererseits häufige entwicklungspsychologische Phänomene, die insbesondere im Vorschulalter bei einem Großteil der Kinder aufträten, sich aber wieder zurückbildeten. Diese normalen Entwicklungsphänomene müssten natürlich von pathologischen Störungen der Affektregulation abgegrenzt werden.

Im Vergleich zu früheren Zeiten haben wir mittlerweile mehr Kinder und Jugendliche in Behandlung, die infolge traumatischer Erfahrungen von Gewalt, Missbrauch, Fluchterfahrungen, Deprivation oder chronisch körperlichen Erkrankungen nicht ausreichend in der Lage sind, zu spielen und dabei ihre Symbolfunktion zu gebrauchen (Tschuschke, 2019). Ihnen ist es im Laufe ihrer Entwicklung nicht gelungen, einen ausreichend funktionsfähigen inneren psychischen Raum zu entwickeln (Bovensiepen, 2020). Kinder mit solchen Defiziten können kaum Spannungen ertragen und zeigen durchweg Durchbrüche von aggressiven Affekten.

Im Abschnitt VI (▶ Teil VI) sind wir bereits auf die Unterschiede zwischen Konfliktpathologien und strukturellen Störungen eingegangen. Balzer (2020) weist ebenfalls darauf hin, dass wir bei Kindern mit Störungen der Affektregulation nicht von neurotischen Strukturen sprechen können. Bei letzteren ist ein Niveau zwar pathologischer, aber dennoch symbolischer Repräsentanzen erreicht, an deren Korrektur gearbeitet werden kann. Bei Patienten mit strukturellen Störungen dagegen ist der gesamte Prozess der Mentalisierung in verschiedenen Bereichen stehengeblieben, mit Schäden für Selbst und Objektrepräsentanzen, Affektsteuerung und Denken (Balzer, 2020) (▶ Kap. 8.2.3).

Leipersberger (2012) verdeutlicht innerhalb einer Falldarstellung, dass Störungen der Affektregulation regelmäßiger Bestandteil von Entwicklungsproblemen sind, die auf der Basis von Bindungsstörungen entstehen. Nach Alan Schore (2007) ist eine gelingende Affektregulation das entscheidende Merkmal von sicherer Bindung.

Holtmann, Legenbauer und Grasmann (2017) gehen davon aus, dass die Störung der Affektregulation nicht als eigenständige, klar abgrenzbare diagnostische Entität angesehen werden sollte, sondern als ein diagnoseübergreifendes klinisches Bild, das im Kontext verschiedener psychischer Störungen komplizierend hinzutreten könne.

In der ICD-10 finden sich die folgenden Diagnosen:

- F 90 hyperkinetische Störungen
- F 91 Störungen des Sozialverhaltens
- F 92 kombinierte Störungen des Sozialverhaltens und der Emotionen

Nach neurosenpsychologischen Aspekten entwickeln sich – je nach vorliegender Struktur

- narzisstisch-depressive Störungen oder
- dissoziale Störungen.

16 Affektregulierung

16.1 Wie werden Affekte reguliert? Elimination und Transformation

Nach Plassmann (2019) besteht seelisches Wachstum aus Vorgängen von Umwandlung. Nichts wird ausgestoßen, es wird auch nichts ausgelöscht, sondern alle vorhandenen und neu hinzukommenden Inhalte des Psychischen werden permanent umgeformt, um sie zu ordnen. Dieser Vorgang steht niemals still, so wenig wie Atmung und Stoffwechsel.

Diese permanente Neuorganisation psychischer Inhalte ist nach Plassmann (2019) eine biologische Notwendigkeit, sie liegt in der Arbeitsweise unseres Gehirnes begründet und ist Grundlage seiner Leistungsfähigkeit. Für das permanente Reorganisieren psychischer Inhalte ist der Begriff Transformation geeignet.

Emotionen und Affekte sind Energien, die Ergebnisse von erlebten traumatisierenden Erfahrungen sein können. Gelingt keine Transformation, so versucht es der Organismus mit dem Notbehelf der Elimination, um notdürftig unter Kontrolle gebracht zu werden. Die Erfahrungen werden so behandelt, als hätten sie nicht stattgefunden. Emotionen und Affekte sollen nicht gefühlt werden. Somit können alle Formen von neurotischen Störungen, Depressionen und psychosomatischen Erkrankungen entstehen (vgl. Plassmann, 2019). Die Affekte können sich auch in Form von Wut mit nachfolgenden rohen explosiven Durchbrüchen zeigen. Krankmachendes emotionales Material hat stets die Eigenschaft der Unregulierbarkeit, der Organismus hat in Bezug auf dieses emotionale Erleben die Fähigkeit zur Regulation nicht entwickelt. Heilung bedeutet nachträgliche Transformation.

Eine kleine Fallsequenz:

Falldarstellung

Der dreizehnjährige Alf lebte mit einer völlig überforderten Mutter mit drei weiteren Geschwistern zusammen. Der Vater war gewalttätig und misshandelte Frau und Kinder. Alf wurde regelmäßig Zeuge davon. Als er fünf Jahre alt war, wurde er aus der Familie herausgenommen und in diversen Pflegefamilien und Heimen untergebracht. Er lebte jetzt in einem Kinderheim und zeigte immer wieder heftige Aggressionsdurchbrüche, bei denen er das komplette Mobiliar seines Zimmers demolieren konnte. Während solcher Gefühlsdurchbrüche wirkte er komplett abwesend, verbal nicht erreichbar und litt danach unter heftigen Schuldgefühlen. Seine Zustände hatten erkennbar dissoziativen Charakter. Es wird deutlich, dass sich Energien aus frühen Traumata manifestierten. Zu vermuten war, dass es sich um sehr frühe unverarbeitete Affekte wie narzisstische Wut und namenlose Ängste handelte.

Alf litt unter diesen Zuständen. Er teilte seiner Therapeutin mit, dass er immer wieder durchdrehen würde, und dass er sich nichts mehr wünsche, als ein normaler Junge zu werden. Während dieser Aussagen wirkte er traurig, resigniert, dabei hoch angespannt. Die Therapeutin fragte, was sich denn ändern müsse, damit er sich normal fühle. Nach langem Überlegen erzählte er, dass die große Wut oft käme, wenn er Musik höre. Alf sagte:»Dann denke ich an meine Mama, und dann explodiere ich wie ein Vulkan«. Es wird deutlich, dass es sich hier nicht um verdrängte Erinnerungen handelte, sondern um nicht transformierte Energien, die eliminiert wurden. Die Aussage des Jungen verrät ein hohes Maß an Selbstwahrnehmung und Verbalisierungsfähigkeit. Es wird gleichzeitig deutlich, dass Alf die Erinnerungen im Moment der Wutdurchbrüche nicht fühlen durfte.

16.2 Wie gelingt Affektregulierung?

In den Kapiteln 8.1 und 8.2 haben wir neuere psychoanalytische Sichtweisen und Modelle dargestellt (▶ Kap. 8.1, ▶ Kap. 8.2). Darin wurden bereits einige Fragen beantwortet, unter welchen Voraussetzungen sich im Kindesalter eine gelingende Affektbewältigung entwickeln kann. Damit wird gleichzeitig deutlich, an welchen Bereichen in einer späteren psychoanalytischen Psychotherapie gearbeitet werden muss. Wir stellen diese Bedingungen und ihre chronologischen Abläufe nochmals zusammenfassend und im Überblick dar (▶ Tab. 16.1).

Tab. 16.1: Überblick über Zusammenhänge zwischen der Genese psychischer Struktur und Affektverarbeitung

Affektregulierung	Für den Aufbau einer inneren *Selbstregulierung* benötigen Säuglinge und Kleinkinder eine kontinuierliche, haltende (*containing*), verlässliche und intensive Beziehung mit dem wichtigsten Versorgungsobjekt (i. d. R. die Mutter), um Angst und Stress kontrollieren zu können[7]. Über die Entwicklung eines *inneren Raumes* mit Hilfe einer sicheren Beziehung (*Bindung*) entsteht die Basis für den Aufbau von stressregulierenden neuronalen Netzwerkstrukturen des Gehirns, die wiederum eine *Affektregulierung* ermöglichen.
Affektspiegelung (Affektabstimmung)	Gemeint ist die *Affektabstimmung* der Mutter mit dem Kleinkind, auch als *Affektspiegelung* oder »Echogeben« oder »Widerspiegeln« bezeichnet[5, 13]. Es ist keine Nachahmung gemeint, sondern eine authentische *Abstimmung des Mutteraffekts mit dem Affekt ihres Säuglings*[10].
Bindung (Bindungserfahrung)	Hierunter wird die frühe emotional-affektive *Bindung* an eine primäre Bezugsperson verstanden, worin sich ein universelles menschliches Bedürfnis spiegelt. Man unterscheidet unterschiedliche Bindungsqualitäten, die durch mehr oder weniger glückende oder nicht glückende Bindungserlebnisse – Bindungsstörungen – zustandekommen[4, 8, 9]. Der Erwerb einer frühen sicheren Bindung ist die Voraussetzung für die Entwicklung der *Mentalisierungsfähigkeit*[7].

Tab. 16.1: Überblick über Zusammenhänge zwischen der Genese psychischer Struktur und Affektverarbeitung – Fortsetzung

Bindungsstörung (Bindungsstile)	Man unterscheidet vier verschiedene Bindungsqualitäten bei Kleinkindern, die mit Hilfe der von Ainsworth entwickelten »Fremde-Situation«-Versuchsanordnung festgestellt werden können[1, 13]. Sicher gebundene Kinder auf der einen und irritierte Kinder mit resultierenden sogenannten gestörten *Bindungsstilen* auf der anderen Seite: mit unsicher-vermeidenden, unsicher-ambivalenten und desorganisierten Bindungsstilen[1, 4].
Containment	Der Begriff wurde erstmals vom Objektbeziehungstheoretiker Wilfred R. Bion geprägt[2]. Er soll die »haltende« (*containende*) Funktion durch die primäre Versorgungs- bzw. Bezugsperson (Mutter) kennzeichnen, ein grundlegendes Gefühl für den Säugling, »aufgehoben« und sicher zu sein. Die Existenz eines solchermaßen haltenden Objekts in den ersten Lebenswochen und -monaten ist die Basis für die Entwicklung eines *inneren Raumes* und einer sicheren *Bindung*.
Innerer Raum (inneres Arbeitsmodell)	Ebenfalls von Bion wurde dieser Begriff geprägt, mit dem er beschrieb, dass das Kleinkind den Aufbau eines *inneren Raumes* benötige[2], um die neuronalen Hirnstrukturen entwickeln zu können, die ihrerseits die Grundlage für den Aufbau einer Ich-Selbst-Entwicklung bieten[7]. Dieser innere Raum entsteht durch die intensive und sichere *Bindung* mit dem versorgenden Hilfsich (der primären Versorgungsperson, i. d. R. die Mutter) und ihrer bedingungslosen, liebevollen *Affektabstimmung*, indem das Kleinkind die Qualität dieser helfenden, Schutz bietenden Beziehung bzw. *Bindung* als eigenes *inneres Arbeitsmodell* übernimmt, das wiederum die entscheidende Basis für die beginnende Ich-Selbst-Entwicklung bietet[5].
Mentalisierung (Mentalisierungsfähigkeit)	Bezeichnet die Fähigkeit, eigene Wünsche, Gefühle und Einstellungen/Überzeugungen als grundlegend für das eigene Verhalten verstehen zu können (also eigene Motive und eigenes motivgeleitetes Verhalten) und dies in Beziehung setzen zu können zum Verhalten anderer Menschen (deren Motive verstehen zu können); eine Art Integration des Selbst in ein Netzwerk von Beziehungen mit anderen[6, 14]. Eine eingeschränkte *Mentalisierungsfähigkeit* ist immer auf eine unsichere *Bindungserfahrung* zurückzuführen[7].

Tab. 16.1: Überblick über Zusammenhänge zwischen der Genese psychischer Struktur und Affektverarbeitung – Fortsetzung

Selbstregulierung	Die *Selbstregulierung* ist abhängig von einer ausreichend guten Entwicklung und Stabilität eines Selbst. Das Selbst kann sich nur entwickeln, wenn es auf der Abfolge von geglückten vorangegangenen Entwicklungsschritten fußt: ausreichend gutem *Containment* durch gute *Bindung*, dadurch möglicher Aufbau eines *inneren Raumes/Arbeitsmodells* durch glückende *Affektabstimmung* mit dem primären Versorgungsobjekt, Entwicklung eines *Ichs* mit reifen Abwehrmechanismen und im Weiteren eines stabilen *Selbst*. Ein stabiles Selbst erlaubt die *Selbstregulierung*, die u. a. eine *Affektregulierung* ermöglicht[7]. Die Fähigkeit zur *Selbstregulierung* ist ein geglückter qualitativer Sprung in der psychisch-strukturellen Entwicklung des Kindes, weil sie die Lösung aus der »symbiotischen Beziehung« des Kleinstkindes zur Mutter und deren Regulierungshilfe bedeutet und diese zuvor nötige Regulierung durch das Mutterobjekt überwindet[7, 11, 12].
Symbolisierungsfähigkeit (Symbolbildung)	Der Begriff wird in der psychoanalytischen Literatur uneinheitlich verwendet (S. Freud, M. Klein, Lacan, Lorenzer). Auf dem allgemeinsten Nenner wird unter *Symbolisierung* die Fähigkeit verstanden, *stellvertretende* Gegenstände, Situationen, Beziehungsmuster als nicht real, sondern in der Imagination als Stellvertreter für reale Gegebenheiten erleben zu können. Es erfolgt eine Gleichsetzung des verinnerlichten Objekts mit dem realen äußeren. Es ist also eine Getrenntheit wahrnehm- und akzeptierbar (Überwindung der Spaltung nach M. Klein). Dies ist eine reife Entwicklungsleistung und setzt die erfolgte Entwicklung eines »Ichs« voraus. Es gibt kontroverse Auffassungen darüber, ob die *Symbolisierungsfähigkeit* eine gelungene *Mentalisierungsfähigkeit* voraussetzt oder umgekehrt[3, 14, 15]. Für eine primär erforderliche *Symbolisierungsfähigkeit* spricht die Tatsache, dass ohne *Symbolbildung* (Unterscheidung zwischen Innen und Außen) keine *Mentalisierung* erfolgen kann, die ja ein getrenntes äußeres Objekt voraussetzt.

Zugehörige Literatur
1. Ainsworth, M. D. S. (1973). The development of infant-mother attachment. In: B. B. M. Caldwell & H. N. Riciutti (Eds.), *Review of child development research* (S. 1–94). Band 9. Chicago: University of Chicago Press.
2. Bion, W. R. (1962). *Learning from experience.* Lanham, MD: Jason Aronson (deutsch: *Lernen durch Erfahrung.* Frankfurt am Main: Suhrkamp 1992).
3. Borowski, D., Hopf, H., Hüller, T., von der Marwitz, T. & Schäberle, H. (2010). *Psychoanalytische Grundbegriffe. Leitlinie des Arbeitskreises Leitlinien VAKJP. VAKJP-Heft 145,* XLI, 99–135.
4. Bowlby, J. (2016). *Frühe Bindung und kindliche Entwicklung.* 7. Auflage. München: Ernst Reinhardt.
5. Bretherton, I. (1987). New perspectives on attachment relations: Security, communication, and internal working models. In: J. D. Osofsky (Ed.), *Handbook of infant development* (S. 1061–1100). 2nd edition. New York, NY: John Wiley & Sons.
6. Fonagy, P. & Target, M. (2004). Frühe Interaktion und die Entwicklung der Selbstregulation. In: A. Fischer-Streeck (Hrsg.), *Adoleszenz – Bindung – Destruktivität* (S. 105–135). Stuttgart: Klett-Cotta.
7. Fonagy, P., Gergely, G., Jurist, E. J. & Target, M. (2008). *Affektregulierung, Mentalisierung und die Entwicklung des Selbst.* 3. Auflage. Stuttgart: Klett-Cotta.
8. Grossmann, K. & Grossmann, K. E. (2008). *Bindungen – das Gefüge psychischer Sicherheit.* 4. Auflage. Stuttgart: Klett-Cotta.
9. Grossmann, K. E. & Grossmann, K. (Hrsg.) (2020). *Bindung und menschliche Entwicklung. John Bowlby, Mary Ainsworth und die Grundlagen der Bindungstheorie.* 6. Auflage. Stuttgart: Klett-Cotta.
10. Lichtenberg, J. D. (1991). *Psychoanalyse und Säuglingsforschung.* Berlin: Springer.
11. Mahler, M. (1986). *Symbiose und Individuation. Psychosen im frühen Kindesalter.* 4. Auflage. Stuttgart: Klett-Cotta.
12. Salter Ainsworth, M. D. S., Blehar, M. C., Waters, E. & Wall, S. N. (2013). *Patterns of attachment. A psychological study of the strange situation.* New York, NY: Psychology Press.
13. Stern, D. N. (2016). *Die Lebenserfahrung des Säuglings.* 11. Auflage. Stuttgart: Klett-Cotta.
14. Tschuschke, V. (2019). *Psychische Sörungsbilder bei Kindern und Jugendlichen. Eine kritische Bestandsaufnahme evidenzbasierter Diagnostik und Behandlung.* Stuttgart: W. Kohlhammer.
15. White, C. (2009). Symbolisierung und Mentalisierung – Kongruenzen und Divergenzen. *Psyche 63,* 1165–1169.

Ein Fall aus einer Supervision

Der fast 8-jährige Carlo wurde von seinen Eltern vorgestellt, weil er zu Hause immer wieder »schlimme Ausraster« hatte. Meist geschah das, wenn er ein »Nein« hörte, das ihm galt. Dann warf er sich auf den Boden, »flippte aus«, war dann nicht mehr zu erreichen, fiel in fast tranceartige Bewusstseinszustände und »wirkte lange wie abwesend«. Besonders seiner Mutter gegenüber verhielt er sich oft aggressiv, beschimpfte diese und war ihr gegenüber auch schon handgreiflich geworden. Der Vater dagegen hatte – seiner Meinung nach – »alles im Griff« mit ihm: Gegenüber ihm gab es ein solches Verhalten nicht. In der Schule zeige Carlo auch keinerlei Auffälligkeiten.

Carlo wurde am Anfang der Beziehung der Eltern gezeugt, als noch keineswegs sicher war, dass die beiden zusammenbleiben würden. Die Schwangerschaft verlief unkompliziert, ebenso die Geburt und anfänglich auch die kleinkindliche Entwicklung. Carlo wurde nicht gestillt. Das Paar wohnte mit dem Baby zunächst bei den Eltern mütterlicherseits. Bald entwickelten sich große Probleme. Der Säugling schlief sehr schlecht; durchschnittlich wachte er etwa fünfmal in der Nacht auf und war nicht mehr zu beruhigen. Mittlerweile wohnte Carlo mit seinen Eltern und seiner Schwester im eigenen Haus in einem Dorf. Die Beziehung zwischen den Eltern war sehr angespannt und wenig liebevoll. Die fünfjährige Schwester wehrte sich gegen den Bruder, wenn dieser ihr aggressiv entgegentrat.

Während der Kindergartenzeit gab es immer wieder Trennungsprobleme zwischen Carlo und seiner Mutter. In dieser Zeit zeigte sich auch eine Entwicklungsverzögerung der Sprachentwicklung Carlos, bis heute besteht ein leichtes Lispeln. Auf Geheiß des Schulamtes wurde der Junge mit gerade sechs Jahren eingeschult und bekam deshalb eine zusätzliche Förderstunde pro Woche zugesprochen.

Der Vater zeigt sich unzufrieden und unglücklich mit der Mutter als Partnerin, nur wegen der Schwangerschaft habe er sich für diese entschieden. Völlig uneinfühlsam berichtete er in einem Gespräch vom Anfang der Beziehung zwischen ihm und seiner Frau, und dass er sich damals überlegt habe, zu seiner Ex-Freundin zurückzukehren. Erst als seine Frau von der überraschenden Schwangerschaft berichtete, habe er sich entschlossen, »für das Kind da zu sein« (Zitat Vater). Die Mutter hörte diese Aussage wohl zum ersten Mal von ihrem Ehemann und reagierte mit heftigem Weinen und spürbarer Verzweiflung.

In der Vorschulzeit hätten sich auch Sprachentwicklungsverzögerungen gezeigt. Vom Kinderarzt sei vor der Einschulung ADHS diagnostiziert und die Einnahme von Methylphenidat verordnet worden.

Carlo war ein für sein Alter recht kleiner Junge, auf seine Therapeutin wirkte er beinahe zerbrechlich. Mit seiner hellen Haut, die im Kontrast zu seinen dunklen Haaren stand, wirkte er vor allem durch die großen, weit geöffneten Augen wie porzellanpuppenhaft und weckte in der Therapeutin mütterliche Bedürfnisse nach Versorgung und Schutz.

In seiner ersten Stunde ging der Junge ohne zu Zögern mit ins Spielzimmer. Er blieb aber die ganze Stunde über wie erstarrt neben dem Sessel der Therapeutin stehen. Dazu meinte er: »Ich stehe gerne!« Die Therapeutin spürte sehr viel Angst, vor allem Misstrauen gegen sich. Sie vermutete auch, dass diese Ängste so groß waren, dass Carlo nicht spielen konnte. Eine große Leere umgab das Kind. Dabei hinterließ Carlo einen abwesenden, fast dissoziierten Eindruck. Die Therapeutin empfand große Kälte und Traurigkeit und fragte sich, wo das Kindliche blieb. Während der Stunde äußerte der Junge Sorge, dass sein Vater ihnen zuhören könnte; erst als ihm deutlich gemacht wurde, dass das nicht ginge (zwei Türen dazwischen), war er beruhigt. Offenbar hatte er Angst vor der Kontrolle durch den Vater, der ihm noch nicht einmal in der Therapie einen »eigenen Raum« ließ. In dieser Stunde zupfte Carlo ständig an seinem Oberteil, zum Teil auch an seiner Gesichtshaut – die Therapeutin hatte den Eindruck, er müsse sich versichern, dass er noch »da sei«. Er erzählte von seiner Schwester, die ihn immer ärgere und genau das tue, was er eigentlich wolle, beispielsweise zur Mama zum Kuscheln gehen. Weiterhin berichtete er, dass er nachts nicht schlafe, einfach wach sei und Angst habe, Geräusche höre, beispielsweise aus dem Zimmer seiner Schwester nebenan. Angst habe er auch vor seinem Vater.

Zur zweiten Stunde wurde der Junge von seiner Mutter gebracht und zeigte dieses Mal deutliche Trennungsprobleme. Erst nach diversen Lösungsversuchen mit Hilfe der Therapeutin kam er mit ins Spielzimmer, und die Mutter konnte draußen warten. Dieses Mal ging er gleich auf die Spielsachen zu und probierte vorsichtig einige aus, wollte aber am liebsten mit der Behandlerin zusammen spielen, beispielsweise Dosenwerfen. Im Spiel zeigte er sich sehr rücksichtsvoll, und die Therapeutin hatte das Gefühl, er habe Angst, sie würde ihn alleine weiterspielen lassen. Dennoch erschien Carlo in dieser Stunde viel kindlicher, gelöster, trotz der spürbaren Trennungsproblematik.

Das Strukturniveau des Patienten erschien für sein Alter niedriger als zu erwarten. Er konnte sich nicht trennen, in vielen Bereichen wurde seine Symbolisierungsstörung deutlich, Carlo war vor allem im Bereich der Impulssteuerung eingeschränkt. Eine Unfähigkeit, Emotionen zu zeigen, dominierte. Als Abwehrmechanismus wurde vor allem manische Abwehr erkennbar. Die Mutter von Carlo erschien schwach und anklammernd, sie agierte aggressionsgehemmt, indem sie ihr Kind kaum begrenzte und versuchte, in jeder Situation zu diskutieren und zu vermitteln. Der Sohn, der stark mit seinem Vater identifiziert schien, versuchte wie dieser, die Mutter zu entwerten, indem er sie beschimpfte und tätlich angriff. Er reagierte mit manischer Abwehr, mit grandioser Kontrolle des Objekts, um es zu beherrschen. Dabei waren die affektiven Durchbrüche narzisstischer Wut wie auch seine Angst so zu verstehen, dass er die ängstliche Kontrolle über das Objekt nicht verlieren wollte. Diese zwanghaften Züge zeigte Carlo vor allem in der ersten Sitzung, indem er ständig an seinem Oberteil zupfte und durch sein Stehenbleiben krampfhaft versuchte, die Kontrolle nicht zu verlieren, was in seiner Fantasie hätte geschehen können, wenn er seiner Therapeutin den Rücken zugewandt und sich mit den Spielsachen beschäftigt hätte.

Der Vater wollte »Grenzsetzer« in der Familie sein und wachte streng über das Verhalten seines Sohnes, aber Carlo fürchtete ihn. Die Beziehung der Eltern war von Anfang an problematisch, was der Junge spürte. Tatsächlich trennte sich das Elternpaar während der Therapie. Die durchweg fragile Paarbeziehung wirkte sich mit auf Carlos Ängste aus. Im Grunde hatte er immer gespürt, dass er sich der Eltern nicht sicher war. Im vierten Elterngespräch hatte die Mutter einen Traum erzählt, den Carlo nachts hatte und danach lange nicht zu beruhigen gewesen war: »Meine Eltern sind von zuhause weggefahren, ich wollte mit, die haben mich aber alleine gelassen. Ich hatte Angst und habe geweint.«

Carlo konnte darum kaum Repräsentanzen einer elterlichen Paarbeziehung verinnerlichen. Eine strukturale Triade als familiäre Basalstruktur konnte nicht entstehen und Carlo bei der Lösung aus der Mutter-Sohn-Dyade unterstützen. So blieben zwei Dyaden (Mutter-Sohn und Vater-Sohn) unverbunden nebeneinander bestehen, ohne dass es zur Bildung einer Triade kommen konnte. Das Kind war nicht in der Lage, seine destruktiven Elemente zu integrieren, was sich in seinen narzisstischen Durchbrüchen zeigte. Die Therapeutin erlebte zwei völlig unterschiedliche, unverbundene Seiten des Kindes. Damit war Carlo in seiner Progression und Autonomieentwicklung blockiert. Er konnte sich weder von seiner anklammernden Mutter lösen, noch sich seinem zwanghaften Vater zuwenden, der seinen Sohn bei seiner Individuation und Loslösung nicht unterstützte.

Überlegungen zur Diagnostik

Diagnose

Bindungsstörung mit missglückter Affektbewältigung. Durchbrüche von narzisstischer Wut bei Trennungsangst mit manischer Abwehr vor dem Hintergrund einer prekären Beziehung der Eltern. Missglückte triadische Entwicklung. Sprachenentwicklungsstörung mit Lispeln (Lispeln und eine extrem kindliche Sprache sind Ausdruck eines kleinen, hilflosen Kindes, das Anerkennung und Liebe sucht).

ICD-10:

- F80.0 Artikulationsstörung,
- F90.1 hyperkinetische Störung des Sozialverhaltens,
- F93.0 emotionale Störung mit Trennungsangst des Kindesalters.

Überlegungen zur Psychodynamik

Regulationsstörungen

Nach Aussagen der Eltern habe der Säugling sehr schlecht geschlafen; durchschnittlich sei er etwa fünfmal in der Nacht aufgewacht und sei nicht mehr zu beruhigen gewesen. Die massiven Schlafstörungen im ersten Lebensjahr lassen erkennen, dass es der Säugling nicht gelernt hatte, sich selbst zu beruhigen: Säuglinge verfügen über eine biologisch vorgegebene, psychisch mitbestimmte Fähigkeit zur basalen biologischen Selbstregulation, unter anderem im Bereich Schlaf. Die Eltern korregulierten von Geburt an mit. Es ist vermutlich zu Regulationsstörungen gekommen (Adler-Cormann, Röpke & Timmermann, 2018). Die vorliegenden Schlafstörungen geben auch bereits Hinweise auf massive Trennungsprobleme.

Containmentstörung

Die entstandenen Probleme deuten auf ein emotionales Versagen der versorgenden Bezugspersonen. Im Kapitel 8.2 (▶ Kap. 8.2) und im Abschnitt VI (▶ Teil VI) wurden die Begriffe Container-Containment ausführlich diskutiert, in der Tabelle 16.1 (▶ Tab. 16.1) nochmals in Kürze. Die Mutter ist für die Gefühle des Kindes eine Art »Container«. Sie hält und verarbeitet sie und gibt sie ihm in reifer, denkbarer Form zurück. Aus diesem Zusammenspiel lernt das Kind später, seine Gefühle selbst zu verarbeiten. Wir können uns in diesem Fall vorstellen, dass die Mutter von plötzlicher Schwangerschaft, Hochzeit und überstürzter Familiengründung völlig überfordert war, nach eigener Aussage »von Sorgen und Verzweiflung geprägt«. Es ist zudem davon auszugehen, dass sie von Beginn der Ehe an spürte, nur zweite Wahl für den Ehemann zu sein. Es ist daher zu vermuten, dass sie depressiv war und für das Kind wohl nur wenig freien inneren Raum hatte. Damit scheiterten beim Kind sowohl die Entwicklung von Symbolisierung als auch von Mentalisierung.

Symbolisierungs- und Mentalisierungsstörung

Bereits in seiner ersten Stunde werden Carlos Spiel- und Symbolisierungsstörungen deutlich. In der Gegenübertragung seiner Behandlerin wirkt er wie erstarrt, dissoziiert. Der Weg der Symbolisierung führt von der symbolischen Gleichsetzung zum Übergangsobjekt und schließlich zur reifen Symbolisierung. Erst wenn das Kleinkind die Abwesenheit des Objektes erkennen kann, kann es symbolisieren und denken. Das Kind macht beim Gebrauch eines Übergangsobjektes die Erfahrung von einem Objekt, das ganz und gar ihm gehört, aber es macht auch die Erfahrung von sich selbst als Besitzer. Mit dem Übergangsobjekt verwendet das Kind ein Objekt, das nicht Teil des kindlichen Körpers ist, jedoch auch nicht völlig zur Außenwelt gehört. Winnicott beschreibt damit einen Zwischenbereich der Erfahrung zwischen der reinen narzisstischen Illusion, dass alles zu einem selbst gehören würde und dem Bewusstsein von Getrenntheit, in welchem reifes Symbolisieren möglich ist. Der Weg verläuft also auch von einem Zustand illusorischen Besitzes hin zu einem Zustand von Entwöhnung und Ertragen von Verlusten (vgl. auch Alvarez, 2001). Das Übergangsobjekt stellt eine der ersten Symbolbildungen dar, mit deren Hilfe das Kind Angst und Spannungen, die beim Alleinsein entstehen, mildern kann.

Zeitgleich erfolgt die Entwicklung der Mentalisierung. Unter Mentalisierung wird die Herausbildung der Fähigkeit verstanden, sich selbst als ein Wesen zu begreifen, dessen Verhalten von Wünschen, Überzeugungen, Gefühlen und Intentionen getragen ist und das in der Lage ist, dem anderen ebenso Gefühle, Intentionen und Überzeugungen zu unterstellen. Im anderen Gefühle zu entdecken, setzt die Fähigkeit zur Symbolbildung voraus (die Fähigkeit, zwischen Innen und Außen unterscheiden zu können). Wenn es aber noch kein Innen und Außen gibt, gibt es auch keine anderen. Um in anderen Gefühle und Befindlichkeiten entdecken bzw. spüren (mentalisieren) zu können, müssen die anderen als existent erlebt werden, muss die Erkenntnis einer Getrenntheit zwischen Innen und Außen erfolgt sein. Erst dann kann eine Gleichsetzung zwischen imaginiertem Inneren und realem Äußeren (die Symbolbildung) erfolgen. Diese wiederum scheint die Voraussetzung für den Erwerb einer Mentalisierungsfähigkeit zu sein.

Mentalisierung kann sich nur in einer und durch eine sichere Bindung entwickeln. Einen interessanten Gedanken zur Störung der Symbolisierungsfähigkeit hat Balzer (2020) entwickelt. Kinder sind heutzutage vor zahllosen Bildern umstellt: auf Smartphones, in Computerspielen, auf Kinderkanälen des Fernsehens, auf YouTube etc. Balzer geht davon aus, dass Wahrnehmung nur in der Absenz der Objekte zum Gedanken voranschreiten kann. Er stellt fest, dass dieser menschheitsgeschichtlich unerhörte Absenzverlust – die kaum noch gegebene reale Beziehung zu realen Objekten – bereits tiefe Spuren im Subjekt-Objekt-Verhältnis, in der psychischen Organisation hinterlassen hat. Eine Entwicklung von Symbolisierung und die dazu erforderliche Trennung sind im Dschungel vieler Bilder nur noch schwer möglich.

Bindungsstörung

Die Entwicklung hin zur Mentalisierung gelingt einem Kind am leichtesten, wenn es – im Sinne der Bindungstheorie – sicher gebunden ist. Das sicher gebundene Kind kann sozusagen gefahrlos seiner Mutter mentale Zustände zuschreiben, um dann darüber Sicherheit über die eigene Befindlichkeit zu gewinnen, die in und über diesen Prozess zunehmend symbolische Qualität gewinnt (vgl. auch Brisch, 2009). Brisch weist auf Parallelen zwischen den Verhaltensauffälligkeiten der desorganisiert-desorientierten Bindungsstörungen und dem Syndrom mit Aufmerksamkeit und Hyperaktivität hin (Brisch, 2002). Hyperaktivität ist also auch eine Folge von unsicheren Bindungserfahrungen.

Fehlendes »Nein«!

Carlo verhielt sich seiner Mutter gegenüber häufig aggressiv. Oft beschimpfte er sie und war ihr gegenüber auch schon handgreiflich geworden. Es wird deutlich, dass der Junge die Mutter nach dem Vorbild des Vaters entwertete, auch um sie zu kontrollieren, weil er ihren Verlust fürchtete. Somit war auch eine triadische Entwicklung gescheitert. Der Vater hatte eine beinahe feindselige Haltung zur Mutter entwickelt. Hierzu schreibt Mertens:

»Nur wenn der Vater eine libidinöse Beziehung zur Mutter hat, kann es für den Sohn erstrebenswert sein, zu ihm eine intensive Beziehung aufzunehmen und sich mit ihm zu identifizieren« (Mertens, 1994, S. 80).

Ein klares Nein der Eltern und ein zeitweiliges Ertragen negativer Gefühle sind die wesentlichen Grundlagen für eine gut strukturierte Persönlichkeit mit einer ausreichenden Aufmerksamkeitsspanne und Beherrschung von Gefühlen. Die Mutter scheute jedoch Konflikte, aus Angst vor Liebesverlust, das Kind könnte ihr etwas verübeln oder sich zurückziehen. Das gescheiterte Containment, die gestörte Symbolisierungsfähigkeit und die missglückte Triangulierung haben verhindert, dass sich ein funktionsfähiger innerer Raum bildete (vgl. Segal, 1996). Eine hilfreiche und ergänzende Definition finden wir bei Bovensiepen (2020). Er beschreibt den psychischen Raum als einen innerseelischen Raum, der durch drei Verbindungslinien begrenzt wird: durch die inneren Objektbeziehungen des Kindes zu seiner Mutter, zu seinem Vater und zu seinen Eltern als Paar. Diese drei Objektbeziehungen begrenzen einen triangulären inneren symbolischen Raum (Bovensiepen, 2020).

Die Bedeutung des Vaters als Gesetzgeber

Der Vater unterscheidet sich in seinen Funktionen von den mütterlichen. Dabei ist die grenzsetzende Funktion besonders wichtig, ihre Bedeutung wurde in vielen empirischen Untersuchungen bestätigt. Über sein anderes Spielen wird der Vater für das Kind als Dritter erkennbar und bildet mit ihm und der Mutter ein Beziehungsdreieck. Er wird zu einem »entwicklungsfördernder Störenfried« der Mutter-Kind-Beziehung, ein Befreier aus der engen Beziehung zur Mutter. Gleichzeitig formt und organisiert er auch ein intensives System von Gefühlen. Bevaterte Kinder können besser mit ihren Triebimpulsen und Gefühlen umgehen als Kinder ohne Vater. Sie können ihre Affekte besser steuern. Die Fähigkeit, die eigenen Aggressionsimpulse zu kontrollieren und z. B. positiv zur Erreichung von Zielen einzusetzen, wird durch das motorisch heftige Spiel mit dem männlichen Dritten befördert.

Behandlung

In einer psychoanalytischen Therapie gilt es, das zu entwickeln und aufzubauen, was in der frühen Kindheit nicht gelungen ist oder durch Traumata zerstört worden ist: Symbolisierung, Mentalisierung und ein funktionsfähiger innerer seelischer Raum. Das geschieht über Containment durch den Therapeuten. Containing, Mentalisierung und die Stärkung der Symbolfunktion in Therapien werden ausführlich von Burchartz am Beispiel der Behandlungen von traumatisierten Kindern und Jugendlichen dargestellt (Burchartz, 2019).

Balzer (2020) geht davon aus, dass es sich bei Störungen, wie in diesem Kapitel referiert, um im prozeduralen Gedächtnis niedergelegte, nie repräsentierte und damit niemals verdrängte pathologische Modi der Beziehung oder Nichtbeziehung zu sich selbst oder dem Objekt handelt. Sie könnten nur als Enactment in der Behandlungssituation greifbar werden, sich also in Übertragung und Gegenübertragung manifestieren.

»In der therapeutischen Situation muss der psychische Raum erst entwickelt und durch eine sowohl unaufdringliche wie sehr präzise Interventionstechnik offengehalten werden, damit er durch Internalisierung zum inneren Raum dieser Kinder aufgefaltet werden kann« (Balzer, 2020, S. 91 f.).

In ähnlicher Weise formuliert es Leipersberger.

»Unsere Aufgabe besteht dann darin, dass wir uns als Übertragungsobjekt verwenden lassen, als Container für die nicht integrierbaren Teile des Erlebens des Patienten zur Verfügung stehen und nun selbst mit dem Unerträglichen, das die Patienten in uns unterzubringen versuchen, kämpfen; dass wir schließlich daraus etwas machen können, was der Patient in sich aufnehmen, zu einer bedeutungsvollen Erfahrung machen kann« (Leipersberger, 2012, S. 52).

Bovensiepen hat einen Behandlungserfolg bei einem Kind wie folgt formuliert:

»Als vielleicht wichtigstes Ergebnis der Behandlung sehe ich die allmählich erwachte Fähigkeit von Tom [seinem Patienten, d. Verf.] an, sich mit der Fähigkeit des Therapeuten zum Containment, zu Empathie zu identifizieren, diese zu verinnerlichen und seine Fähigkeit, die Position des beobachtenden Dritten einzunehmen, um sich selber wie auch die analytische Beziehung besser kennenzulernen« (Bovensiepen, 2020, S. 75).

Da so gut wie immer Containment- und Triangulierungsstörungen vorliegen, sind Supervisionen bei solchen Fällen besonders hilfreich. Lazar hat einmal zusammengefasst, was in einer Supervision geschehen sollte:

»Das Unverstandene soll verstanden werden, das Ausagierte, manchmal Somatisierte, nicht Denk- und nicht Traumfähige soll denkbar und träumbar gemacht werden. Es sollen blinde Flecken aufgedeckt werden, Missverständnisse geklärt, Überidentifikationen aufgelöst, Idealisierungen reduziert werden. Abgespaltenes soll integrierbar gemacht werden, und ein echtes Verständnis von Mitgefühl für und Besorgnis um den anderen entwickelt werden. Dabei sollte der Supervisor weder Richter noch ›Obermanager‹ sein« (Lazar, 1998, S. 278).

Zusammenfassung

- Wie entstehen Störungen der Affektbewältigung? Zu Beginn der Lebensgeschichte steht nicht selten ein Scheitern des Containments; entweder wegen einer missglückten Mutter-Kind-Beziehung oder weil Traumata – etwa abrupte Beziehungsabbrüche – bereits gelungene Weiterentwicklungen zerstört haben. Der Aufbau eines inneren, seelischen Raums misslingt. Gefühle werden nicht ausreichend symbolisierungsfähig, und sie werden weiterhin in Gestalt von Affektmotilität abgeführt.
- Oft fällt die triangulierende, beschützende und begrenzende Funktion des Vaters aus. Der Junge bleibt in einer fatalen Beziehung mit der Mutter verklebt. Die inzestuöse Nähe kann destruktive Aggression schüren, so dass der Junge – wie in diesem Fall – in einer sadomasochistischen Beziehung gefangen bleibt und sich nicht von der Mutter lösen kann. Verschwindet der Vater, löst der Junge den ödipalen Konflikt scheinbar, indem er sich selbst an die Stelle des Vaters setzt.
- Die Befähigung, Spannungen in einem inneren seelischen Raum zu halten, entscheidet über drei zentrale Fähigkeiten:
  – Über die Fähigkeit, Affekte auszuhalten, sie in Beziehungen auszuleben und nicht mit Wutdurchbrüchen zu reagieren.
  – Über die Fähigkeit, entstehende Spannungen nicht über Bewegungsunruhe abzuführen.

- Über die Fähigkeit, aufmerksam zu sein und sich konzentrieren zu können, wie es den jeweiligen Anforderungen entspricht.
- Leider ist festzustellen, dass sich diese Fähigkeiten bei vielen Kindern, vor allem bei Jungen, erheblich verschlechtert haben. Aus den drei Mängeln wurde inzwischen eine Störung konstruiert, die angeblich ausschließlich genetisch bedingt sei und reine hirnphysiologische Ursachen haben soll, das Störungsbild Aufmerksamkeits-Defizit-Hyperaktivitäts-Störung, kurz ADHS. Eine scheinbar objektive und emotionslose Diagnose. ADHS blendet Beziehung und elterliche Verantwortung völlig aus und hat somit verheerende Wirkungen auf die Haltung von Erziehenden. Tschuschke (2019) hat aufgezeigt, dass die herrschende Gesundheitsindustrie eine Entwicklung hin zu einer einseitigen biologistischen Sichtweise des Menschen gefördert hat. Die mächtige Lobby der Arzneimittelhersteller beeinflusst über intensive Einwirkung die öffentliche Meinung und Politiker, so dass immer mehr Psychopharmaka anstelle von psychotherapeutischen Behandlungen verschrieben werden.

Literatur zur vertiefenden Lektüre

Althoff, M.-L. (2016). *Macht und Ohnmacht mentalisieren: Konstruktive und destruktive Machtausübung in der Psychotherapie*. Berlin: Springer.
Brisch, K.-H. (2020). *Bindungsstörungen. Von der Bindungstheorie zur Bindungstherapie*. 17. Auflage. Stuttgart: Klett-Cotta.
Diez Grieser, M. T. & Müller, R. (Hrsg.). *Mentalisieren mit Kindern und Jugendlichen*. Stuttgart: Klett-Cotta.
Fonagy, P., Gergely, G., Jurist, E. J. & Target, M. (2008). *Affektregulierung, Mentalisierung und die Entwicklung des Selbst*. 3. Auflage. Stuttgart: Klett-Cotta.
Segal, H. (1996). *Traum, Phantasie und Kunst*. Stuttgart: Klett-Cotta.
Tschuschke, V. (2019). Aufmerksamkeitsdefizit-Hyperaktivitätsstörung (ADHS). In: V. Tschuschke (2019), *Psychische Störungsbilder bei Kindern und Jugendlichen. Eine kritische Bestandsaufnahme evidenzbasierter Diagnostik und Behandlung* (S. 204–228). Stuttgart: W. Kohlhammer.
Winnicott, D.W. (1973). *Vom Spiel zur Kreativität*. Stuttgart: Ernst Klett.

Weiterführende Fragen

- Was ist Containment?
- Was verstehen wir unter einem inneren seelischen Raum (nach Bion)?
- Was verhindert den Aufbau eines inneren seelischen Raumes?
- Welche distinktiven Funktionen des Vaters helfen dem Sohn, Affekte zu bewältigen?
- Über welche drei zentralen Fähigkeiten entscheidet die Befähigung, Spannungen in einem inneren seelischen Raum zu halten?

Teil IX Angst- und aggressive Affekte

17 Zwei zentrale Affekte und ihr Zusammenwirken

17.1 Fallbeispiele

Wir beginnen mit einer kleinen Episode.

Falldarstellung

Benedikt ist neun Monate alt. Seine Mutter ist momentan von vielen Sorgen belastet. Sie ist froh darüber, dass die Oma den kleinen Jungen versorgt und hat sich in ihr Arbeitszimmer zurückgezogen. Benedikt kennt die Oma gut, sie hat ihn schon oft gehütet und mit ihm gespielt. Er ist sicher an sie gebunden. Gerade haben sie mit großem Vergnügen, Lachen und Quieken »Dududada« gespielt. Da tritt die Mutter kurz herein, zerstreut sucht sie etwas, beachtet weder Benedikt noch die Oma und ist auch schon wieder weg. Aber Benedikt hat sie sofort gesehen. Als sie das Zimmer verlassen hat, reißt er die Augen weit auf. In seinem Gesicht ist pures Entsetzen zu erkennen, er gerät in Panik und schreit voller Angst. In Sekundenschnelle wandelt sich sein angstvolles Schreien in heftigste Wut. Er zappelt auf den Armen der Oma, will nicht mehr bleiben, will nur noch zu seiner Mama.

Angst und Aggression können Ausdruck der gleichen inneren Erregung sein und können stets ineinander übergehen. Wenn Babys nach der Mutter schreien, vermischen sich fast immer Angst und Wut (vgl. auch du Bois, 2007, S. 177), bei vielen Kindern bleibt diese Mischung noch lange Zeit erhalten.

Ein zweiter Fall:

Falldarstellung

Lena ist 11 Jahre alt. Sie leidet unter heftigen Trennungsängsten und beschattet die Mutter unentwegt. Der Vater ist ihr lästig, denn sie will mit der Mutter allein sein. Jede Nacht schläft sie im Bett der Eltern. Der Vater muss um neun Uhr ins Bett, weil er früh aufstehen muss. Neuerdings will Lena jede Nacht allein mit der Mutter auf der Couch schlafen, sie will den Vater los sein. Dieser wiederum möchte gerne abends allein mit der Mutter sein. Doch wenn das nur angesprochen wird, rennt Lena schreiend ins Treppenhaus und führt dort ein wüstes Spektakel auf. Davor haben die Eltern Angst und geben nach.

Eine Therapie wird begonnen. Lena weigert sich, allein bei der Therapeutin zu bleiben. Die Mutter muss mit ihr im Therapiezimmer sein. Immerhin schafft es die Therapeutin, sich soweit durchzusetzen, dass die Mutter zumindest vor der Türe wartet. Mehr lässt Lena nicht zu. Die Mutter darf nicht im Wartezimmer bleiben, und sie darf auch nicht zum Einkaufen gehen. Vordergründig geht es bei Lena um Ängste, unbewusst jedoch um Dominanz, Erpressung und Kontrolle.

Eine dritte Fallgeschichte:

Falldarstellung

Im Januar 2016 kommt eine Studierende der Psychotherapie zu mir (H. H.) in die Supervision. Entsetzt berichtet sie darüber, dass ein 14-jähriger Jugendlicher, der wegen dissozialer Verhaltensweisen psychotherapeutisch behandelt werden sollte, in der allerersten Therapiesitzung das Folgende zu ihr gesagt habe:»Sie sind doch auch der Meinung, dass alle Flüchtlinge an der Grenze erschossen werden sollten!« Meine Supervisandin war fassungslos und wusste dem Jungen nichts direkt zu antworten. Ich habe mit ihr erarbeitet, dass der Jugendliche als Erstes erfahren sollte, dass die Psychotherapeutin keineswegs seiner Meinung sei. Auch würde sie sich fragen, wovor er denn solche Angst hätte. Angst vor dem Fremden ist entstanden. Sie verringert sich, wenn das Fremde vernichtet wird – zunächst in der Fantasie: Zerstörerische Aggression lässt also Angst verschwinden.

Wir schließen mit einem Beispiel aus der Literaturgeschichte. Der Zusammenhang zwischen den Affekten Verzweiflung, Trauer und rasender Wut lässt sich anhand eines Ereignisses im Leben des Dichters Friedrich Hölderlin studieren.

Am 22. Juni starb in Frankfurt mit 33 Jahren die Geliebte seines Lebens, Susette Gontard. Hölderlin erfuhr davon durch den Brief eines Freundes. In tiefer Verstörung floh er in die Geborgenheit des mütterlichen Hauses, wo er, von Anfällen blinder Raserei heimgesucht, erst allmählich wieder ruhiger wurde. Peter Härtling (1976) beschreibt den Zusammenbruch in seinem Buch wie folgt:

»Die Trauer springt um in Wut. ... Er läuft wortlos die Stiege zu seinem Zimmer hinauf, öffnet das Fenster, stößt einen Schrei aus, den Johanna [Hölderlins Mutter, d. Verf.] ihr Leben nicht vergessen würde, trommelt sich mit den Fäusten gegen die Brust, reißt sich Haare aus, schreit, nimmt einen Stuhl, schlägt ihn gegen die Wand, wirft ihn aus dem Fenster, danach die Waschschüssel, den Krug, die kleine Stellage. Die Frauen trauen sich nicht, zu ihm in die Stube zu gehen. Planck [der Arzt, d. Verf.] kommt in Begleitung von drei Männern. Sie drehen ihm die Arme auf den Rücken ...« (Härtling, 1976, S. 541).

Dies war der Beginn seines psychischen Zusammenbruchs, der 36 Jahre bis zu seinem Tod andauerte. Wir können davon ausgehen, dass Hölderlin, wie der kleine Benedikt am Anfang des Kapitels, die unerträglichen Affekte von Trauer und Verzweiflung nur mit hemmungsloser Wut bekämpfen konnte.

18 Wie hängen Angst- und Wutaffekte zusammen?

Es besteht ein enger Zusammenhang zwischen Angst und Aggression: Das indogermanische Wort »angh« bedeutet »niedergedrückt von Trauer, Last und Schwierigkeiten«, althochdeutsch »angust« (Drosdowski, 1989, S. 36). Auf eine gemeinsame Wurzel verweisen auch die ethymologischen Verbindungen der Wörter »Angst«, griechisch angchein = würgen, lat. angustus = eng und englisch »anger« = »Ärger, Zorn«. Werden vitale Interessen eines Menschen bedroht, kann er entweder flüchten oder sich der Auseinandersetzung stellen. Angst ist also im Allgemeinen entweder auf Flucht oder Kampf ausgerichtet, auf kämpfen, fortlaufen – oder manchmal erstarren. Nach Fromm (1974) bedeutet aggressiv zu werden, eine der wirksamsten Möglichkeiten, sich von Angst zu befreien. Das quälende Gefühl von Angst schwindet, wenn jemand aus dem passiven Zustand der Angst herausfindet und zu einem Angriff übergehen kann. Andererseits ist es aber auch so, dass sobald jemand an Ängsten leidet, Zorn und Wut aus der bewussten Lebensführung verschwinden (vgl. Lutz, 1997).

18.1 Überlegungen zu den Angstaffekten

Alle mentalen Vorgänge haben eine neuronale Entsprechung und werden durch molekulare Bewegungen und Zellprozesse im Gehirn transportiert. Natürlich basiert auch Angst auf der Übertragung von elektrischen und chemischen Signalen, alle seelischen Prozesse sind zugleich biologischer Natur. Inzwischen haben Biologen begonnen, die elementaren Aspekte geistiger Prozesse zu untersuchen: Angst ist ein allgemeiner, angeborener Anpassungsmechanismus, den man bei ganz einfachen Tierarten – wie etwa der Meeresschnecke Aplysia – genauso findet wie bei höheren Tierarten (vgl. Kandel, 2008).

Angst ist unbestimmt, während Furcht auf eine spezifische Gefahr ausgerichtet ist. Angst und Furcht werden im Gehirn zentral durch die Amygdala organisiert (▶ Kap. 1). Angst korreliert mit einer Fülle von somatomotorischen Reaktionen, beispielsweise mit dem Gesichtsausdruck. Das Bild »Der Schrei« von Edvard Munch mit seiner der Realität nachgezeichneten Angstmimik ist geradezu zum Archetyp für Angst geworden.

Welche Funktion hat die Angst? Sie ist ein wichtiges Sensorium für den Menschen, das ihn vor Gefahren warnt und zu Gegenmaßnahmen veranlasst. Störend kann lediglich ein Zuviel oder ein Zuwenig an Angst werden. Freuds Hypothese von der Signalangst geht davon aus, dass nur das Ich Angst produzieren und verspüren kann. Eine traumatische Situation ruft ein Angstsignal hervor, welches die Auslösung von Abwehroperationen, beispielsweise Verdrängung, ermöglicht. Realangst ist das Resultat einer dem Ich bekannten Gefahr, während die neurotische Angst auf eine innere Gefahr bezogen ist und dem Ich *nicht* bewusst ist.

Wann ist Angst normal, wann ist sie krankhaft? Diagnosemanuale wie DSM-5 oder ICD-10 versuchen bei dieser Differenzierung Hilfestellung zu leisten. Aber einfach ist die Feststellung nicht. Ist beispielsweise »Realangst«, also Furcht, immer normal? Ein Zuviel an realer Angst kann auf paranoide Tendenzen hinweisen, ein Zuwenig auf narzisstische Größenfantasien. Angst gilt erst dann als anormal, wenn sie in inadäquaten Situationen auftritt oder unverhältnismäßig lange andauert. Sie ist in jedem Fall pathologisch, wenn sie nicht mehr dazu dient, Gefahren zu signalisieren. Entscheidend ist jedoch letztendlich das subjektive Leiden eines Kindes oder eines Erwachsenen aus seinem Beziehungsumfeld.

Im Verlauf der Kindheitsentwicklung entstehen unterschiedliche Angstformen. Werden diese Ängste nicht verarbeitet oder nur unzureichend bewältigt, so wirken sie verdrängt im Unbewussten weiter. Dann können neurotische Konflikte mit Symptombildungen entstehen. Gleichzeitig reift das Ich, es entwickeln sich strukturelle Fähigkeiten, Affekte und Emotionen, also auch die Ängste zu regulieren. Der Schweregrad einer Angsterkrankung wird immer durch beide Faktoren gekennzeichnet. Angststufe und Ich-Stärke. Somit wird eine Entwicklung vorstellbar, die von einer diffusen, körpernahen Angst bis hin zur konkreten, entsomatisierten Furcht führt (Hopf, 2017b).

Namenlose Angst

Namenlose Angst ist die körpernahe Angst des Säuglingsalters. Ihr kann über ein angemessenes Containment der Mutter ein psychischer Gehalt (oder Bedeutungsgehalt) zugeschrieben werden.

Psychotische Ängste

Hier handelt es sich um Ängste vor Fragmentierung, dem Auseinanderfallen, der Verschmelzung, der Vernichtung und vor Nähe. Dies sind die Ängste der Psychose.

Schizoide Angst

Nähe zu anderen Menschen wird als bedrohlich erlebt, weshalb eine soziale Zurückhaltung und Scheu entsteht.

Angst der Borderline-Störung

Die Angst der Borderline-Störung beruht darauf, dass die bösen Aspekte die guten vernichten könnten, sowohl bei den Objekt- als auch bei den Selbstrepräsentanzen. Sie werden darum mittels Spaltung auseinandergehalten.

Trennungs- und Verlustangst

Das Schutz und Sicherheit bietende Objekt ist verloren gegangen.

Ängste vor Verlust von Autonomie oder von Liebe (Abhängigkeits-Autonomie-Konflikt)

Dies sind auch die Ängste der depressiven Erkrankung. Das Objekt, welches Liebe, Anerkennung und Aufwertung bietet, geht hier verloren.

Die folgenden Ängste bezeichnet man als Über-Ich-Ängste. Sie sind charakterisiert durch die Angst des Ichs, von der internalisierten Gewissensinstanz bestraft zu werden, wenn es eine Handlung begeht, die nicht toleriert wird.

Schuldangst

Hierbei handelt es sich um eine Angst, die bevorzugt bei narzisstischen Störungen, Zwangsneurosen und sozialen Phobien vorkommt.

Schamangst

Die Schamangst ist eine Sonderform der Schuldangst. Sie wird durch eine drohende Gefahr von Bloßstellung, Demütigung und Zurückweisung hervorgerufen.

Kastrationsangst

Die Kastrationsangst – wegen Depotenzierungsdrohungen und aufgrund der Wahrnehmung des Geschlechtsunterschiedes – ist sie die Angst der phallischen Organisationsstufe.

Wir möchten zunächst der Frage nachgehen, wie es einem Kind gelingen kann, Getrenntheit auszuhalten, und beschreiben, welche Mechanismen einsetzen, wenn diese Entwicklung scheitert.

Seine Unreife und Hilflosigkeit machen das Kleinkind von einer schützenden Person außerordentlich abhängig. Ist die Mutter abwesend oder wird einem Kind Liebe entzogen, so kann es allen erdenklichen Spannungsgefühlen ausgesetzt sein und in Panik geraten. Freud hat in der

Neuen Folge der Vorlesungen zur Einführung in die Psychoanalyse geschrieben, dass diese Angstbedingungen »... im Grunde die Situation der ursprünglichen Geburtsangst wiederholen, die ja auch eine Trennung von der Mutter bedeutete« (Freud, 1933, S. 522).

Im Kapitel 8.3.2 sind wir bereits auf die Hypothesen des Psychoanalytikers Michael Balint eingegangen (▸ Kap. 8.3.2). Wir wollen sie hier aus einer anderen Sicht betrachten. Balint ging von der Vorstellung aus, dass Fötus und Umwelt vor der Geburt harmonisch verschränkt sind und ineinander übergehen; es existieren noch keine Objekte, sondern nur Substanz und Raum ohne Grenzen. Die Geburt erzwingt eine neue Form von Anpassung, eine radikale Trennung zwischen Mensch und Umwelt. Jetzt beginnt gemäß Balint die vorherige paradiesische Harmonie mit dem Grenzenlosen zu zerbrechen. Zur Abwehr der hieraus resultierenden archaischen Ängste bieten sich nach seinen Beobachtungen zwei Wege an. Als Reaktion auf die traumatische Entdeckung, dass Widerstand leistende und gleichzeitig unabhängige Objekte existieren, schafft sich das Kind entweder eine oknophile oder eine philobatische Welt: Während sich der Oknophile an Objekte klammert, um mit seiner Angst vor dem Verlassenwerden fertigzuwerden, meidet der Philobat enge Bindungen und sucht die Distanz, um diese Ängste kontrollieren zu können. Sowohl der Oknophile als auch der Philobat verleugnen somit unangenehme Seiten der Wirklichkeit.

Die oknophile Haltung ist die Grundsubstanz für alle Trennungsängste und Angststörungen. Der Oknophile ist immer argwöhnisch, misstrauisch, kritisch. Seine Welt besteht aus Objekten, getrennt durch furchterregende Leerräume: Das Verlangen des Oknophilen nach einem Objekt ist absolut. Wenn das Bedürfnis auftritt, hat auch das Objekt da zu sein, es wird einfach als vorhanden, als willenlos vorausgesetzt. Die oknophile Welt baut sich somit ausschließlich aus physischer Nähe und Berührung auf. Der Oknophile reagiert auf das Erscheinen von Objekten, indem er sich an sie klammert, sie introjiziert, weil er sich ohne sie verloren und unsicher fühlt; er neigt dazu, seine Objektbeziehungen überzubesetzen, und fürchtet unbewusst, wie entsetzlich es sein muss, das mütterliche Objekt zu verlieren, allein in einer kalten Welt zu sein.

Anklammerung ist somit sowohl ein Ausdruck von Angst als auch von Kontrolle. Das Subjekt kann nie verlassen werden, wenn es sich untrennbar an das Objekt haftet und auf diese Weise gefährliche Zwischenräume meiden kann. Der Oknophile fürchtet die Trennung, und er beginnt mit der Zeit, das Objekt zu introjizieren. Verdrängt bleibt zunächst der Hass auf das geliebte Objekt, weil es das Subjekt in Abhängigkeit hält. Damit können wir bereits die Bausteine vieler Angststörungen benennen, die man bei Kindern mit Trennungsängsten beobachten kann:

- Das Verlangen nach einem Objekt ist absolut. Es wird als vorhanden und willenlos fantasiert. Die leeren Räume, die Außenwelten, alle fremden Orte werden gefürchtet.
- Über Anklammerung wird das Objekt zu beherrschen gesucht und dauerhaft kontrolliert.
- Wegen der Abhängigkeit des Subjekts vom überlebenswichtigen Objekt wird es auch gehasst, verfolgt und attackiert.

Ein Fallbeispiel:

Falldarstellung

Die Mutter meldet die sechseinhalbjährige Bettina zur Therapie an, weil diese seit sieben Monaten – seit ihrem Eintritt in die Grundschule – auffällige Anhänglichkeit zeige und nicht mehr ohne ihre Mutter bleiben möchte. Ihre Essensgewohnheiten haben sich verändert; Bettina möchte nur noch weiche Nahrung, wie Joghurt, Milchschnitten oder am liebsten Brei. Vor einiger Zeit hat sie sich gewünscht, wieder aus ihrer Flasche trinken zu dürfen. Nachts hat Bettina oft Angst und kann nur schwer einschlafen. In der vergangenen Zeit hatte sie vermehrt über Bauchweh und Kopfschmerzen geklagt, wofür jedoch keine körperlichen Ursachen gefunden wurden. Der Vater hat die Familie vor drei Jahren verlassen. Bettina verweigert den Kontakt zu ihm, aber auch zur gesamten Verwandtschaft. Vor Männern fürchtet sie sich und versteckt sich hinter der Mutter.

Wir können Folgendes bei Bettina erkennen:

- Angst vor der Trennung,
- Rückzug aus den Außenwelten, dazu gehört auch die Schule,

- somatoforme Begleitsymptome wie Bauchschmerzen, Kopfschmerzen, Schlafstörungen.
- Ein wichtiges Merkmal sind auch regressive Tendenzen, etwa Schlafen im Bett der Mutter, Trinken aus dem Fläschchen, Einnässen etc.
- Häufig kontrollieren die Kinder ihre Mütter, sie sind ihnen gegenüber oft aggressiv. Eine aggressive Haltung entwickelt sich zumeist, wenn Regression verweigert wird.

Wie können die panischen Ängste beim Verlassen der Objekte beschwichtigt, bewältigt und überwunden werden? Wie schafft es ein Kind, Getrenntheit, den Schrecken von kalten Leerräumen zu ertragen, sich loszulösen und autonom zu werden? Dies kann vor allem mit drei Entwicklungen erreicht werden, die in einer Therapie angestrebt werden sollen:

- mit der Bildung von Repräsentanzen,
- mit Symbolisierung
- und mit Hilfe der Triangulierung.

Wir sollten uns immer dessen bewusst sein, dass wir es bei all diesen Begriffen mit kognitiven Konstrukten zu tun haben, die psychische Vorgänge und Wirklichkeiten nur annähernd beschreiben können. Die Begriffe können auch darum nicht exakt abgegrenzt werden, es wird immer Schnittmengen geben, weil letztendlich ein fließender seelischer Vorgang aus didaktischen Gründen in verschiedene statische Begriffe aufgelöst wurde. Aus einer zweidimensionalen Repräsentanz kann sich eine dreidimensionale, triangulierte Repräsentanz entwickeln, so dass Symbolisierung möglich wird. Eine Repräsentanzenbildung ist andererseits ohne Symbolisierung nicht möglich und letztere nicht ohne Triangulierung: Die mit den Begriffen unvollkommen beschriebenen seelischen Vorgänge wirken und greifen ständig ineinander, so dass ein produktiver Entwicklungsprozess aktiviert wird – falls er nicht gestört wird.

18.2 Überlegungen zu aggressiven Affekten

Otto Kernberg hat instinktive Antriebe als Ursachen für Wut und Aggression beschrieben. Wut wird ausgelöst, wenn ein Junges von der Mutter getrennt wird, wenn das Territorium bedroht wird, wenn ein – sexueller – Rivale den Rang streitig macht. Dies ist im Tierreich so, in instinktiven Resten auch beim Menschen. Liebe sucht symbiotische Verschmelzung, gutartige Aggression zielt auf Trennung und Autonomie. Besteht eine aggressive Hemmung, so bleiben symbiotische Beziehungen erhalten, und es entwickeln sich Angststörungen. Probleme schaffen uns feindselige Aggressionen. Der grundlegende Affektzustand, der die Aktivierung von Aggression in der Übertragung kennzeichnet, ist der Zustand der Wut. Die Analyse der Wutreaktion zeigt die dahinterstehende bewusste oder unbewusste Fantasie mit einer spezifischen Beziehung zwischen einem Aspekt des Selbst und einem Aspekt eines bedeutsamen Anderen. Gereiztheit ist ein leichter aggressiver Affekt, der das Potenzial für Wutreaktionen anzeigt und als chronische Gestimmtheit in Form von Reizbarkeit auftritt. Ärger ist ein intensiverer Affekt als Gereiztheit und gewöhnlich differenzierter in seinem kognitiven Inhalt und in der Art der dabei aktivierten Objektbeziehung (Kernberg, 1997).

Während psychoanalytischer Behandlungen von Kindern oder Jugendlichen im ambulanten wie im stationären Bereich werden wir nicht selten mit wahrlich archaischen Affektdurchbrüchen konfrontiert. Können wir die kindlichen Aggressionen nicht verbieten oder stoppen, werden wir in der Regel hilflos und diese Gefühle sind äußerst beängstigend, ja unerträglich. Die kindlichen aggressiven Attacken können so infizieren, dass uns Affekte aus den Tiefen des Unbewussten regelrecht überschwemmen. Das Verhalten des Kindes, verbal oder agierend, kann so tief kränken, so viel Wut nach sich ziehen, dass wir nur noch Racheimpulse empfinden, die wir blindwütig ausleben möchten, oder – noch schlimmer – dass wir unsere intellektuelle und verbale Überlegenheit einsetzen, um unsere Haut zu retten und uns in Gestalt von so genannten Deutungen rächen.

Eine erste Sequenz aus dem Praxisalltag:

Falldarstellung

Ein achtjähriger Junge kriecht hinter den Vorhang des Kasperltheaters und kündigt an, etwas vorzuspielen. Ganz nebenbei nimmt er eine Bolzenpistole mit, lädt sie und legt sie – wie beiläufig als Requisit – neben sich. Durch einen Spalt des Vorhangs sehe ich, wie der Bub die Pistole blitzschnell auf mich richtet und abdrückt. Der Pfeil trifft mich an der Stirn, wenige Zentimeter über dem rechten Auge. Es schmerzt zwar nicht allzu sehr, ich erschrecke jedoch über die Vorstellung, wie leicht mich der Pfeil hätte ins Auge treffen können. Dann sehe ich das Gesicht des Jungen. Ein hämisches Grinsen zuckt flüchtig darüber weg, danach taucht er wieder ernst hinter dem Vorhang auf. Mit gespieltem Bedauern und mit gleichzeitig leuchtenden Augen meint er, dass der Pfeil wohl versehentlich losgegangen sei. Er könne nichts dafür. Ich spüre, wie mich heftige Wut überfällt. Wegen des Schmerzes, wegen der Unverschämtheit und wegen der Scheinheiligkeit. Im Moment hilft auch wenig, dass ich aus dem Elterngespräch weiß, dass dem Vater neulich Ähnliches geschehen ist, dass ich erwachsen bin und außerdem eine psychoanalytische Ausbildung absolviert habe. Am liebsten würde ich den Jungen anschreien, ich spüre den Impuls, mich irgendwie rächen zu wollen. Nur mühsam schaffe ich es, meine Gegenübertragung einigermaßen zu kontrollieren. Verzweifelt überlege ich mir angemessene Interventionen.

Eine zweite Sequenz aus dem Therapiezentrum Osterhof, dessen therapeutischer Leiter ich (H. H.) war.

Falldarstellung

Ich bekomme abends einen Anruf aus einem Haus. »Wir brauchen Deine Hilfe. Komm sofort, Melanie hat einen schlimmen Wutanfall. Sie schlägt um sich und ist nicht zu beruhigen.« Ich mache mich sofort auf den Weg. Melanie ist zehn Jahre alt, unehelich geboren. Ihre Mutter möchte sie nicht bei sich haben, sie ist ihr zu schwierig. Aber das sagt sie ihr so nicht, Melanie glaubt hier sein zu müssen, weil es das Jugendamt

18 Wie hängen Angst- und Wutaffekte zusammen?

gegen den Willen der Mutter so will. Solche Wutanfälle hat Melanie oft; wenn sie etwas nicht bekommt, wenn sie gekränkt oder verletzt wird. Sie hat so gut wie nie einen Wutanfall, wenn ihre Bezugserzieherin bei ihr ist, aber die ist heute ausnahmsweise nicht da. Ich bin dennoch überrascht, dass es heute Abend zu einem solchen Ausbruch gekommen ist, weil Melanie heute Geburtstag hat. Heute Morgen habe ich ihr noch gratuliert, und sie hat meine Glückwünsche strahlend entgegengenommen. Von weitem höre ich schon entsetzliches Geschrei und die aufgeregten Stimmen der Erzieherinnen. Ich läute und betrete das Haus. Melanie ist wahrhaftig außer sich. Sie schreit und schlägt um sich. Dann sieht sie mich, stürzt sich auf mich und tritt mir mit dem Fuß mit allergrößter Kraft gegen mein Schienbein. Es tut furchtbar weh, ein paar Sekunden bin ich völlig außer Gefecht gesetzt. Dann fasse ich Melanie, die noch lauter zu schreien beginnt, halte sie ganz fest und rede in zunächst strengem Ton mit ihr. Ich spüre Wut aufsteigen, fühle mich gedemütigt, ob der Respektlosigkeit, Übergriffigkeit. Doch mit letzter psychischer Kraft gelingt es mir, meine Affekte einigermaßen zu zügeln. Ich fühle, wie das Kind jeglichen äußeren und inneren Halt verloren hat. Melanie ist wütend, weil sie so unglücklich, verzweifelt ist. Nach einer Weile des Geschreis, des wilden Um-sich-Schlagens, geht alles in ein ebenso schreckliches Weinen über. Melanie schreit: »Meine Mama!« und umschlingt mich während ihres Weinens. Ihre Mutter hatte sie vor einiger Zeit angerufen. Sie würde sie anlässlich ihres Geburtstages besuchen und ein ganz tolles Geschenk mitbringen. Sie ist nicht gekommen, es gab kein Geschenk, sie hat nicht einmal angerufen.

Bei Melanie ist es zum Durchbruch von narzisstischer Wut gekommen. Wesentliche Ursachen waren:

- Verlust des Selbst-Objekts (Melanies Bezugserzieherin hatte frei und war abwesend).
- Die Mutter hat keines ihrer Versprechen eingelöst.
- Dies hat zu Kränkung und Hilflosigkeit geführt, zum Durchbruch von narzisstischer Wut.
- Narzisstische Wut und Rachsucht sind unstillbar und Ausdruck eines Strukturdefizits des Selbst. Unversöhnliche narzisstische Wut kommt

nach Kohut auf, wenn die Kontrolle über das widerspiegelnde Selbst-Objekt verloren geht oder wenn das allmächtige Selbst-Objekt nicht verfügbar ist.

Die Fähigkeit, Gefühle in sich zu behalten, sie symbolvermittelt abzuführen, wird von Fall zu Fall geringer; umgekehrt wird die jeweilige Neigung zum Agieren immer größer. Die Befähigung, Affekte und Impulse zu kontrollieren, hängt auch vom Alter der Kinder ab. Im Verlauf von Entwicklung und Sozialisation werden die feindseligen Impulse zunehmend entschärft.

Diese Leistung beruht aber vor allem auf der Möglichkeit eines Patienten, negative Affekte abpuffern zu können. Damit wird die wachsende Fähigkeit eines Kindes beschrieben, Affekte und Impulse zu regulieren. Dieser Strukturbereich kann auch defizitär bleiben. Aber auch beim Kinderanalytiker kann der innere Raum verloren gehen. Die Neigung, die drängenden Spannungen über averbales Agieren abzuführen, kann auch in der Gegenübertragung stark und manchmal unaushaltbar werden. Das therapeutische Ziel muss jedoch sein, dass wir uns nicht rächen dürfen, und wir müssen wieder eine analytische Situation herstellen, Handeln muss wieder in Denken, Fantasieren und Verbalisieren übergeführt werden.

Erwähnen möchte ich an dieser Stelle, dass es auch latente anhaltende Gegenübertragungen gibt. Zum einen eher leise feindselige Formen, wie Langeweile und Schläfrigkeit. Oder laute Ausdrucksformen, wie Wut, Sadismus, Rachewünsche oder Lähmung, Resignation, Leere und Hilflosigkeit (Kreuzer-Haustein, 2008). Diese manchmal nicht ausreichend beachteten und reflektierten Gefühle sind darum besonders zu beachten.

19 Langzeituntersuchungen zur Aggression von Henri Parens

Mit seinen Mitarbeitern hat Parens (2007) fünfzehn Kinder von Geburt an fünf Jahre lang eine bis vier Stunden pro Woche beobachtetet. Sie kamen dabei zu Ergebnissen, die mit den Vorstellungen von einer angeborenen Selbstdestruktivität nicht kompatibel waren. Parens formulierte drei verschiedene Untergruppen von Aggression:

19.1 Nicht-destruktive Aggressivität

Parens fand bei Kindern unter sechs Monaten einen starken inneren Drang, zu erkunden und durch sensomotorische Betätigung ihr infantiles Selbst gegenüber der Umwelt zu behaupten. Es handelt sich um eine sogenannte nicht-destruktive Aggressivität, die sich bereits schon wenige Wochen nach der Geburt zeigt. Diese Beobachtung ließ ihn an Freuds Triebtheorie zweifeln, wonach Aggression sich vom Todestrieb ableitet. Auch andere Kleinkindbeobachter kamen zu ähnlichen Schlüssen.

19.2 Nicht-affektive Destruktivität

Wenige Stunden nach der Geburt können bereits Verhaltensmanifestationen einer nicht-affektiven Destruktivität beobachtet werden, deren Prototyp das Saugen und die Nahrungsaufnahme darstellen. Es existiert also eine Aggressionsform, die in sich destruktiv, aber nicht feindselig ist. Parens erwähnt hier insgesamt die Zerstörung lebender Struktur im Dienste der Selbsterhaltung.

19.3 Feindselige Destruktivität

Parens fasst unter diesem Begriff sowohl Verhaltensweisen zusammen, die bei unlustbezogener wie bei lustbezogener Destruktivität (Sadismus) zu beobachten sind. Die Wutreaktion in der frühesten Kindheit ist die primitivste Form feindseliger Destruktivität und lässt sich bereits bei Neugeborenen beobachten. Der Wunsch, einem anderen Objekt Schmerz zuzufügen oder es zu zerstören, besteht nicht von Geburt an, sondern tritt erst etwa ab dem neunten Lebensmonat auf.

Hieraus formulierte Parens die folgende Hypothese: Der Ausdruck von Feindseligkeit ist ein angeborener Mechanismus. Feindselige Destruktivität entsteht jedoch nicht spontan. Damit sie aktiviert wird, muss exzessive Unlust vorhanden sein. Zur Abfuhr feinseliger Destruktivität muss es also nicht unbedingt kommen. Oft genügt es, die exzessive Unlust zu beseitigen.

Resümee

Damit sich ein Kind von seinen Eltern loslösen und autonom werden kann, muss es gutartige Aggression einsetzen. Wenn die Eltern aus verschiedenen psychodynamischen Gründen Wegbewegung und Aggression ihres Kindes nicht ertragen, muss das Kind von jetzt an nicht nur aggressive Affekte, sondern schließlich alle Affekte verdrängen. Darum können sich auch keine Repräsentanzen bilden, weil diese aus Gefühlzuständen bestehen, die sich aus den Affekten im Ich bilden. Weil die Kinder aus diesem Grund auf die reale Nähe der Objekte angewiesen bleiben, entsteht auch keine ausreichende Symbolisierungsfähigkeit. Dann wandelt sich Aggression in der Fantasie zur Destruktivität, die gefürchtet wird. Trennung wird in der Vorstellung zum Tod und bewirkt Todesängste. Die aggressiven Affekte werden dann verdrängt, die entstehende Hilflosigkeit kann sich in Kontrolle der Objekte oder in sadistische Wut verwandeln, die sich jederzeit blitzartig entfalten kann.

Zusammenfassung

- Angst und Aggression können Ausdruck derselben inneren Erregung sein und darum ineinander übergehen. Wenn Babys nach der Mutter schreien, vermischen sich fast immer Angst und Wut. Bei vielen Kindern bleibt diese Mischung noch lange Zeit erhalten, bei manchen Menschen bis ins Erwachsenenalter. Angst ist in der Regel entweder auf Flucht oder Kampf ausgerichtet, auf Fortlaufen, Kämpfen – oder manchmal Erstarren.
- Aggressiv zu werden, ist eine der wirksamsten Möglichkeiten, sich von Angst zu befreien. Das quälende Gefühl von Angst schwindet, wenn jemand aus dem passiven Zustand der Angst herausfindet und zu einem Angriff übergehen kann. Andererseits ist es aber auch so, dass sobald jemand an Ängsten leidet, Zorn und Wut aus der bewussten Lebensführung verschwinden.
- Angst ist ein wichtiges Sensorium für den Menschen, das ihn vor Gefahren warnt und zu Gegenmaßnahmen veranlasst. Freuds Hypothese von der Signalangst geht davon aus, dass nur das Ich Angst produzieren und verspüren kann. Eine traumatische Situation ruft ein Angstsignal hervor, welches die Auslösung von Abwehroperationen, beispielsweise Verdrängung, ermöglicht. Realangst ist das Resultat einer dem Ich bekannten Gefahr, während die neurotische Angst auf eine innere Gefahr bezogen ist und dem Ich *nicht* bewusst ist.

- Im Verlauf der Kindheitsentwicklung entstehen unterschiedliche Angstformen. Werden diese Ängste nicht verarbeitet oder nur unzureichend bewältigt, so wirken sie verdrängt im Unbewussten weiter. Dann können neurotische Konflikte mit Symptombildungen entstehen. Gleichzeitig reift das Ich, es entwickeln sich strukturelle Fähigkeiten, Affekte und Emotionen, also auch die Ängste zu regulieren. Parens unterscheidet nicht-destruktive Aggressivität von feindseliger Destruktivität. Damit letztere aktiviert wird, muss exzessive Unlust vorhanden sein.
- Möchte sich ein Kind von seinen Eltern loslösen und autonom werden, muss es gutartige Aggression einsetzen. Wenn die Eltern aus verschiedenen psychodynamischen Gründen Wegbewegung und Aggression ihres Kindes nicht ertragen, muss das Kind von jetzt an nicht nur aggressive Affekte, sondern schließlich alle Affekte verdrängen. Dann können sich auch keine Repräsentanzen bilden, weil diese aus Gefühlzuständen bestehen, die sich aus den Affekten im Ich bilden. Weil darum die Kinder auf die reale Nähe der Objekte angewiesen bleiben, entsteht auch keine ausreichende Symbolisierungsfähigkeit. Dann wandelt sich Aggression in der Fantasie zur Destruktivität, die gefürchtet wird. Trennung wird in der Vorstellung zum Tod und bewirkt Todesängste.

Literatur zur vertiefenden Lektüre

Hopf, H. (2017a). *Aggression in der analytischen Therapie mit Kindern und Jugendlichen.* Frankfurt am Main: Mabuse.
Hopf, H. (2017b). *Angststörungen bei Kindern und Jugendlichen.* Diagnose, Indikation, Behandlung. 4. Auflage. Frankfurt am Main: Brandes & Apsel.
Kernberg, O. (1997). *Wut und Hass: Über die Bedeutung von Aggression bei Persönlichkeitsstörungen und sexuellen Perversionen.* Stuttgart: Klett-Cotta.
Parens, H. (2007). *Heilen nach dem Holocaust. Erinnerungen eines Psychoanalytikers.* Weinheim: Beltz.
Richter, H. E. (1992). *Umgang mit Angst.* Hamburg: Hoffmann und Campe.

Weiterführende Fragen

- Wie wirken Angstaffekte und aggressive Affekte zusammen?
- Welche Funktion hat reale Angst?
- Warum bilden sich irreale, neurotische Ängste?
- Was ist gutartige Aggression?
- Wozu braucht sie der Mensch?
- Was ist feindselige Destruktivität?

Literatur

Adler-Cormann, P., Röpke, C. & Timmermann, H. (Hrsg.) (2018). *Psychoanalytische Leitlinien der Kinder- und Jugendlichen-Psychotherapie*. Frankfurt am Main: Brandes & Apsel.
Ainsworth, M. D. S. (1967). *Infancy in Uganda: Infant care and the growth of love*. Baltimore: Johns Hopkins University Press.
Ainsworth, M. D. S. (1973). The development of infant-mother attachment. In: B. B. M. Caldwell & H. N. Riciutti (Eds.), *Review of child development research* (S. 1–94). Band 9. Chicago: University of Chicago Press.
Althoff, M.-L. (2016). *Macht und Ohnmacht mentalisieren: Konstruktive und destruktive Machtausübung in der Psychotherapie*. Berlin: Springer.
Alvarez, A. (2001). *Zum Leben wiederfinden. Psychoanalytische Psychotherapie mit autistischen, Borderline-, vernachlässigten und missbrauchten Kindern*. Frankfurt am Main: Brandes & Apsel.
Arbeitskreis OPD (1996). *Operationalisierte Psychodynamische Diagnostik. Grundlagen und Manual*. Bern: Hans Huber.
Aristoteles (2011). *Über die Seele*. Ditzingen: Reclam.
Aristoteles (2017). *Nikomachische Ethik*. Ditzingen: Reclam.
Arnold, M. B. (1960). *Emotion and personality*. Press, New York, NY: Columbia University Press.
Balint, M. (1972). *Angstlust und Regression*. Reinbek: Rowohlt.
Balzer, W. (2020). *Das Sensorische und die Gewalt. Zum Seelenleben im digitalen Zeitalter*. Gießen: Psychosozial-Verlag.
Baron-Cohen, S. (2004). *Vom ersten Tag an anders. Das weibliche und das männliche Gehirn*. Düsseldorf: Walter.
Benedict, R. (1934). *Patterns of culture*. Boston: Houghton-Mifflin.
Bergius, R. (2014). Affekt. In: M. A. Wirtz (Hrsg.), *Lexikon der Psychologie* (S. 102 f.). 17. Auflage. Bern: Huber.
Bion, W. R. (1962). *Learning from experience*. Lanham, MD: Jason Aronson (deutsch: Lernen durch Erfahrung. Frankfurt/Main: Suhrkamp 1992).
Bischof, N. (2008). *Psychologie. Ein Grundkurs für Anspruchsvolle*. 2. Auflage. Stuttgart: W. Kohlhammer.
Blawat, K. (2019). Sag, was du fühlst. *Süddeutsche Zeitung*, Nr. 296, 23.12.2019, S. 16.

Borowski, D., Hopf, H., Hüller, T., von der Marwitz, T. & Schäberle, H. (2010). *Psychoanalytische Grundbegriffe. Leitlinie des Arbeitskreises Leitlinien VAKJP. VAKJP-Heft 145*, XLI, 99–135.
Bosinski, H. A. G. (2000). Determinanten der Geschlechtsidentität. Neue Befunde zu einem alten Streit. *Sexuologie 7 (2/3)*, 96–140.
Bovensiepen, G. (2019). *Die Komplextheorie. Ihre Weiterentwicklungen und Anwendungen*. Stuttgart: W. Kohlhammer.
Bowlby, J. (1952). *Maternal care and mental health*. 9. Auflage. Geneva: World Health Organization.
Bowlby, J. (1969). *Attachment and loss. Volume 1, Attachment*. New York, NY: Basic Books.
Bretherton, I. (1987). New perspectives on attachment relations: Security, communication, and internal working models. In: J. D. Osofsky (Ed.). *Handbook of infant development* (S. 1061–1100). 2nd edition. New York, NY: John Wiley & Sons.
Bridges, K. M. B. (1930). A genetic theory oft the emotion. *Journal of Genetic Psychology 37*, 304–327.
Bridges, K. M. B. (1932). Emotional development in early infancy. *Child Development 3*, 324-341.
Brierley, M. (1951). *Trends in psychoanalysis*. London: Hogarth Press.
Brisch, K.-H. (2002). Hyperaktivität und Aufmerksamkeitsstörung aus der Sicht der Bindungstheorie. In: G. Bovensiepen, H. Hopf & G. Molitor (Hrsg.), *Unruhige und unaufmerksame Kinder. Psyhoanalyse des hyperkinetischen Syndroms*. Frankfurt am Main: Brandes & Apsel.
Brisch, K. H & Hellbrügge, T. (2006). *Wege zu sicheren Bindungen in Familie und Gesellschaft. Prävention, Begleitung, Beratung und Psychotherapie*. Stuttgart: Klett-Cotta.
Brisch, K. H. (2009). Bindung, Psychopathologie und gesellschaftliche Entwicklungen. In: K. H. Brisch & T. Hellbrügge (Hrsg.), *Wege zu sicheren Bindungen in Familie und Gesellschaft. Prävention, Beratung und Psychotherapie*. Stuttgart: Klett-Cotta.
Brisch, K. H. (2020). *Bindungsstörungen. Von der Bindungstheorie zur Bindungstherapie*. 17. Auflage. Stuttgart: Klett-Cotta.
Burchartz, A. (2019). *Traumatisierung bei Kindern und Jugendlichen. Psychodynamisch verstehen und behandeln*. Stuttgart: W. Kohlhammer.
Cannon, W. B. (1929). *Bodily changes in pain, hunger, fear and rage*. New York, NY: Appleton.
Damasio, A. R. (2018). *Descartes' Irrtum. Fühlen, Denken und das menschliche Gehirn*. 9. Auflage. München: List.
Darwin, C. (1859). *The origin of species by means of natural selection*. New York, NY: Collier.
Darwin, C. (1877). *Der Ausdruck der Gemütsbewegungen bei dem Menschen und den Tieren*. 3. Auflage. Stuttgart: E. Schweizerbartsche Verlagsbuchhandlung.
Darwin, C. (2013). *Der Ausdruck der Gemütsbewegungen bei dem Menschen und bei den Tieren*. Bremen: Bremen-University-Press.

DeSousa, R. (1987). *The rationality of emotion*. Cambridge: Bradford Books, Massachusetts Institute of Technology (MIT).
Deutsch, H. (1945). *The psychology of women. A psychoanalytic interpretation*. Vol. I. New York, NY: Grune & Stratton.
Diez Grieser, M. T. & Müller, R. (Hrsg.). *Mentalisieren mit Kindern und Jugendlichen*. Stuttgart: Klett-Cotta.
Döll-Hentschker, S. (2008). Psychoanalytische Affekttheorie(n) heute – eine historische Annäherung. *Psychologie in Österreich 5*, 446–455.
Dörner, D. & Stäudel, T. (1990). Emotion und Kognition. In: N. Birbaumer, C. F. Graumann, M. Irle, J. Kuhl, W. Prinz & F. E. Weinert, F. E. (Hrsg.), *Enzyklopädie der Psychologie. Band 3*. K. R. Scherer (Hrsg.). *Psychologie der Emotion – Motivation und Emotion* (S. 293–344). Göttingen: Hogrefe.
Drosdowski, G. (1989) (Hrsg.). *Duden Etymologie. Herkunftswörterbuch der deutschen Sprache*. 2. Auflage. Mannheim: Dudenverlag.
Du Bois, R. (2007). *Kinderängste. Erkennen – Verstehen – Helfen*. München: Verlag C. H. Beck.
Eccles, J. C. (1987). Die Großhirnrinde. In: K. R. Popper & J. C. Eccles, J. C (Hrsg.), *Das Ich und sein Gehirn* (S. 283–308). München: Piper.
Ehlers, W. (2007). Psychologische Grundlagen der Psychoanalyse. In: W. Ehlers & A. Holder, A. (Hrsg.), *Psychologische Grundlagen, Entwicklung und Neurobiologie. Basiswissen Psychoanalyse* (S. 59–169). Band 1. Stuttgart: Klett-Cotta.
Ekman, P. (1992). An argument for basic emotions. *Cognition and Emotion 6 (3–4)*, 169–200.
Emde, R. (1980). Toward a psychoanalytic theory of affect. In: S. I. Greenspan, S. I. & G. H. Pollock (Eds.), *The course of life: Psychoanalytic contributions toward understanding personality development, vol. 1: Infancy and early childhood* (S. 63–112). Rockville, MD: National Institute of Mental Health.
Esser, G. (2011), *Lehrbuch der Klinischen Psychologie und Psychotherapie bei Kindern und Jugendlichen*. 4. Auflage. Stuttgart: Thieme.
Ewert, O. (1983). Ergebnisse und Probleme der Emotionsforschung. In: C. F. Graumann, T. Herrmann, H. Hörmann, M. Irle, H. Thomae & F. E. Weinert (Hrsg.), *Enzyklopädie der Psychologie*. Band 1. H. Thomae (Hrsg.), *Theorien und Formen der Motivation – Motivation und Emotion* (S. 397–452). Band 1. Göttingen: Hogrefe.
Fahrenberg, J. (2014). Wundt, Wilhelm. In: M. A. Wirtz (Hrsg.), *Lexikon der Psychologie* (S. 1807–1810). 17. Auflage. Bern: Huber.
Fatke, R. (1971). Einleitung. In: F. Redl (1971), *Erziehung schwieriger Kinder. Erziehung in Wissenschaft und Praxis*. München: R. Piper & Co.
Field, T. (1987). Affective and interactive disturbances in infants. In: J. D. Osofsky (Ed.). *Handbook of infant development* (S. 972–1005). 2nd edition. New York, NY: John Wiley & Sons.
Fonagy, P. & Target, M. (2004). Frühe Interaktion und die Entwicklung der Selbstregulation. In: A. Fischer-Streeck (Hrsg.), *Adoleszenz – Bindung – Destruktivität* (S. 105–135). Stuttgart: Klett-Cotta.

Fonagy, P., Gergely, G., Jurist, E. J. & Target, M. (2008). *Affektregulierung, Mentalisierung und die Entwicklung des Selbst.* 3. Auflage. Klett-Cotta: Stuttgart.
Freud, A. (1936). Das Ich und die Abwehrmechanismen. In: A. Freud, *Die Schriften der Anna Freud*, Band I (S. 191–355). München: Kindler.
Freud, A. (1958/1957). Probleme der Pubertät. In: A. Freud, *Die Schriften der Anna Freud*, Band VI (S. 1739–1769). München, Kindler.
Freud, A. (1965). *Normality and pathology in childhood: Assessments of development.* New York, NY: International Universities Press.
Freud, A. (1971). *Wege und Irrwege in der Kinderentwicklung.* Bern: Hans Huber.
Freud, S. (1892). Ein Fall von hypnotischer Heilung. In: *Gesammelte Werke*, Band I (S. 1–17). Frankfurt am Main: S. Fischer.
Freud, S. (1894). Die Abwehr-Neuropsychosen. In: *Gesammelte Werke*, Band I (S. 59–74). Frankfurt am Main: S. Fischer.
Freud, S. (1914). Zur Einführung des Narzissmus. In: *Gesammelte Werke*, Band X (S. 137–170). Frankfurt am Main: S. Fischer.
Freud, S. (1916/1917). Die Angst. XXV. Vorlesung. In: *Gesammelte Werke*, Band XI (S. 407–426). Frankfurt am Main: S. Fischer.
Freud, S. (1926). Hemmung, Symptom und Angst. In: *Gesammelte Werke*, Band XIV (S. 111–205). Frankfurt am Main: S. Fischer.
Freud, S. (1933). Neue Folge der Vorlesungen zur Einführung in die Psychoanalyse. In: *Studienausgabe*, Bd.1. Frankfurt am Main: Fischer Verlag, 1969.
Fromm, E. (1974). *Anatomie der menschlichen Destruktivität.* Stuttgart: Deutsche Verlags Anstalt.
Furman, R. A. (1972). Ein technisches Problem: Das Kind, das Schwierigkeiten hat, sich in den analytischen Sitzungen zu beherrschen. In E. R. Geleerd (Hrsg.), *Kinderanalytiker bei der Arbeit.* Stuttgart: Ernst Klett Verlag.
Galenus, C. (2019*). Cl. Galeni Pergameni Ars Medica, Quae et ars parva dictur.* London: Forgotten Books.
Geppert, U. & Heckhausen, H. (1990). Ontogenese der Emotionen. In: N. Birbaumer, C. F. Graumann, M. Irle, J. Kuhl, W. Prinz & F. E. Weinert (Hrsg.), *Enzyklopädie der Psychologie.* Band 3. K. R. Scherer (Hrsg.), *Psychologie der Emotion – Motivation und Emotion* (S. 115–213). Göttingen: Hogrefe.
Gleser, G. C., Gottschalk, L. A., Fox, R. & Lippert, W. (1965). Immediate changes in affect with chlordiazepoxide. *Archives of General Psychiatry 13*, 291–295.
Gleser, G. C., Winget, C., Seligman, R. & Rauh, J. L. (1979). Evaluation of psychotherapy with adolescents using conent analysis of verbal behavior. In: L. A. Gottschalk (Ed.), *The content analysis of verbal behavior. Further studies* (S. 213–233). New York, NY: SP Medical & Scientific Books.
Gluck, M. A., Mercado, E. & Myers, C. E. (2010). *Lernen und Gedächtnis. Vom Gehirn zum Verhalten.* Heidelberg: Spektrum Akademischer Verlag.
Goeppert, S. (1996). *Medizinische Psychologie*, Freiburg/Br.: Rombach.
Gottschalk, L. A. (Ed.) (1979a). *The content analysis of verbal behavior. Further studies.* New York, NY: SP Medical & Scientific Books.

Gottschalk, L. A. (1979b). Childrens speech as a source of data toward the measurement of psychological states. In: L. A. Gottschalk (Ed.), *The content analysis of verbal behavior. Further studies* (S. 147–172). New York, NY: SP Medical & Scientific Books.

Gottschalk, L. A. & Gleser, G. C. (1969). *The measurement of psychological states through the Content Analysis of Verbal Behavior.* Berkeley: University of California Press.

Greenberg, J. R. & Mitchell, S. A. (1983). *Object relations in psychoanalytic theory.* Cambridge, MA, Harvard University Press.

Grossmann, K. & Grossmann, K. E. (2008). *Bindungen – das Gefüge psychischer Sicherheit.* 4. Auflage. Stuttgart: Klett-Cotta.

Hall, C. S. & Van de Castle, R. L. (1966). *The content analysis of dreams.* New York, NY: Appleton-Century-Crofts.

Härtling, P. (1976). *Hölderlin. Ein Roman.* Darmstadt: Luchterhand.

Hartmann, H. (1972). *Ich-Psychologie. Studien zur psychoanalytischen Theorie.* Stuttgart: Ernst Klett Verlag.

Hartmann, U. & Becker, H. (2002). *Störungen der Geschlechtsidentität. Ursachen, Verlauf, Therapie.* Wien: Springer.

Heinemann, E. & Hopf, H. (2015). *Psychische Störungen in Kindheit und Jugend.* 5. Auflage. Stuttgart: W. Kohlhammer.

Hinshelwood, R. D. (1993). *Wörterbuch der kleinianischen Psychoanalyse.* Stuttgart: Verlag Internationale Psychoanalyse.

Hippokrates, Fuchs, R. (1897). *Sämtliche Werke.* Montana, MT: Whitefish.

Höffe, O. (2009). *Aristoteles: Die Hauptwerke.* Ein Lesebuch. Tübingen: Francke.

Holder, A. (1982). Freuds Theorie des psychischen Apparates. In: D. Eicke (Hrsg.), *Tiefenpsychologie. Band 1: Sigmund Freud. Leben und Werk* (S. 220–260). Kindlers Psychologie des 20. Jahrhunderts. Weinheim: Beltz.

Holtmann, M., Legenbauer, T. & Grasmann, D. (2017). *Störungen der Affektregulation.* Göttingen: Hogrefe.

Hopf, H. (1992). Geschlechtsunterschiede in Träumen. Inhaltsanalytische Erfassung von oknophilen und philobatischen Traumbildern in den Träumen von Kindern und Jugendlichen. *Praxis der Kinderpsychiatrie und Kinderpsychologie 41,* 176–184.

Hopf, H. (1998). *Aggression in der analytischen Therapie mit Kindern und Jugendlichen.* Göttingen: Verlag Vandenhoeck & Ruprecht.

Hopf, H. (2005). *Traum, Aggression und heilende Beziehung. Beiträge zur psychoanalytischen Therapie von Kindern und Jugendlichen.* Frankfurt am Main: Déjà-vu.

Hopf, H. (2013). Externalisierende Störungen. In: B. Stier & R. Winter (Hrsg.), *Jungen und Gesundheit. Ein interdisziplinäres Handbuch für Medizin, Psychologie und Pädagogik.* Stuttgart: W. Kohlhammer.

Hopf, H. (2017a). *Aggression in der analytischen Therapie mit Kindern und Jugendlichen.* Frankfurt am Main: Mabuse Verlag. Überarbeitete Neuauflage.

Hopf, H. (2017b). *Angststörungen bei Kindern und Jugendlichen. Diagnose, Indikation, Behandlung.* 4. Auflage. Frankfurt am Main: Brandes & Apsel.

Hopf, H. (2019). Jungenängste – Mädchenängste. Gemeinsamkeiten und Unterschiede. In: H. Lang & G. Pagel (Hrsg.), *Angst und Zwang*. Würzburg: Königshausen & Neumann.
Hopf, H. (2021). *Die Psychoanalyse des Jungen*. 5. Auflage. Stuttgart: Klett-Cotta.
Hopf, H. & Tschuschke, V. (1993). Affekte in Träumen von Kindern und Jugendlichen. *Zeitschrift für Psychosomatische Medizin und Psychotherapie 39 (2)*, 160–173.
Hopf, H. & Weiss, R. H. (1996). Horror- und Gewaltvideokonsum bei Jugendlichen. Eine Untersuchung von Sprachproben von Videokonsumenten mit der Gottschalk-Gleser-Sprachinhaltsanalyse. *Praxis der Kinderpsychologie und Kinderpsychiatrie 45*, 179–185.
Huggenberger, S., Moser, N., Schröder, H., Cozzi, B., Granato, A. & Merighi, A. (2019). *Neuroanatomie des Menschen*. Berlin: Springer.
Hull, C. L. (1952). *A behavior system: An introduction to behavior theory concerning the individual organism*. New York, NY: Yale University Press.
Ihle, W. & Esser, G. (2002). Epidemiologie psychischer Störungen im Kindes- und Jugendalter. *Psychologische Rundschau 53*, 159–169.
Izard, C. E. (1977). *Human emotions*. New York, NY: Plenum Press.
Izard, C. E. & Malatesta, C. Z. (1987). Perspectives on emotional development I. Differential emotions theory of early emotional development. In: J. D. Osofsky (Ed.), *Handbook of infant development* (S. 494–554). 2nd edition. New York, NY: John Wiley & Sons.
Jacobson, E. (1953). The affects and their pleasure-unpleasure qualities in relation to the psychic discharge processes. In: R. M. Loewenstein (Ed.), *Drives, affects, behavior* (S. 38–66). New York, NY: International Universities Press.
Jacobson, E. (1964). *The self and the object world*. New York, NY: International Universities Press.
Jacobson, E., Uliana, R. L. & Stolzoff, G. (1973). *Evaluation and comparison of group therapeutic techniques for inpatient and outpatient for latency age boys*. Vortrag auf dem Jahreskongress der *Western Psychological Association*, Anaheim, CA (zitiert nach Gottschalk, 1979b).
James, W. (1890). *The principles of psychology*. New York, NY: Holt, Reinhart & Winston.
Jaspers, K. (1973). *Allgemeine Psychopathologie*. 9. Auflage. Berlin: Springer.
Kagan, J. (1979). Structure and process in the human infant. The ontogeny in mental represeantation. In: M. H. Bornstein & W. Kessen (Eds.), *Psychological development from infancy: Image to intention*. Hillsdale, NJ: Erlbaum.
Kandel, E. R. (2008). *Psychiatrie, Psychoanalyse und die neue Psychologie des Geistes*. Frankfurt am Main: Suhrkamp Wissenschaft.
Kant, I. (1904). Dritter Paralogismus (der Personalität). *Gesammelte Schriften* (S. 227). 1. Auflage. Akademie-Ausgabe, Band IV. Berlin: Preußische Akademie der Wissenschaften.
Kant, I. (2016). *Die Metaphysik der Sitten*. New York, NY: Mosikum Books.

Literatur

Kapfhammer, H.-P. (2008). Entwicklung, Entwicklungspsychlogie. In: W. Mertens & B. Waldvogel (Hrsg.), *Handbuch psychoanalytischer Grundbegriffe* (S. 161–171). 3. Auflage. Stuttgart: W. Kohlhammer.

Katan, A. (1961). Some thoughts about the role of verbalization in early childhood. *The Psychoanalytic Study of the Child* 16, 184–188.

Kernberg, O. F. (1992). *Schwere Persönlichkeitsstörungen. Theorie, Diagnose und Behandlungsstrategie.* Stuttgart: Klett-Cotta.

Kernberg, O. F. (1997). *Wut und Hass: Über die Bedeutung von Aggression bei Persönlichkeitsstörungen und sexuellen Perversionen.* Stuttgart: Klett-Cotta.

Kernberg, O. F. (1998). *Wut und Hass. Über die Bedeutung von Aggression bei Persönlichkeitsstörungen und sexuellen Perversionen.* 2. Auflage. Stuttgart: Klett-Cotta.

Kernberg, O. F. (2000). *Schwere Persönlichkeitsstörungen. Theorie, Diagnose, Behandlungsstrategien.* 7. Auflage. Stuttgart: Klett-Cotta.

Kernberg, O. F. (2016). *Hass, Wut, Gewalt und Narzissmus.* 2. Auflage. Stuttgart: W. Kohlhammer.

Kierkegaard, S. (2003). *Der Liebe tun.* Simmerath: Grevenberg.

Klein, M. (1987). *Die Psychoanalyse des Kindes.* Frankfurt am Main: Fischer.

Klüwer, R. (1983). Agieren und Mitagieren. In S. O. Hoffmann (Hrsg.), *Kritische Beiträge zur Behandlungskonzeption und Technik in der Psychoanalyse.* Frankfurt am Main: Fischer.

Koch, U. & Schöfer, G. (Hrsg.) (1986). *Sprachinhaltsanalyse in der psychosomatischen und psychiatrischen Forschung. Grundlagen und Anwendungsstudien mit den Affektskalen von Gottschalk und Gleser.* Weinheim: Beltz.

Kolb, B. & Whishaw, I. Q. (1996). *Neuropsychologie.* 2. Auflage. Heidelberg: Spektrum Akademischer Verlag.

Krause, R. (1998). *Allgemeine psychoanalytische Krankheitslehre. Band 2: Modelle.* Stuttgart: W. Kohlhammer.

Krause, R. (2012). *Allgemeine psychodynamische Behandlungs- und Krankheitslehre.* 2. Auflage. Stuttgart: W. Kohlhammer.

Krause, R. (2019). *Affektentwicklung: männliche Stile der Affektregulation.* Unveröffentlichtes Vortragsmanuskript.

Kretschmer, E. (1977). *Körperbau und Charakter.* Berlin: Springer.

Kreuzer-Haustein, U. (2008). Feindselige Gegenübertragungen und die Aggressionskonzepte des Analytikers. *Psyche* 62 (6), 525–551.

Kurthen, M. (2008). Repräsentanz. In: W. Mertens & B. Waldvogel (Hrsg.), *Handbuch psychoanalytischer Grundbegriffe* (S. 645–647). 3. Auflage. Stuttgart: W. Kohlhammer.

Lange, C. (1887). *Über Gemütsbewegungen. Ihr Wesen und ihr Einfluß auf körperliche, besonders auf krankhafte Lebenserscheinungen. Eine medizinisch-psychologische Studie.* Leipzig: Thomas (Nachdruck University Press, Bremen, 2013).

Langer, S. K. (1967). *Mind: An essay on human feeling.* Baltimore: Johns Hopkins University Press.

Lazar, R. A. (1998). Das Individuum, das Unbewusste, die Organisation. Ein Bion-Tavistock-Modell von Beratung und Supervision in Organisationen. In: R. Eckes-

Lapp & J. Körner (1998) (Hrsg.), *Psychoanalyse im sozialen Feld. Prävention – Supervision* (S. 263–291). Gießen: Psychosozial-Verlag.

Lazarus, R. S. & Folkman, S. (1984). *Stress, appraisal and coping*. New York, NY: Springer.

Lazarus, R. S. (1982). Thoughts on the relations between emotion and cognition. *American Psychologist 37*, 1019–1024.

LeDoux, J. E. (1994). Emotion, memory and the brain. *Scientific American 270* (6), 50–57.

Leipersberger, H. (2012). Affektregulation und Containment in der Behandlung eines schwer traumatisierten Jungen. *Psychoanalytisches Institut Stuttgart e. V: Vorträge 2010/2011*. Institutsinterne Veröffentlichung für Mitglieder und Studierende.

Lewis, M. (1987). Social development in infancy and early childhood. In J. D. Osofsky (Ed.), *Handbook of infant development* (S. 419–493). 2nd edition. New York, NY: John Wiley & Sons.

Lewis, M. & Brooks, J. (1978). Self-knowledge and emotional development. In: M. Lewis & L. A. Rosenblum (Eds.), *The development of affect* (S. 205–226). New York, NY: Plenum.

Lichtenberg, J. D. (1991). *Psychoanalyse und Säuglingsforschung*. Berlin: Springer.

Lichtenberg, J. D. & Slap, J. (1972). On the defense mechanism: A survey and synthesis. *Journal of the American Psychoanalytic Association 20*, 776–792.

Lorenz, K. (1967). *Über tierisches und menschliches Verhalten. Aus dem Werdegang der Verhaltenslehre. Gesammelte Abhandlungen*. Bände 1 und 2. München: DVA.

Lutz, C. (1997). »In der Welt habt ihr Angst«. In: U. Schulz (Hrsg.), *Angst, Schrei nach leben*. Waiblingen: Stendel.

Mahler, M. (1968). *On human symbiosis and the vicissitudes of individuation. Volume 1*. New York, NY: International Universities Press.

Mahler, M. (1986). *Symbiose und Individuation. Psychosen im frühen Kindesalter*. 4. Auflage. Stuttgart: Klett-Cotta.

Mead, M. (1928). *Coming of age in Samoa. A psychological study of primitive youth for western civilsation*. New York, NY: W. Morrow.

Medlexi (2020). Gyrus cinguli. https://medlexi.de/Gyrus_cinguli. (Abruf am 28.03.2020).

Mentzos, S. (2014). Externalisierung. In: W. Mertens (2014), *Handbuch psychoanalytischer Grundbegriffe* (S. 243). Stuttgart: W. Kohlhammer, 4. Auflage.

Mertens, W. (1994). *Entwicklung der Psychosexualität und der Geschlechtsidentität. Band 1. Geburt bis 4. Lebensjahr*. 2. Auflage. Stuttgart: W. Kohlhammer.

Mertens, W. (2014). Ödipuskomplex. In: W. Mertens (Hrsg.) (2014), *Handbuch psychoanalytischer Grundbegriffe* (S. 657). 4. Auflage. Stuttgart: W. Kohlhammer.

Moser, U. & von Zeppelin, I. (1996). Die Entwicklung des Affektsystems. *Psyche 50* (1), 32–84.

Moser, U. & von Zeppelin, I. (1999). *Der geträumte Traum. Wie Träume entstehen und sich verändern*. 2. Auflage. Stuttgart: W. Kohlhammer.

Mößle, T., Pfeiffer, C. & Baier, D. (2014). *Die Krise der Jungen. Phänomenbeschreibung und Erklärungsansätze*. Baden-Baden: Nomos.

Nietzsche, F. (1980). Aus dem Nachlass der Achtzigerjahre. In: K. A. Schechta (Hrsg.), *Werke in sechs Bänden, Band 6*. München: Hanser.

Parens, H. (2007). *Heilen nach dem Holocaust. Erinnerungen eines Psychoanalytikers*. Weinheim: Beltz.

Piaget, J. (1966). *La psychologie de l'enfant*. Paris: Press Universitaires de France.

Plassmann, R. (2019). *Psychotherapie der Emotionen. Die Bedeutung von Emotionen für die Entstehung und Behandlung von Krankheiten*. Gießen: Psychosozial-Verlag.

Plutchik, R. (1955). Some problems for a theory of emotion. *Psychosomatic Medicine 17*, 306–310.

Plutchik, R. (1957). Further comments on the definition of emotion. *Psychological Record 7*, 123–124.

Plutchik, R. (1958). Outline of a new theory of emotion. *Transactions of the New York Academy of Sciences 20*, 394–403.

Plutchik, R. (1980). *Emotion. A psychoevolutionary synthesis*. New York, NY: Harper & Row.

Popper, K. R. (1987). Historische Bemerkungen zum Leib-Seele-Problem. In: K. R. Popper & J. C. Eccles (Hrsg.), *Das Ich und sein Gehirn* (S. 188–257). 7. Auflage. München: Piper.

Prinz, W. (1996). Bewußtsein und Ich-Konstitution. In: G. Roth & W. Prinz (Hrsg.), *Kopf-Arbeit. Gehirnfunktionen und kognitive Leistungen* S(. 451–473). Heidelberg: Spektrum Akademischer Verlag.

Puca, R. M. (2014). Motiv. In: M. A. Wirtz (Hrsg.), *Lexikon der Psychologie* (S. 1113 f.). 17. Auflage. Bern: Huber.

Rapaport, D. (1942). *Emotions and memory*. Baltimore: William & Wilkins.

Rapaport, D. (1953). On the psycho-analytic theory of affects. *International Journal of Psychoanalysis 34*, 177–198.

Rapaport, D. (1973). *Die Struktur der psychoanalytischen Theorie. Versuch einer Systematik*. 3. Auflage. Stuttgart: Klett-Cotta.

Redl, F. (1971). *Erziehung schwieriger Kinder. Erziehung in Wissenschaft und Praxis*. München: R. Piper & Co.

Redl., F. & Wineman, D. (1979). *Kinder, die hassen*. München: R. Piper & Co.

Richter, H. E. (1992). *Umgang mit Angst*. Hamburg: Hoffmann und Campe.

Riesenberg, R. (1982). Das Werk von Melanie Klein. In: D. Eicke (Hrsg.), *Tiefenpsychologie. Band 3: Die Nachfolger Freuds* (S. 81–120). Kindlers Psychologie des 20. Jahrhunderts. Weinheim: Beltz.

Roth, G. (1996). Das Gehirn des Menschen. In: G. Roth & W. Prinz (Hrsg.), *Kopf-Arbeit. Gehirnfunktionen und kognitive Leistungen* (S. 119–180). Heidelberg: Spektrum Akademischer Verlag.

Roth, G. (2001). *Fühlen – Denken – Handeln. Wie das Gehirn unser Verhalten steuert*. Frankfurt am Main, Suhrkamp.

Rotter, J. B. (1954). *Social learning and clinical psychology*. New York, NY: Prentice-Hall.
Rudolf, G., Grande, T. & Henningsen, P. (2002). *Die Struktur der Persönlichkeit. Vom theoretischen Verständnis zur therapeutischen Anwendung des psychodynamischen Strukturkonzepts*. Stuttgart: Schattauer.
Rudolf, G. (2004). *Strukturbezogene Psychotherapie. Leitfaden zur psychodynamischen Therapie struktureller Störungen*. Stuttgart: Schattauer.
Rüger, U. (2014). Strukturelle Störungen. In: W. Mertens (Hrsg.), *Handbuch der psychoanalytischen Grundbegriffe* (S. 896). 4. Auflage. Stuttgart: W. Kohlhammer.
Salter Ainsworth, M. D. S., Blehar, M. C., Waters, E. & Wall, S. N. (2013). *Patterns of attachment. A psychological study of the strange situation*. New York, NY: Psychology Press.
Sandler, J. (1960). Sicherheitsgefühl und Wahrnehmungsvorgang. *Psyche 15*, 124–131.
Sandler, J. & Sandler, A. M. (1978). On the development of object relationships and affects. *International Journal of Psychoanalysis 59* (2–3), 285–296.
Sandler, J, Kennedy, H. & Tyson, R. L. (1982) (Hrsg.), *Kinderanalyse. Gespräche mit Anna Freud*. Frankfurt am Main: S. Fischer.
Sass, H., Wittchen, H.-U. & Zaudig, M. (2004). *Diagnostisches und Statistisches Manual Psychischer Störungen DSM-IV*. Göttingen: Hogrefe
Schachter, S. S. & Singer, J. E. (1962). Cognitive, social and physiological determinants of emotional state. *Psychological Review 69*, 379–399.
Schedlowski, M. & Tewes, U. (Hrsg.). *Psychoneuroimmunologie*. Heidelberg: Spektrum Akademischer Verlag.
Scherer, K. R. (1990). Theorie und aktuelle Probleme der Emotionspsychologie. In: N. Birbaumer, C. F. Graumann, M. Irle, J. Kuhl, W. Prinz & F. E. Weinert (Hrsg.), *Enzyklopädie der Psychologie*. Band 3. K. R. Scherer (Hrsg.), *Psychologie der Emotion – Motivation und Emotion* (S. 1–38). Göttingen: Hogrefe.
Schöfer, G. (1980). *Sprachinhaltsanalyse. Theorie und Technik: Studien zur Messung ängstlicher und aggressiver Affekte*. Weinheim: Beltz.
Schneider, K. & Dittrich, W. (1990). Evolution und Funktion von Emotionen. In: N. Birbaumer, C. F. Graumann, M. Irle, J. Kuhl, W. Prinz & F. E. Weinert (Hrsg.), *Enzyklopädie der Psychologie*. Band 3. K. R. Scherer (Hrsg.), *Psychologie der Emotion – Motivation und Emotion* (S. 41–114). Göttingen: Hogrefe.
Schopenhauer, A. (2019). *Die beiden Grundprobleme der Ethik*. FV Editions.
Schore, A. N. (2007). *Affektregulierung und die Reorganisation des Selbst*. Stuttgart: Klett-Cotta.
Schubert, C. (2018). *Psychoneuroimmunologie und Psychotherapie*. 2. Aufl. Stuttgart: Schattauer.
Schubert, C. & Singer, M. (Hrsg.) (2020). *Das Unsichtbare hinter dem Sichtbaren. Gesundheit und Krankheit neu denken*. Norderstedt: Books on Demand (BoD).
Schur, M. (1953). The ego in anxiety. In: R. M. Loewenstein (Ed.), *Drive, affects, behavior* (S. 67–103). New York, NY: International University Press.

Segal, H. (1996). *Traum, Phantasie und Kunst*. Stuttgart: Klett-Cotta.
Seidler, G. H. (2014). Ich. In: W. Mertens (Hrsg.), *Handbuch psychoanalytischer Grundbegriffe*. 4. Auflage. Stuttgart: Kohlhammer.
Sherman, M. (1927). The differentiation of emotional responses in infants. I. Judgments of emotional responses from motion picture views and from actual observation. *Journal of Comparative Psychology, 7 (3)*, 265–284.
Seiffge-Krenke, I. (2017). *Die Psychoanalyse des Mädchens*. Stuttgart: Klett-Cotta.
Sperry, R. (1982). Some effects of disconnecting the cerebral hemispheres. *Science 217*, 1223–1226.
Spinoza De, B. (2017). *Ethik* (deutsch). North Charleston, SC: CreateSpace.
Spitz, R. (1980). *Vom Säugling zum Kleinkind. Naturgeschichte der Mutter-Kind-Beziehungen im ersten Lebensjahr*. 6. Auflage. Stuttgart: Klett-Cotta.
Sroufe, L. A. (1996). *Emotional development: The organization of emotional life in the early years*. New York, NY: Cambridge University Press.
Steimer, E. (2005). Ein Beitrag aus der Affektforschung. In: M. B. Buchholz & G. Gödde (Hrsg.), *Das Unbewusste in aktuellen Diskursen. Anschlüsse* (S. 310–334). Band II. Gießen: Psychosozial-Verlag.
Stern, D. N. (1971). A micro-analysis of mother-infant interaction: Behavior regulating social contact between a mother and her 3 ½ month-old twins. *Journal of the American Academy of Child Psychiatry 10*, 501–517.
Stern, D. N. (1985). *The interpersonal world of the infant*. New York, NY: Basic Books.
Stern, D. N. (2016). *Die Lebenserfahrung des Säuglings*. 11. Auflage. Stuttgart: Klett-Cotta.
Thomae, H. (1983). Motivationsformen. In: C. F. Graumann, T. Herrmann, H. Hörmann, M. Irle, H. Thomae & F. E. Weinert (Hrsg.), *Enzyklopädie der Psychologie*. Band 1. H. Thomae (Hrsg.), *Theorien und Formen der Motivation – Motivation und Emotion* (S. 291–311). Band 1. Göttingen: Hogrefe.
Tinbergen, N. (1951). *The study of instinct*. London: Oxford University Press.
Tomkins, S. S. (1962). *Affect imagery consciousness. Vol 1. The positive affects*. New York, NY: Springer.
Tschuschke, V. (2017). Psyche und Körper. Zur Psychoneuroimmunologie körperlicher Erkrankungen. *Psychotherapie-Wissenschaft 7 (2)*, 51–60.
Tschuschke, V. (2019). *Psychische Sörungsbilder bei Kindern und Jugendlichen. Eine kritische Bestandsaufnahme evidenzbasierter Diagnostik und Behandlung*. Stuttgart: W. Kohlhammer.
Tschuschke, V., Weber, R., Oberegelsbacher, H., Denzinger, R., Anbeh, T., Dirhold, S. S., Kühn, A. & Kächele, H. (2002). Das Verhältnis von Abwehr und Coping bei unterschiedlichen Erkrankungen. *Zeitschrift Medizinische Psychologie 11*, 73–82.
Vaillant, G. E. (1992). The historical origins of Sigmund Freud's concept of the the mechanisms of defense. In: G. E. Vaillant (Ed.), *Ego mechanisms of defense. A guide for clinicians and researchers* (S. 3–28). Washington, DC: American Psychiatric Press.
Van de Castle, R. L. & Kinder, P. (1968). Dream content during pregnancy. *Psychophysiology 4 (3)*, 373.

Watson, J. B. (1919). *Psychology from the standpoint of a behaviorist.* Philadelphia, PA: Lippincott.
White, C. (2009). Symbolisierung und Mentalisierung – Kongruenzen und Divergenzen. *Psyche 63,* 1165–1169.
Wiesenhütter, E. (1966). *Traum-Seminar für Ärzte und Studenten.* Stuttgart: Hippokrates.
Winget, C. & Kapp, F. T. (1979). The relationship of the manifest content of dreams to duration of childbirth in primiparae. In: L. A. Gottschalk (Ed.), *The content analysis of verbal behavior* (S. 619–629). *Further studies.* New York, NY: SP Medical & Scientific Books.
Winnicott, D. W. (1971). *Playing and reality.* Oxon/Oxfordshire: Routledge.
Winnicott, D. W. (1973). *Vom Spiel zur Kreativität.* Stuttgart: Klett
Winnicott, D. W. (1984). *Familie und individuelle Entwicklung.* Frankfurt am Main: Fischer.
Winnicott, D. W. (2016). *Mirror-role of mother and family in child development. The collected works of D. W. Winnicott.* Volume 8. New York, NY: Oxford University Press.
Wundt, W. (1896). *Grundriss der Psychologie.* Leipzig: Engelmann.
Zajonc, R. B. (1980). Feeling and thinking: Preferences need no inferences. *American Psychologist 35,* 151–175.
Zajonc, R. B. (1984). On the primacy of affect. *American Psychologist 39,* 117–123.
Zepf, S. (2000). *Allgemeine psychoanalytische Neurosenlehre, Psychosomatik und Sozialpsychologie. Ein kritisches Lehrbuch.* Gießen: Psychosozial-Verlag.
Zimbardo, P. G. & Gerrig, R. J. (Hrsg.) (2004). *Psychologie.* 16. Auflage. München: Pearson Studium.
Zulliger, H. (1966). Die Spaziergang-Behandlung – eine Form des psychotherapeutischen Umgangs mit gefährdeten Jugendlichen. In: G. Biermann (Hrsg.), *Handbuch der Kinderpsychotherapie* (S. 250–258). München: Ernst Reinhardt (Originalarbeit erschienen 1966).

Stichwortverzeichnis

A

Abbildungsfähigkeit 106
Abwehr 141
– Angstsignal 73
Abwehrfunktionen 98
Abwehrmechanismen 98
Affektabstimmung 92–94
– zwischen Mutter und Kind 97
Affektangleichung 94
Affektansteckung 94
Affektdispositionen 45
Affekte 25, 29–32, 45
– abgeleitete 77
– aggressive 124, 169
– als instinktive Bausteine 85
– als Instinktstrukturen 77
– als Triebabkömmlinge 76
– altersabhängige Entwicklung 125
– ängstliche 124
– Emotionen 86
– Entstehung 46
– frühkindliche 91
– Gefühle und Emotionen 29
– »gute« 135
– in der Psychoanalyse 71
– in Träumen 125
– in Verbindung mit Selbst- und Objektrepräsentanzen 76
– Kognitionen 84
– Kontrolle 77
– Kultivierbarkeit der 86
– mangelnde Repräsentanzbildung 207
– negative 135
– nicht integrierte 86
– primitive 77
– Regulierung der 86
– Schizophrenie 127
– strukturelle Störungen 136
– und Geschlecht 114
– und Kulturen 146
– und psychische Repräsentationen 110
– und Rolle des Ichs 73
– und somatische Bezüge 128
– und Sprache 123
– und Triebtheorie 44
– Verdrängung 207
Affekte von Kindern und Jugendlichen 125
– im Vergleich zu Erwachsenen 123
– in psychiatrischer Behandlung 127
Affektentwicklung 92
– Deformationen in der 100
– des Menschen 86
– Theorie der 25
affektive Dysregulation 169
Affektivität 64
Affektnachahmung 94
Affektqualität 32
Affektregulation 171, 173
– Störungen der 167, 169
Affektspiegelungen 93, 95, 173

223

Stichwortverzeichnis

- Affektspiegelungsmodell 96
Affektstruktur 86
Affektsystem 47
Affekttheorie 71
Affektwerte 127
Aggression 159, 164
- feindselige 201
- gutartige 201
- Pathologie der 84
Aggressionsentwicklung 85
- und psychische Struktur 86
Aggressivität, nicht-destruktive 205
Amygdala 14, 17
Angst 16, 124, 195
- archaische 198
- Funktion von 195
Angstaffekte 129
- und aggressive Affekte 189
- und Wutaffekte 194
Angstlust 117
- Grenzsituationen 116
Arbeitsmodell 100
- inneres 96–97, 101
Ärger 83
Ausdruck, emotionaler 41
- Signalcharakter 85
Ausdrucksformen, emotionale 41
- als Mitgift der Evolution 43
Autoaggression 159

B

Basisemotionen 39
Bewusstsein 89
- und Apperzeption 58
Bindung 173
- Desorganisation der 100
- sichere und gelingende Affektregulation 170
Bindungsfähigkeit, defizitäre 100
Bindungsstile 99
- unsichere und Affektentwicklung 100

Bindungsstörung 174, 183
Bindungstheorie 95

C

cartesianisches Gedankengebäude 56
Containment 174
Containmentstörungen 186
Cortex cerebri, s. Großhirn 16
Cortex, präfrontaler 17

D

Destruktivität 208
- feindselige 206
- nicht-affektive 206
Differenziertheit 110
- emotionale und affektive 85
Dualismus 27
- von Körper und Geist 27

E

E-Gehirn 114
Emotion und Motivation 59
emotionale Labilität 169
Emotionalität 65
- Entwicklung beim Kind 64
Emotionen 25, 30, 34, 48, 58
- als speziesbedingte programmierte Anlagen 44
- als ungelernte Reaktionsmuster 44
- basale Komponenten von 80
- Bedeutung für die Ausbildung des Selbst 103
- beim Kleinkind 62
- empathische der Mutter 93
- kognitive Kontrolle von 31
- nicht erbbiologisch vorgegebene 83
- Ontogenese von 62

Stichwortverzeichnis

- Theorien zur erbbiologischen Anlage von 42
- und kognitive Einschätzungen 83
- und körperliche Reaktionen 37
- und Persönlichkeitsentwicklung 63
- und Symbolisierungsfähigkeit 100
- und Triebe 46

Emotionen und Affekte 14, 26, 43
- Bedeutung für die Gedächtnisleistung 35
- beim Neugeborenen und im Säuglingsalter 79
- Entstehung von 17
- körperbezogene Auffassung von 46
- neuere psychoanalytische Sichtweisen 75
- Unterscheidung 31

Emotionsentstehung 45, 60
- kognitive Theorien zur 53

Emotionstheorien 42, 44
- psychodynamische 69

Empfinden und kognitive Prozesse 84
Empfindungen 18, 49
- undifferenzierte des Neugeborenen 80

Entwicklung des Kindes 104
- kognitive 63

Erregung 30
Erwartungsaffekt 43
Externalisieren 153
Externalisierung 157–158

F

Freude 48
Frontallappen *siehe* Cortex, präfrontaler
Furcht 40, 45, 146
- Unterschied zur Angst 195

G

Gefühl, Emotion, Affekt
- Definitionsversuche 29

Gefühle 17, 29, 58
- Evolution der 37
- Funktionen 34
- und Emotionen 58
- und Gedächtnis 37
- und Sprache 123

Gefühlsausdruck 40
- Theorien zum anlagebedingten 42

Gehirn 13
- männliches 114
- maskulines versus feminines 114

Gemütsausdruck 58
Gemütszustände 42
Grenzen 142
Großhirnrinde (Cortex cerebri) 16

H

Hass 85
Hippocampus 16–17
Hirnfunktionen 18
- Lateralisierung von 84

Horror- und Gewaltfilme 126
- Affekte 126
- psychische Entwicklung 126

Hypophyse 16
Hypothalamus 14, 17

I

Ich 89, 139
- als kulturelles Artefakt 89
- mangelhaft entwickeltes 86
- und kognitive Funktionen 139

Ich- und Selbststruktur 144
- Defizite in der 135

Ich-Entstehung nach Winnicott 90
Ich-Entwicklung 85, 101

225

– des Menschen 90
Ich-Funktionen 139
– Störungen der 140
Ich-Psychologie 138
Ich-Schwäche 140
Ich-Selbst-Entwicklung 87
Ich-Stärke 76
Identität 89, 105
– bewusste 88
Identitätsentwicklung 106, 109
– und Entwicklung des Selbst 87, 106
Impulse und Affekte 204
– sadistische und perverse 77
innerer Raum 174, 185
Instinktbegriff, psychoanalytischer 71
Instinktbewegungen 48
Instinkte 59
Intelligenz 66
– und Gefühle 37
Internalisieren 153
internalisierende Störungen 159
Internalisierung 93

J

Jungen 125
– Affekte in Träumen 125
– und aggressive Affekte 125
– und Bewegungsstörungen 155
– und Philobatie 117

K

Kernselbst 103
Kognitionen 28
– und Emotionen 53–54
Konfliktexternalisierung 155
Konfliktinternalisierung 156
Konfliktpathologien 135
Kulturen, unterschiedliche 146

L

Leib-Seele-Problem 89
limbisches System 14, 18, 84

M

Mädchen 117
– Affekte in Träumen 125
– und Oknophilie 117
Mentalisierung 174
– Störung der 170
Mentalisierungsfähigkeit 100
– Defizite in der 100
– und Symbolisierungsfähigkeit 100
Mittelhirn, s. Zwischenhirn 14
Moral- und Ethik-Entwicklung 83
Motivation 59
Mutter 159
– Über-Ich-Entwicklung 159
Mutter-Kind-Beziehung 81
– frühe 81
– und Containment 87
Mutter-Kind-Interaktionen 93
– Bedeutung der 93
Mutterobjekt 104

N

Neocortex 13, 16

O

Objektbeziehung 83
– Bedeutung der 107
– schlechte und Wut 83
oknophile Welt 117
Oknophilie 107

P

Parallelismus, psychophysischer 28

Persönlichkeitsentwicklung 63
- Störung der 99
philobatische Welt 117
Philobatismus 116
Primärvorgang 147
psychische Störungen 155
- Geschlechtsspezifität 155

R

Rationalität und Vernunft 29
Realangst 195
Reiz-Reaktionsschema 48
Repräsentanzen
- intrapsychische 109
- verallgemeinerte 109
Repräsentanzenbildungen
- Emotionen 110
repräsentationales System 108
Repräsentationen, affektive 110

S

Scham- und Schuldgefühle 17, 83
schichtspezifische Unterschiede
- Auswirkungen im Affektbereich 126
Sekundärvorgang 147
- und Sprachentwicklung 147
Selbst 101
- Abbildungsfähigkeit 106
- authentisches 104
- defizitäres 86
- Entwicklung des 102
- existenzielles 102
- falsches 104
- ganzheitliches 105
- kategoriales 102
Selbst- und Objektrepräsentanzen 109
Selbst-Andere-Unterscheidung 102
Selbstentwicklung 94, 102
- gestörte 127

- Rolle der Affekte 101
- und Affektspiegelung 93
Selbst-Objekt-Trennung 85
Selbstorganisation 103
Selbstpermanenz 102
Selbstregulierung 86, 175
S-Gehirn 114
Signalangst 195
Spiegeln, mütterliches 92
Sprachentwicklung 148
- Rückstände in der 148
- unzureichende Ich-Organisation 148
Spracherwerb
- Fähigkeit zum 100
Stammhirn 14
Stimmung 30
Stimmungsinstabilität 169
Stimulationen
- durch die Mutter 93
strukturbezogene Psychotherapie 136
strukturelle Störungen 135
- und Störungen der Affektregulation 170
Symbolbildung 175
Symbolisierungsfähigkeit 110, 175, 207

T

Thalamus 14, 17
Träume 149
- und begleitende Affekte 149
- von schwangeren Frauen 128
Traurigkeit 48
Triangulierungsstörungen 186
Triebe 59, 72
Triebrepräsentanz 109
- versus Selbst- und Objektrepräsentanz 109
Triebtheorie 44
- der Affekte 46

227

V

Vater(s)
- Bedeutung des 184

Verbalisierung 146
- und Behandlung von Kleinkindern 148
- von Affekten 146–147

W

Wut 83
- beim Säugling 83
- des Kleinkindes 85
- narzisstische 203
- und Aggression 201

Wutdurchbrüche 142

Z

Zwischenhirn 14, 17